气候变化和农业收入
对中国粮食安全的影响研究

贾利军　张超◎著

中国财经出版传媒集团

经济科学出版社
Economic Science Press

图书在版编目（CIP）数据

气候变化和农业收入对中国粮食安全的影响研究 /
贾利军，张超著 . -- 北京：经济科学出版社，2021. 12
ISBN 978 - 7 - 5218 - 3154 - 2

Ⅰ. ①气… Ⅱ. ①贾… ②张… Ⅲ. ①气候变化 -
影响 - 粮食安全 - 研究 - 中国 ②农民收入 - 影响 - 粮
食安全 - 研究 - 中国 Ⅳ. ①F326. 11

中国版本图书馆 CIP 数据核字（2021）第 252925 号

责任编辑：侯晓霞
责任校对：杨　海
责任印制：张佳裕

气候变化和农业收入对中国粮食安全的影响研究
贾利军　张　超　著
经济科学出版社出版、发行　新华书店经销
社址：北京市海淀区阜成路甲 28 号　邮编：100142
教材分社电话：010 - 88191345　发行部电话：010 - 88191522
网址：www. esp. com. cn
电子邮件：houxiaoxia@ esp. com. cn
天猫网店：经济科学出版社旗舰店
网址：http：//jjkxcbs. tmall. com
北京密兴印刷有限公司印装
710 × 1000　16 开　16. 25 印张　280000 字
2021 年 12 月第 1 版　2021 年 12 月第 1 次印刷
ISBN 978 - 7 - 5218 - 3154 - 2　定价：68. 00 元
（图书出现印装问题，本社负责调换。电话：010 - 88191510）
（版权所有　侵权必究　打击盗版　举报热线：010 - 88191661
QQ：2242791300　营销中心电话：010 - 88191537
电子邮箱：dbts@ esp. com. cn）

前　言

　　气候变化及其对经济社会发展的影响成为普遍关注的全球性问题。农业对自然环境变化具有高度的敏感性。因此，气候变化对农业生产的影响是国内外学者和政策制定者十分关注的重要研究领域。粮食是人类赖以生存的重要物质基础，对于各国经济发展、社会稳定和国家安全均具有极其重要的作用。正因如此，世界各国都对粮食安全问题给予了高度的重视。中国的人口规模位居世界第一，长期把保障国家粮食安全作为国家治理的重中之重。同时，改革开放以来中国农业的持续快速发展促使农民的农业收入水平不断提高，但是非农经济的迅速扩张也导致农业收入对农民增收的贡献不断下降。近年来，农民的农业收入变化与气候变化相互交织，共同影响了农民的粮食生产决策。因此，在气候变化给经济社会发展带来非确定性影响的背景下，从理论和实证角度系统深入地分析气候变化以及气候变化背景下中国农民的农业收入波动，对中国粮食安全的影响具有重要的学术和政策意义，可以为制定和采取正确的政策措施应对气候变化、减弱气候变化对粮食安全的不利影响和保障国家粮食安全提供重要的科学依据。

　　本书的主要目标是借鉴自然科学和经济学基本理论，系统分析气候变化以及气候变化背景下农民的农业收入波动对粮食安全的影响路径和机理，在收集中国省级面板数据的基础上采用计量经济学方法实证考察气候变化和农民的农业收入对粮食生产和价格的影响，据此揭示气候变化和农业收入对中国粮食安全的影响，结合主要研究结论有针对性地提出气候变化背景下保障国家粮食安全的政策建议。

　　本书主要得到以下研究结论：第一，从理论角度而言，气候变化和农业收入对粮食安全的影响主要通过两条路径实现。一方面，气候变化可能通过影响全要素生产率和要素投入对粮食单位面积产量以及总产量造成直接影响，而气候变化背景下粮食总产量的变化也可能通过影响农民的农业收入间接地影响粮食播种面积。另一方面，气候变化可能通过影响粮食价格而对粮食安全造成影响。第二，从实证角度而言，气候变化显著影响了粮食总产量。其中，气温上升总体上有利于粮食总产量增长，而降水量和日照时长的增加变化会对粮食总产量造成显著的倒"U"型曲线影响。但是，平均累计降水量并未超过倒"U"型曲线的拐点，而平均累计日照已经超过倒"U"型曲线的拐点。从三大主粮单位面积产量的角度看，气温、降水量和日照对粮食单位面积产量的影响存在较大差异。其中，气温上升有利于水稻单位面积产量增长，但是会造成玉米和小麦单位面积产量下降；降水量增加不利于三大主粮单位面积产量的增长；而日照时长增加总体上有利于水稻和玉米单位面积产量增长，但是对小麦单位面积产量没有造成显著影响。气温、降水量和日照对粮食全要素生产率和单位面积产量的影响总体上保持一致。但是从生长期角度看，气温上升不利于水稻全要素生产率增长，而日照时长增加不利于玉米全要素生产率增长。同时，气候变化对粮食生产要素投入的影响也是其影响粮食生产的重要路径。总体上，气温上升、降水量和日照时长增加会导致三大主粮化肥投入减少；气温上升导致水稻和小麦农药投入增加，而降水量和日照时长增加导致三大主粮农药投入减少。第三，气候变化背景下，粮食总产量显著提高了农民的农业收入，而农业收入增长将进一步增加粮食播种面积。第四，气候变化显著影响粮食价格，但是不同气候因素的影响存在差异。总体上，气温变化对粮食价格不存在显著影响，而降水量和日照时长增加分别导致粮食价格下降和上涨。同时，气候变化对粮食价格的影响可以分解为直接效应和间接效应，其中粮食总产量和生产成本起到了重要的中介作用。第五，除了气候变化以外，近年来中国的粮食安全问题也面临着农业劳动力弱化、农民收入非农化、发展生物燃料乙醇以及国际农业垄断资本等方面的新挑战。

基于以上研究结论，本书提出了气候变化背景下保障国家粮食安全的政策建议：拓展和深化气候变化对粮食安全影响的科学研究；加强气候变化预测预报体系建设；加大力度促进气候适应性技术措施的推广和采用；加强气候适应性粮食作物种质资源的开发和利用；大力发展气候变化农业保险的开发和推广。

贾利军

2021 年 10 月

目　录

第1章 绪 论

自人类社会进入工业化以来，全球气候发生了重大的变化：全球气温稳步上升，近百年来全球气温上升了0.6~0.8摄氏度；全球降雨时间和空间分布不均情况加剧，北美和南美的东部地区、北欧等地降水量显著增加，而地中海、非洲南部等地降水显著减少；极端天气和极端气候事件显著增多，强降雨、高温热浪等极端事件呈现不断增多增强的趋势。气候对于农业的发展有着重大的影响，尤其是气温、降水量和光照三个因素对农业生产有重要的影响：适宜的气温、降水和光照可以促进粮食的生长，反之过强或过弱的气象条件则会延缓生长发育。因此，各种作物年度的丰歉，在很大程度上取决于气象条件的综合影响。我国是世界上人口总数最多的国家，粮食的生产关系到千家万户的温饱问题，在这种情况下，保障粮食安全至关重要。党的十八大以来，我国提出了"确保谷物基本自给、口粮绝对安全"的新粮食安全观。这指导我们要重视粮食生产，探究出保证粮食生产的方案。因此，研究气候变化对粮食生产的影响具有重大意义。

本书将在参考自然科学和经济学基本理论的前提下，系统分析气候变化以及气候变化背景下农业收入对我国粮食安全的影响。具体包括对气候变化和农民的农业收入对粮食安全的影响路径和机理研究、气候变化对粮食生产影响的实证研究、气候变化背景下农业收入对粮食生产影响的实证研究、气候变化对粮食价格影响的实证研究、气候变化背景下中国粮食安全的新挑战五个方面进行研究。

1.1 研究背景

近年来，气候变化及其对经济社会发展的影响业已成为国内外大量学者和政策制定者普遍关注的一个全球性问题。18 世纪 60 年代第一次工业革命尤其是第二次世界大战结束以来,石油、煤炭等化石燃料的大量使用导致以二氧化碳为主的温室气体排放量急速增加,由此带来的气候变暖成为当今国际社会普遍关注的全球气候变化问题的主要表现形式。近几十年来,自然环境变化和人类活动使得全球气候条件发生了显著变化,引起了国际社会的高度关注。2007 年,联合国政府间气候变化专门委员会(Intergovernmental Panel on Climate Change,IPCC)发布的第四次评估报告指出,近百年来全球气温升高了 0.6~0.8 摄氏度,从而使得 20 世纪成为近 1000 年来全球气温升高幅度最大的一个世纪。2014 年,联合国政府间气候变化专门委员会第五次评估报告指出,人类对气候系统的影响是明确的,而且这种影响仍在不断增强且遍布世界各个大洲。如果任由气候变化的趋势继续发展,将会加大其对人类和生态系统造成严重、普遍和不可逆转影响的可能性。气候变化对人类的影响是全方位、多层次和多尺度的。

在农业生产方面,气候变化可能威胁全球的粮食安全。2019 年 8 月,联合国政府间气候变化专门委员会发布《气候变化与土地特别报告》警告,气候变化已经影响了全球粮食安全。如果全球气温升高 2 摄氏度可能引发粮食危机,这将对热带和亚热带地区影响最大,包括中国秦岭和淮河以南地区。2007 年,《中国应对气候变化国家方案》指出,中国未来粮食生产在气候变化背景下将面临三个突出问题:一是粮食生产会变得不稳定,粮食产量波动变大;二是粮食生产结构和布局会发生变动,作物种植制度可能产生较大变化;三是农业生产条件会发生改变,农业生产成本因为气候变化会大幅度增加。

粮食作为人类赖以生存的物质基础,是各国实现稳定和发展的前提。中国具有世界上最大的人口规模,但仅占有世界上不到 10% 的耕地资源,如何保障国家粮食安全,"把饭碗牢牢把握在自己手中",成为中国人普遍关注的问题。因此,中国的粮食安全问题具有全局性和紧迫性。改革开放以来,中国粮食生产取得了举世瞩目的伟大成就,粮食总产量位居世界第一,成功地解决了 14 亿人口的温饱问题(王德文和黄季焜,2001;黄季焜,2004)。但是,这并不意味着中国的粮食安全不存在挑战和威胁。从粮食的供给侧来看,中国是农业资源约束型国家,人均耕地面积和人均水资源量均远低于世界人均水平(杜志雄和韩磊,2020)。不仅如此,伴随着国家经济社会的持续快速发展,农业资源匮乏问题愈加严重。例如,工业化和城市化的进程加速导致耕地面积呈现减少趋势，而且现有耕地质量由于工业污染、滥用肥料等人类行为而不断恶化（王军等，2019）。同时，中国面临着较严重的水资源短缺问题，尤其是耕地资源和水资源的匹配失衡尤为突出（童绍玉等，2016）。此外，农业用水浪费现象比较严重，水资源的利用效率较低（宋春晓等，2014）。从粮食的需求侧来看，随着经济增长和人口数量增加，中国粮食需求和消费呈现刚性增长趋势，粮食消费结构也步入快速调整的阶段（黄季焜等，2012）。在全球变暖的大形势下，中国气候变化也更加显著。在气候变化条件下，耕地和水资源短缺和匹配失衡以及极端气候现象等因素对中国粮食安全的挑战将更加凸显。近百年来，中国平均气温升高了 0.5 ~ 0.8 摄氏度，区域降水出现较大幅度的波动，台风、热带旋风等灾害时有发生，极端降水、极端高温的情况不断增多。气候变化与极端气候事件在一定程度上影响了中国经济的发展。1984 ~ 2006 年，中国国内生产总值对气象条件变化的敏感性较高，影响比例约为 12.36%。因此，加强气候变化对中国粮食安全影响的研究十分必要，这不仅对于保障中国自身粮食安全具有重要意义，而且对于保障国际粮食安全也意义重大。

气候变化除了直接影响粮食生产以外，还可能通过影响农民的农业收入而间接影响粮食生产及粮食安全。新中国成立以来，党中央和国务院高度重视粮食安全问题。20 世纪 80 年代，中共中央曾连续五年发布了以"三农"为主题的中央文件。2003 年 12 月 31 日，《中共中央 国务院关于促进农民增加收入若干政策的意见》的出台意味着重新聚焦农业发展。但是，农业收入重要性的持续下降显著降低了农民的种粮积极性（何蒲明，2020）。改革开放以来的 40 多年期间，中国粮食播种面积总体呈现下降趋势，这对于粮食总产量增长将造成负面影响。其中，一个重要原因就是农民认为种粮不挣钱，放弃种粮而选择改种其他高利润的经济作物或者向城镇部门转移从事非农工作以获取更高的经济效益（贾利军和马潇然，2019）。气候变化对粮食总产量的直接影响将进一步影响农民的农业收入，从而导致农民的粮食生产决策调整，而最主要的体现就是粮食播种面积的调整。从逻辑上说，粮食播种面积的变化将反过来影响粮食总产量以及粮食安全。

1.2　研究意义

　　20 世纪以来，对于全球气候变暖及其对人类生活和生产的影响分析与评估，逐步成为学术界的研究重点。气候变化对农业生产的影响最为直接。在此背景下，气候变化是否会恶化农业生产条件、造成农民的农业收入波动，并最终直接或间接地影响国家粮食安全，是一个亟待回答的学术和政策问题。我们必须承认的一个现实是，气候变化、农民的农业收入和粮食问题的关系是一个复杂经济系统问题。但是，目前学术界关于气候变化对粮食生产的研究，以及农民的农业收入变化对粮食安全的研究，通常是相互独立的。具体而言，两者分属不同的研究领域和学科。其中，气候变化对粮食生产和粮食安全影响的研究思路、研究方法更加倾向于自然科学领域；而研究农民的农业收入及其对粮食安全的影响尚不多见，且主要属于传统的经济学研究。但是如上所述，气候变化对粮食安全不仅具有直接影响，而且很可能通过影响农民的农业收入从而间接影响粮食生产和粮食安全。从这个角度上说，把上述两类研究融合进一个统一、系统的研究框架，对于更加准确地把握气候变化对粮食安全的影响至关重要。与此同时，揭示农民的农业收入对农民的种粮积极性的影响，也可以拓展农业收入研究在农业经济学和发展经济学领域的深度和广度。总而言之，加强气候变化、农民的农业收入和粮食安全之间的交叉融合研究具有重要的理论意义。

　　气候变化对农业生产的影响也是政策制定者十分关注的重要研究领域。中国的人口规模位居世界第一，粮食安全问题自古有之，因此保障国家粮食安全也一直是国家治理的重中之重。新中国成立以来，党和政府对于国家粮食安全问题给予了高度重视，采取了大量政策措施来保障国家粮食安全。改革开放以来，中国粮食生产和农民收入增长都取得了举世瞩目的成就。过去40 年的长足发展较好地保障了中国的粮食安全，"把饭碗牢牢端在自己手中"的目标基本实现。但是，气候变化及其与其他一些新问题相互交织、相互融合也对中国粮食安全问题形成了挑战。在气候变化给经济社会发展带来非确定性影响的背景下，系统深入地分析气候变化对中国粮食安全的影响具有重要的政策意义。同时，改革开放以来中国农业的持续快速发展促使农民的农业收入水平不断提高，但是非农经济的迅速扩张也导致农业收入对农民增收的贡献不断下降。近年来，农民的农业收入变化与气候变化相互交织，共同影响了农民的粮食生产决策。因此，全面系统考察气候变化以及气候变化背景下中国农民的农业收入波动对粮食安全的影响，对于正确应对气候变化、减弱气候变化对粮食安全的不利影响以及保障国家粮食安全具有重要政策价值。

1.3　研究目标和内容

1.3.1　研究目标

本书的主要目标是借鉴自然科学和经济学基本理论，系统分析气候变化以及气候变化背景下农民的农业收入对粮食安全的影响路径和机理，结合中国省级面板数据采用计量经济学方法实证考察气候变化、农民的农业收入对粮食生产和粮食价格的影响，并进一步揭示气候变化和农民的农业收入对粮食安全的影响，同时讨论和阐述气候变化背景下中国粮食安全的新挑战，最后据此有针对性地提出应对气候变化对粮食安全的不利影响和保障国家粮食安全的政策建议。

1.3.2　研究内容

为了达到上述研究目标，本书从以下五个方面展开研究：

第一，气候变化和农民的农业收入对粮食安全的影响路径和机理研究。本书首先界定粮食安全的基本内涵，然后构建气候变化以及气候变化背景下农民的农业收入对粮食安全影响的理论框架，着重分析气候变化和农民的农业收入对粮食安全影响的路径和机理。

第二，气候变化对粮食生产影响的实证研究。气候变化通过直接和间接两种方式影响粮食生产，从而影响粮食安全。本书在收集中国历年各省份的粮食总产量、单位面积产量、生产要素、气候变化以及其他相关数据的基础上，采用计量经济学方法实证考察气温、降水量和日照等气候因素对粮食总产量、单位面积产量、全要素生产率和要素投入的影响。

第三，气候变化背景下农民的农业收入对粮食生产影响的实证研究。粮食单位面积产量和播种面积共同决定了粮食总产量。气候变化除了直接影响粮食生产以外，还将通过影响农民的农业收入来影响粮食生产。在已知气候变化对粮食总产量直接影响的背景下，本书将按照"粮食总产量—农民的农业收入—粮食播种面积"的路径，实证分析气候变化背景下农民的农业收入对粮食播种面积的影响。这也是从间接角度考察气候变化对粮食生产影响的重要内容。

第四，气候变化对粮食价格影响的实证研究。粮食价格是粮食安全的基本内涵之一。粮食价格波动将对国家粮食安全造成不利影响。从理论上说，粮食价格的变化既取决于粮食供给和需求关系变化，也取决于粮食生产成本的变化。具体而言，粮食供给增加或粮食需求减少将促使粮食价格下降，粮食生产成本提高将导致粮食价格上涨。因此，气候变化可以通过影响粮食总产量和生产成本而形成对粮食价格的影响。

第五，气候变化背景下中国粮食安全问题的新挑战。改革开放 40 多年中国农业发展基本上实现了中国人"把饭碗牢牢端在自己手中"的目标。前述四个方面的内容在理论和实证层面研究了气候变化对中国粮食安全的影响。但是，近年来中国的粮食安全问题也面临着农业劳动力弱化、农民收入非农化、生物燃料乙醇发展以及国际农业垄断资本等带来的新挑战。这些新挑战和气候变化相互交织、相互融合，使得中国的粮食安全问题更加复杂化。因此，本书也对这些问题进行简要阐述。

1.3.3　研究内容和技术路线

根据上述研究目标和研究内容，本书的章节安排如下：

第 1 章为绪论。本章主要阐述研究背景和研究意义，介绍研究目标和内容以及研究报告的结构安排，最后分析本书的创新和不足。

第 2 章为文献综述。本章主要就气候变化现状及其对农业生产的影响、农民的农业收入的影响因素、粮食安全现状及其影响因素等进行全面的文献回顾，并评论以往文献的贡献和不足。

第 3 章为理论框架和研究方法。在清楚界定粮食安全概念的基础上，本章分析气候变化对粮食安全的影响路径和机理，为后续实证研究奠定理论基础。根据气候变化对粮食安全的影响机理建立实证研究模型，并在此基础上介绍主要计量经济估计方法和研究数据。

第4章为气候变化、农业收入和粮食生产的发展趋势。本章重点分析改革开放以来中国的气候变化、农业收入和粮食生产的历史变化、地区差异和结构变化等，为后续实证研究奠定背景材料基础。

第5章为气候变化对粮食总产量的影响。本章收集中国历年各粮食生产省份的粮食总产量、气候变化数据，建立计量经济模型实证考察气温、降水量和日照等气候因素对粮食总产量的影响。

第6章为气候变化对粮食单位面积产量的影响。本章收集中国历年各省份的水稻、玉米和小麦三大主粮的单位面积投入产出、气候变化等数据，建立面板数据模型，在解决组间异方差、组内自相关和组间同期相关的基础上探讨气候变化对粮食单位面积产量的影响。

第7章为气候变化对粮食全要素生产率的影响。本章主要试图从全要素生产率的角度进一步分析气候变化对粮食单位面积产量的影响路径。首先根据水稻、玉米和小麦的单位面积投入和产出数据，采用 Malmquist 方法测算三大主粮的全要素生产率；然后建立面板数据模型，进一步考察气候变化对三种主粮的全要素生产率的影响。

第8章为气候变化对粮食生产要素投入的影响——以化肥和农药为例。本章主要试图从化肥和农药等农业化学品投入的角度分析气候变化对粮食单位面积产量的另一条影响路径。收集水稻、玉米和小麦三大主粮的单位面积化肥和农药投入及其他相关数据，建立化肥和农药投入模型，采用似不相关回归方法对系统模型进行参数估计，分析气候变化及其他因素对粮食生产的化肥和农药投入的影响。

第9章为气候变化背景下农业收入对粮食播种面积的影响。本章主要分析气候变化对粮食生产的间接影响。在气候变化影响粮食总产量的背景下，着重考察粮食总产量的变化如何影响农民的农业收入，以及农民的农业收入变化如何进一步影响其粮食播种面积决策。在收集省级面板数据的基础上建立两方程的联立方程组模型，采用三阶段最小二乘法以及迭代三阶段最小二乘法对联立方程组模型进行参数估计，从而得出气候变化背景下粮食总产量、农业收入和粮食播种面积的联动关系。

第10章为气候变化对粮食价格的影响——兼论粮食总产量和生产成本的中介作用。本章的主要目的是分析气候变化对粮食价格的影响，并从粮食总产量和生产成本中介效应的角度分析气候变化对粮食价格的影响机理。

第11章为气候变化背景下中国粮食安全的新挑战。本书核心内容是分析气候变化对中国粮食生产乃至粮食安全的影响，但是当前条件下影响国家粮食安全的因素日趋复杂，且与气候因素互相交织，形成了对粮食安全的一些新挑战，主要包括农业劳动力弱化、农民的收入非农化、生物燃料乙醇发展以及国际农业垄断资本等。

第 12 章为结论和政策建议。本章首先对上述章节的研究结果进行高度概括，并据此提出本书的主要研究结论，然后在此基础上讨论应对气候变化对粮食生产的不利影响，以及气候变化背景下促进粮食生产和保障国家粮食安全的政策建议。

本书的技术路线如图 1.1 所示。

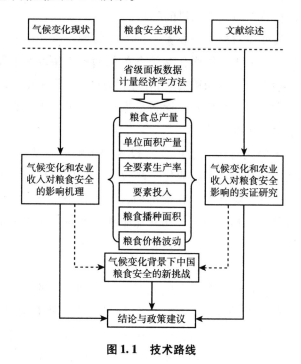

图 1.1　技术路线

1.4　创新和不足

1.4.1　本书的创新

第一，研究视角的创新。从传统的学术研究上看，气候变化和农民的农业收入分属于不同的学科和研究领域，因此以往多数研究将气候变化和农民的农业收入研究孤立开来，极少开展交叉研究，从而限制了气候变化和农民的农业收入研究的广度和深度。本书将以自然科学和经济学理论为基础，构建统一的研究框架，从理论和实证两个角度分析气候变化以及气候变化背景下农民的农业收入对粮食安全的影响。根据对以往文献的系统性考察，本书立足于把气候变化、农民的农业收入和粮食安全这三者紧密结合展开分析，拓宽了气候变化经济学、理论经济学、农业经济学等相关领域的研究视野。

第二，研究内容的创新。本书不仅立足于分析气候变化对中国粮食总产量的影响，而且着重探讨气候变化对粮食总产量和粮食价格波动的影响路径；不仅分析气候变化对粮食生产的直接影响，而且分析气候变化对粮食生产的间接影响，即气候变化背景下粮食总产量变化、农民的农业收入变化和粮食播种面积变化之间的联动关系。与此同时，本书还分析气候变化对粮食价格波动的影响，其中重点分析了粮食总产量和生产成本的中介作用。在上述基础上，本书还探讨了气候变化背景下中国粮食安全面临的一些新挑战。因此，本书不是无序地分析气候变化对粮食生产的影响，而是试图系统、全面地分析气候变化及其背景下农民的农业收入对中国粮食安全的影响，十分注重研究的整体性和系统性。

第三，研究方法的创新。本书综合借鉴了气象学、气候变化经济学、环境经济学、农业经济学、统计学和计量经济学等学科领域的理论基础、研究范式和研究方法，对气候变化、农民的农业收入和粮食安全之间的关系进行整体性和系统性研究。尤其需要强调的是，本书在经济学分析中不仅注重分析不同变量之间的动态逻辑，而且注重对变量之间的影响机理进行科学和实证检验。在实证检验中，本书注重实证研究方法尤其是计量经济模型估计的合理性和稳健性。

1.4.2　本书的不足

第一，本书的数据主要是省级面板数据而不是农民微观调查数据。一方面，省级面板数据具有很好的国家代表性，可以反映全国范围内气候变化、农民的农业收入对粮食安全的影响。另一方面，缺乏微观数据的实证研究无法揭示农民作为微观主体在气候变化背景下的粮食生产决策过程。需要说明的是，造成这方面不足的主要原因在于本书获批的研究经费有限，无法支撑大型农民微观调查。在将来研究经费和其他条件满足时，我们仍然希望继续加强气候变化对粮食安全影响的农民微观主体研究。

第二，本书未能较好地把农民关于气候变化对粮食安全影响的认知和适应性行为考虑在内。一般而言，农民在面对气候变化造成对粮食生产的不利影响时，会采取相关的适应性措施来减弱甚至抵消不利影响。在这种条件下，气候变化对粮食安全的影响将呈现不同的表现形式。因此，我们也希望将来在条件允许时加强这方面的研究。

第2章 文献综述

近百年来，随着人类活动的不断增多，工业化进程的不断发展，排放出了大量的二氧化碳气体，大大加快了全球气候变暖的进程。尤其是进入20世纪以来，全球气候气温升高、局部地区降水量空间和时间分布不均的趋向不断增强。在我国，气候变化同样显著。一是气温呈现显著升高趋势，1908~2007年，我国的地表平均气温升高了1.1摄氏度，而近百年来，我国的增温总量和趋势均高于世界平均水平。二是年降水量不稳定，我国近几十年间降水总量的变化趋势虽不明显，但区域降水量变化波动较为明显。三是极端天气和极端气候事件频繁出现，强降水和高温热浪等事件的频率和强度都呈现出明显的提升。气候的变化与农业息息相关，在气候条件变化的背景下，我国粮食生产也面临着气温、降水等农作物生产的基本外界条件变化所带来的多重挑战。

本章先梳理探究我国气候变化的相关研究，主要总结我国的气候在气温、降水量和极端天气气候事件三个方面的变化及变化产生的影响因素。在此基础上，梳理气候变化对农民粮食生产的直接和间接两方面影响因素的相关研究：从气候变化对农业生产的影响方式及其研究方法和气候变化对粮食产量及其生产要素投入的影响方面梳理气候变化对农业生产的直接影响；从农民收入现状及气候变化和其他因素对农民收入的影响方面梳理气候变化对农业生产的间接影响。此外，本章还将理顺对我国粮食生产和粮食价格有显著影响的诸多因素的相关研究。最后，在以上文献综述的基础上对目前相关领域的研究现状加以评述。

2.1 气候变化现状及其影响因素

2.1.1 气候变化的现状

气候变化是多种影响因素综合作用的结果。综合已有的研究可以得出，太阳辐射变化、海洋环境的作用、海陆间的相互影响、火山活动以及人类活动是最为主要的影响因素。

自 1750 年社会进入工业化以来，温室气体与其他污染物质的大量排放导致了全球性气候变化（秦大河，2014）。联合国政府间气候变化专门委员会的评估报告指出，大气中的二氧化碳浓度在工业革命之后迅速增长，超过了近 65 万年以来的自然变化的范围。过往研究多数采用国家基准气候站和基本气象站等相关数据资料，系统分析了国内外主要气候要素变化的空间与时间特征（任国玉等，2005）。气候变化研究所涉及的要素目标较多，主要包括二氧化碳排放、水文资源、海平面、冰雪融化、温度、降水以及干旱洪涝灾害发生等（林伯强和蒋竺均，2009）。

联合国政府间气候变化专门委员会发布的第四次报告显示，1995～2006年是自 1850 年有全球地表气温记录以来最热的 12 年，且 1906～2005 年全球地表温度的线性趋势为 0.74 摄氏度，显著高于 1901～2000 年的 0.6 摄氏度。联合国政府间气候变化专门委员会发布的第五次报告更是指出，1983～2012年可能是北半球过去 1400 年以来最热的 30 年，而 1880～2012 年全球陆地和海洋表面温度的线性趋势达到了 0.85 摄氏度。姚俊强等（2014）利用中亚干旱区 5 大主要典型流域代表性气象站点近 130 年逐月实测的气温数据研究发现，近 130 年来中亚干旱区各主要流域年均气温均呈上升趋势，增温趋势高于全球和周边地区，中亚干旱区气温对全球变化的响应比其他地区更加明显。受气候变化影响，全球降水变化也出现显著差异。1900～2005 年，北美和南美的东部地区、北欧、中亚和北部的降水量显著增加，而地中海、非洲南部和南亚的部分地区降水显著减少。

总体而言，中国的气候变化趋势与全球变化趋势大致类似。2008 年，国务院发布的《中国应对气候变化的政策与行动》指出，1908～2007 年，中国的地表平均气温升高了 1.1 摄氏度。2015 年发布的《第三次气候变化国家评估报告》取 1. 20 摄氏度（0. 9 ~ 1. 52 摄氏度）为新的中国百年增温率，中国近百年增温总量和趋势均高于世界平均水平。丁一汇和王会军（2016）的研究发现，近百年（1913 ~ 2012 年）中国区域平均增温的中值为 0. 9 摄氏度。近50 年以来，中国的气候变暖现象尤为明显。贺伟等（2013）利用东北地区 96个气象站1961 ~ 2005 年的日平均气温资料，发现近45 年来，东北地区年平均气温变化在 2. 45 ~ 5. 72 摄氏度之间，年均温度呈现显著上升趋势，且 1988 ~1989 年发生了由低温到高温的突变。陈亚宁等（2014）的研究通过对西北干旱区气候变暖影响下的水资源形成、转化与水循环等关键问题最新研究成果的总结分析发现，西北干旱区降水在过去的 50 年出现过“突变型”升高，但进入 21 世纪，降水处于高位震荡，升高趋势减弱。

年降水量不稳定是中国气候变化的主要表现之一。近年来中国降水量的变化趋势不显著，但年代际波动较大，20 世纪 70 年代以后降水量发生了较为明显的年代际变化（丁一汇等，2006）。近几十年来，中国年均降水总量的变化趋势并不显著，但是区域降水量的变化波动程度较为明显。董旭光等（2014）运用山东省 121 个气象站 1961 ~ 2010 年逐日降水观测数据，分析了山东省近50 年来的降水日数和降水强度的气候特征、变化趋势和贡献率、变异场、突变、周期性等特征，结果发现，近50 年山东省年降水日数和强度存在着明显的年代际振荡，降水日数总体呈极显著减少趋势。

气候变化的另一个表现是极端天气气候事件频繁出现。极端天气气候指发生概率比较小的大气现象，如异常气温（高温和低温）、异常降水（强降水和干旱）和沙尘暴等，这些现象将会在较短时间对天气气候产生影响。在中国，常见的极端天气气候现象包括极端降水气候事件，如极端降水量、气象干旱面积以及暴雨天数等方面；极端气温事件，如平均气温、极端气温（最高或最低）、高温天数等；影响能见度的极端天气气候现象，如大雾天数、沙尘天气频率、霾的天数等。此外，中国极端天气气候事件的频率和强度也呈现较明显的变化（秦大河等，2005），而不同类型和不同区域极端气候变化存在明显差异（任国玉等，2010）。

2.1.2　气候变化的影响因素

2.1.2.1　自然因素

太阳辐射带给地球的能量、海洋环境、海陆间相互作用、火山互动等都对气候变化产生了深刻影响（任国玉，1991；申彦波和王标，2011）。其中，地球表面每年获得的太阳能量中，只有大约43%的能量能到达地球表面，而在其余的能量中，约43%将会通过散射及反射作用而折回到宇宙，而剩下的14%则被大气所吸收。对于气候而言，主要的形成能量大部分来自于太阳摄入到地球的能量。

海洋环境也是气候变化的重要影响因素之一（牛明杨等，2018）。海洋不仅不会对二氧化碳和热量产生吸收作用，还会释放相应的气体和热量，甚至曾经出现地球气候变暖但南半球高纬度地区气温却大幅度变冷的现象。

地球的海陆位置并非是一成不变的，而是处于缓慢的持续变化中。由于海洋和大陆对热量的吸收程度不一样，从而使气候发生相应的变化。当然，地球陆地上的山地高度与海洋深度也处于不断变化的过程，陆地上部分地区的海拔会不断上升，形成高原或山脉；相应地，海洋中的部分区域会不断变深，形成海沟，一系列的变化都会让陆地或者海洋面积减小或增大。因此，海陆间的相互变化和相互作用使得气候变化的研究与预测更为复杂化（刘屹岷和钱正安，2005）。

相关学者研究发现，近一万多年以来，每次大范围的全球降温活动都与火山活动密切相关（于革和刘健，2003）。火山喷发可以改变气候是毋庸置疑的，因而火山喷发是影响气候变化不可忽略的因素之一。

2.1.2.2 人类活动因素

人类活动如工业化进程等，导致了大量气体的排放，如二氧化碳气体，这些进一步加快了全球气候变暖的速度。美国国家海洋和大气管理局发布的监测数据表明：2007年地球二氧化碳的浓度为383百万分比浓度，而在工业革命之前地球二氧化碳的浓度仅仅只有280百万分比浓度（王伟光和郑国光，2009）。这方面文献汗牛充栋、不一而足，在此不一一赘述。

2.2 气候变化对农业生产的影响

气候变化对农业尤其是粮食产量和粮食安全生产的影响已成为气候变化研究的一个重点领域。事实上，气候变化对农业的生产将会产生持续的影响。农业自然资源要素时空分布将会继续发生变化，农作物品种资源也将进一步受到影响，全球气候变化仍将持续加剧，威胁粮食生产持续稳定发展，最终将对国家的粮食安全产生影响。农业作为中国国民经济中的首要产业，对国民经济的重要性不言而喻。但是由于中国是典型的农业资源约束型国家，农民多采用小农生产方式进行农业生产，在遇到极端气候时，抵抗能力较差，农业经济损失严重。虽然近年来全国受灾面积有所减少，但是极端气候灾害造成的经济损失依旧不能忽视。可以说，极端气候事件一旦发生，就会严重损害农业生产条件，造成粮食减产与农民收入的下降，给农业带来严重的负面影响。如张明伟等（2011）指出，气候变化可能导致华北地区冬小麦平均减产 8% 左右；邓振镛等（2008）认为当降水在适宜范围内，气候变暖可以使得旱作区农作物产量增加。

2.2.1　气候变化对农业生产的影响方式

气候变化对农业生产造成影响主要通过三条路径，包括对农作物生产环境的影响、对品种资源及其抗逆性的影响以及对种植制度与生产布局的影响。

第一，气候变化会影响农作物的生长环境。全球气候的变化，无论气温或者是温室气体排放，都会直接导致与农业生产相关的自然因素的变化，如光照、热量、温度和风速等要素条件，进一步将会全方位影响农业生产的开展。对于中国而言，由于东部和西部水资源条件的显著差别，全国 87% 的生物生活在占全国面积不足一半的东部地区。除此之外，南北部地区热量条件的不同导致了东部地区生物量从热带向寒温带呈现递减趋势（唐华骏和周清波，2009）。土壤有机质是土壤肥力的重要构成要素。气候变化对土壤有着直接或间接的联系，为了提高农业生产对气候变化的适用性，深入研究不同气候要素时空变化对土壤有机质和土壤肥力的影响显得越来越重要。此外，气候变化也会造成对农作物病虫害发生和繁衍的影响（李祎君等，2010；王丽等，2012）。

第二，气候变化会影响农作物的品种资源及其抗逆性。气候变化意味着农作物生产环境的变化，气温、降水、光照等条件的改变，需要提高作物抗逆性，保证作物能在波动的环境中生长，可以有效应对环境变化。中国在这一领域科研储备不足，应当进一步加强中国主要农作物品种育种改良以适应气候变化。

第三，气候变化会影响农作物的种植制度与生产布局。杨晓光等（2010）认为，随着温度的升高，依据历史数据发现，中国一年两熟制、一年三熟制的种植界限同新中国成立以来到 1980 年相比，有不同程度北移。李虎等（2012）指出，中国需要从种植制度、品种选育、农业作物布局和基础设施等方面加强研究来保证中国粮食安全。

2.2.2 气候变化对农业生产影响的研究方法

在气候变化对农业生产的相关研究当中，农作物生长机理模型和计量经济学实证研究模型是最常用的两类基本方法（史文娇等，2012）。农作物生长机理模型主要考虑气温、降水、温度、日照和土壤等一系列气候及生态因素对农业生产的影响，用数学公式的方法模拟描述农作物的生长、物理以及化学过程，预测农作物在特定的生产环境下如何生长，反映作物对环境和管理因素的响应信息（斯多克等，1994）。但是采用作物生长机理模型分析气候变化对农业生产的影响存在以下两点不足：第一，农作物生长机理模型由于需要假定大量参数，这可能导致农作物生长机理模型会受到参数设定偏差的影响（伊祖米等，2009）；第二，农作物生长机理模型尚未将农户应对气候变化的适应行为考虑在内，存在高估气候变化对农业生产影响的可能性（门德尔松等，1996，1999）。为此，越来越多的研究人员开始采用历史气象统计数据，通过计量经济学实证研究模型的方法研究气温、降水和日照变化对于农作物单位面积产量和农业收益的影响，其中最具代表性的是李嘉图模型（达尔文和罗伊，1999）。相比于农作物生长机理模型来说，计量经济学实证研究模型能够将生产者的行为纳入气候变化对农业影响的分析框架，在抽样和计量估计方法的支持下，可以更加准确地估计气候变化对农业生产的影响（汪阳洁等，2015）。

2.2.3 气候变化对粮食产量的影响

气候变化对农业生产的影响已经得到了相关研究人员的广泛关注。陈帅等（2016）通过采用计量经济学的研究方法发现，气温、降水和日照等气候变量均对中国水稻和小麦的单位面积产量产生"先增后减"的非线性影响，如果气候条件越过最优拐点，则会对中国的粮食生产造成较大的负面影响。

针对气候变化对粮食生产的影响问题,不少学者提出了自己的观点。李寅鹏等(2009)整合 20 个一般环流模型(GCM)和特殊排放案例报告(SRES)中的六个排放场景,利用 Palmer 干旱严重性指数,分析全球气候变化条件下干旱对农作物生长的影响,发现在全球范围内,随着全球变暖,受旱灾的地区不断增加。到 2050 年,全球平均作物干旱风险指数比 2009 年水平增长一倍。鲁安等(2013)整合作物环境资源综合模型(CERES)和 MIKE 盆地水文模型,对气候变化条件下孟加拉国 GBM 盆地的水稻和小麦生产做了模拟,发现气温升高不利于该地区的作物生产,二氧化碳排放量以及降水量升高在不同气候场景下对作物的影响不同,具有较高的不确定性。唐国平等(2000)根据 1958~1997 年我国 310 个气象站的气象数据,利用三个大气环流模型,模拟我国未来气候变化的情景。再通过模拟的结果,利用农业生态地带模型(AEZ)评估气候变化对我国农业生产的影响,得到结论发现气候变化将增加东北、西北以及青藏地区的潜在粮食产量,而华东、华中和西南地区的潜在粮食产量则会减少。汤绪等(2011)利用区域气候模式(PRE-CIS)和农业生态地带模型(AEZ)模拟气候变化对我国农业气候资源的可能影响,发现由于气温的升高,参考作物蒸散普遍增加;降水的增加使得西北地区干旱状态有所改善,作物生长期延长,而东南部地区的作物则由于降水过多生长期缩短。张建平等(2007)利用气候模式(BCC-T63)与作物模式(WOFOST)相结合的方法,模拟未来 2011~2100 年我国主要粮食作物的产量变化趋势。其分析结果指出,由于气候变化的影响,东北地区的玉米产量会出现明显下降,华北地区的冬小麦以及南方晚稻也将出现不同程度的减产。周曙东和朱红根(2010)构建 C-D-C 模型,研究了气候变化对南方水稻产量的影响,并且对未来气候变化的影响进行了模拟预测。结果表明,降水量与华南、华中和华东地区的水稻产量呈反向相关,但是与西南地区的水稻产量为同向相关关系。另外,气候变化会造成南方水稻的减产。

也有研究从农业生产技术的角度分析气候变化对粮食单位面积产量的影响。刘昌等(2020)的研究利用 HP 滤波法提取农作物产量中的气候产量,结果发现,平均气温、降水量、日照时数增加对冬小麦单产有促进作用,降水量增加对冬小麦增产影响最显著,降水量每增加 100 毫米,冬小麦增产 5.76%。张卫建等(2020)依据多年的田间增温试验,发现温度升高 1.5 摄氏度对我国水稻生产的潜在影响正负参半,并取决于具体的稻作季节和地区,但是,随着南方双季稻种植面积下降,温度升高对我国水稻生产的负面影响将逐步递增。王金霞等（2009）的研究也得出了类似的结论，通过对中国28个省份8405个农户的调查研究发现，全球气候变暖对旱作农业会产生较大影响，但是却有益于灌溉农业的发展。

2.2.4 气候变化对粮食生产要素投入的影响

气候变化不仅直接影响粮食单位面积产量，也会通过影响生态环境对粮食生产中的要素投入产生间接影响。一方面，气候变化所引起的气温升高和极端气候现象，会使寒冷地区的病虫害变得容易越冬，害虫发育的起始时间提前和害虫繁殖代数增加（陈海新等，2009），因此在农药施用过程中会导致施用次数与施用量的增加（吴秀明等，2019）。另一方面，气候变化所引起的气温升高还会通过土壤微生物活动影响有机质和养分的分解速度，导致农田土壤有机质含量减少，化肥投入增加（尹朝静等，2016）。

从粮食生产中农药化肥施用的决定因素上看，气候变化这一要素正在被越来越多的文献纳入研究框架当中。在过往的研究当中，多数文献主要关注要素价格、产品价格、病虫害发生程度、种植面积、农户风险偏好、技术培训以及农户知识水平对其农药化肥施用行为的影响（侯健昀等，2014）。然而，在农药化肥施用行为的决定因素研究当中，越来越重视气候变化这一非传统要素对于农户农药化肥施用行为的影响。周洁红等（2017）通过对1063户水稻农户的调查研究发现，在其他因素不变的情况下，农户对气候变化感知的程度越高，农业生产中增加农药化肥投入的概率就越大。但是，仅从农户对气候变化的感知角度研究气候变化对农药施用行为的影响，并不能完全从客观角度定量分析气候变化对农药施用量的影响。还有研究讨论了病虫害发生与平均温度的关系，结果表明，89.3%的省份病虫害发生率距平与平均温度距平呈正相关关系，其中46.4%的省份呈显著正相关关系（赵森等，2015）。还有研究利用我国26个省份2001~2012年的面板数据，实证分析气温和降水量变化对我国种植业生产中化肥使用强度的影响，结果表明，年平均气温上升有助于降低化肥的使用强度，而年降水量的增加则会提升化肥的使用强度（曹大宇和朱红根，2017）。

2.3　农民农业收入现状及其影响因素

2.3.1　农民农业收入现状

随着时间推移以及经济发展，农民农业收入水平也在不断发生变化。刘鸿渊（2006）认为农民农业收入增长缓慢，城乡居民以及农民内部之间收入差距不断扩大，特别是东部与西部农民农业收入差距进一步扩大的趋势明显。并且，农民收入来源单一，种植业收入仍然是农民的主要收入。学界对农民农业收入的增长变化经历研究较少，主要从宏观上对农民收入这个整体进行时间段划分。余蔚平（2006）认为农民收入增长变化经历了五个阶段：第一阶段为 1978 ~ 1984 年，农民收入超常规增长；第二阶段为 1985 ~ 1991 年，农民收入在波动中缓慢增长；第三阶段为 1992 ~ 1996 年，农民收入反弹回升；第四阶段为 1997 ~ 2000 年，农民收入缓慢下滑；第五阶段为 2001 年至今，农民收入止跌回升。

归纳整理各学者对中国农民农业收入的研究，发现中国农民农业收入主要存在以下两个方面的问题：

一是中国农民农业收入处于较低水平，尤其是中部和西部地区农民农业收入水平更低。关付新（2008）在接受上述观点的基础上，着重强调了中部和西部地区农民农业收入水平低的问题，中部和西部地区面积、人口和乡村人口分别占全国总数的 82.2%、55.3% 和 61.2%，但其农民农业收入长期低于全国平均水平，更远低于东部地区。2012 年中国农民人均收入的平均水平为 7917 元，而西部地区仅为 5976.26 元（吴晓燕和赵普兵，2013）。

二是城乡收入差距较大而且不同地区农民农业收入也存在差距。中国农村经济虽然在 21 世纪以来取得了长足进步，农民收入也有了明显的增长，但是中国城乡居民收入差距仍然较大。刘兆征（2008）发现 2004 ~ 2007 年城镇居民人均收入增长率，扣除价格因素，分别比上年实际增长 7.7%、9.6%、10.4% 和 12.2%，高于农村居民的 6.8%、6.2%、7.4% 和 9.5%，城乡居民收入增长的相对差距仍在扩大。2004 年、2005 年和 2006 年城乡居民收入比分别为 3.21、3.22 和 3.28，而 2007 年这一比值进一步扩大到 3.33。2013 年的城乡居民收入比仍然高达 3.03（温涛等，2015）。不同地区之间农民的人均收入差距较大，并且这种差距没有缩小的趋势。总的说来，呈现出明显的东高西低、从东南沿海向西部内陆地区递减的趋势。城乡居民收入的差距，也呈现出明显的由东向西的递增趋势。陈在余（2010）、胡荣才（2011）也认为地区收入差距和农户收入差距在不断扩大。万年庆等（2012）认为农民农业收入增长差异主要在于东部地区的收入结构优势强于中部和西部地区的竞争优势。刘纯彬和陈冲（2010）认为造成农民农业收入的区域性差异的主要原因是不同地域农民工资性收入的差距。宋莉莉（2016）也认为工资性收入的差异是地区间农民农业收入差异扩大的重要原因，而这种差异则根源于地区间工业化和城镇化进程的差异。

2.3.2 气候变化对农民农业收入的影响

气候变化主要通过影响种植结构、农作物产量与品质以及种植成本等影响农户收入的提升。贾利军等（2019）的研究发现，极端高温日数的增加会显著提升西部地区农民的收入水平，但极端低温日数对农民农业收入水平的影响不明显，极端强降水天数的增加会显著降低农民的收入水平。为了缓解气候变化对未来的影响，也有研究关注到减缓气候变化政策对农户收入的影响，研究发现，减缓气候变化政策短期对农户收入影响不大；但长期来看，由于区域生态环境的改善对农业生产产生了保护和屏障作用，减缓气候变化政策的实施可以显著增加农村家庭收入，并可以降低农村家庭收入差距（孙奎立等，2018）。

更多研究关注到气候变化适应性行为对农户收入的影响。以苹果生产为例，研究发现，苹果种植户气候变化适应性行为和收入在空间上均存在明显的集聚关系；适应性行为及其空间溢出效应对生产性收入的影响显著为正；生产要素、区域特征等变量及其空间溢出效应对收入也产生影响，但影响程度小于适应性行为（冯晓龙等，2016）。除此以外，不同收入水平的农民的气候变化适应性行为也是存在差异的。研究表明，低收入农民对极端干旱事件更敏感；干旱更严重地区的农民更有可能采用相关的适应措施。在认为干旱更严重的情况下，高收入农户更倾向于采用投资成本较高的工程性适应措施；而贫困农民更倾向于采用投资成本较低的农田管理措施（侯玲玲等，2016）。具体来说，相比于较高收入农户，低收入农户由于自身人力资本、社会资本及生产资产的劣势可能导致其显著减少了 0.12 次灌溉和降低了 2.1% 的概率去采用地面管道节水技术以应对极端干旱事件（杨宇等，2018）。

此外，中国农户在农业生产中仍然处于半自给半商业化的阶段（张林秀和徐晓明，1996）。考虑到中国小农户的农业生产行为特点，周立等（2012）将农户的农业生产行为概括为"为市场而进行的生产"的 A 模式和"为生活而进行的生产"的 B 模式。中国作为一个农业生产大国，小农户依然是当前农业生产经营的主要组织形式，且中国大多数小农户的农业生产行为在市场经济的背景下，依然存在自然经济的延续，即农产品以市场交换为主，同时也存在满足自我消费的特点（彭军等，2017）。这使得中国的小农户同时具备了生产者与消费者两种属性。如果当年粮食生产受到气候变化的影响较大，从而导致了粮食生产经营性收入的降低，那么按照中国小农户的农业生产行为特点，他们极有可能在第二年减少粮食种植面积，仅从事满足个人家庭消费的粮食生产。而这一可能由气候变化引发的粮食播种面积减少问题，目前尚未有研究对其进行验证。

2.3.3 农民农业收入的其他影响因素研究

除了气候变化对农民农业收入的影响以外，通过梳理以往研究文献可以把其他影响中国农民农业收入的因素分为体制性、资源性和结构性因素三类。

2.3.3.1 体制性因素

影响中国农民农业收入的体制性因素主要表现在经济制度、土地制度、土地流转和国家公共财政政策等方面。

（1）经济制度决定着一个国家的经济发展形式和方向，众多学者从制度性因素出发研究农民农业收入的影响因素问题，认为不合理的制度是影响农民农业收入的重要因素。陈锡文（2001）认为计划经济体制是影响农民农业收入增长的重要因素，计划经济体制下的统购统销模式转移了农民的经济剩余，市场经济体制下的农产品收购价格保护制度又使农民的利益大量流失到垄断部门手中，最终伤害了农民的经济利益。他还认为只有积极稳妥地推进各项制度改革，才能从根本上保证农村土地制度的改善和稳定，有效增加农民农业收入（陈锡文，2002）。随着中国经济体制从"计划"逐步转变为"市场"，城乡二元经济结构比一般发达国家更突出。温涛等（2018）对改革开放40 年的农民收入增长进行研究，认为改革开放后初期农民农业收入增加受家庭联产承包责任制带来的产权初步界定与城镇化将农村剩余劳动力转移影响，收入降低又与城乡二元体制与产权不清晰有关。温铁军（2004）、王恩胡（2010）也认为农民农业收入问题的根本矛盾在于体制矛盾，即城乡分割对立的二元经济结构，进一步加剧了收入分配的轻农倾向。李晓龙和郑威（2016）认为，自经济体制改革以来，中国农民农业收入的增长依赖于农村经济体制的创新，而农民农业收入的停滞是农村经济体制创新滞后的结果，要想解决当前中国农民农业收入问题，关键是要从根本上创新当前制约着农民农业收入增长的制度。

（2）土地制度也是众多学者集中关注的方向。周其仁（2002）从产权经济学的角度得出产权界定相关的制度因素越来越成为阻碍农民农业收入增加的原因，要想增加农民农业收入就应该从明晰产权入手。人们对现行征地制度的主要批评之一，就是征地补偿标准太低而失地农民又缺乏更多的收入来源，因此导致失地农民无法维持可持续生计，生活水平大幅下降，提高征地补偿标准一定程度上可以解决农户土地征收意愿与收入，但同时更需要提高征地程序的公正性与规范性（崔宝玉等，2016）。这一观点也得到了大量的实证支持（金晶和许恒周，2010）。但这一观点只适用于经济相对欠发达地区的农民，而对于经济较发达地区的农民，土地已经不再是其主要收入来源，史清华等（2011）对上海2281个农民的调查显示，征地对当地农民农业收入的负面影响并不显著。王静等（2017）对长江干流发达地区与不发达地区进行比较，认为土地因素对不发达地区农民收入尤其是农业收入的促进作用较大，而对不发达地区的促进作用较少。

（3）大部分研究认为正确处理好农民增收问题和土地流转问题之间的关系是解决"三农"问题的主要手段，这二者是相互补充、互为统一的关系（郑建华和罗从清，2004）。萨缪尔森（1999）通过研究美国土地流转对农民农业收入影响的时候发现，至20世纪80年代，美国农场的家庭收入远远超过全国平均水平。在国内，冒佩华和徐骥（2015）借助2000年和2012年的农户家庭微观调研数据，采用平均处理效应（ATE）和受处理的平均处理效应（ATT）方法，实证分析了土地经营权流转对农户家庭收入的影响，发现土地流转能显著提高农户家庭的收入水平。王春超（2011）、李中（2013）、韩啸等（2015）、刘俊杰等（2015）以及朱建军和胡继连（2015）等也都得出了增加土地流转量能够促进农民农业收入增加的结论。但是，朱建军和胡继连（2015）认为农地租入与农地租出均促进了农民收入的增加，而韩啸等

（2015）则认为土地流转对转出户收入影响并不显著。

（4）国家公共财政政策包括财政支农和农业各税。对于财政支农对农民农业收入的影响，一部分学者持积极观点，认为中国的财政支农政策总体上是有效的，促进了农民农业收入增长（杨林娟和戴亨钊，2008；王建明，2010；茆晓颖和成涛林，2014；张强和张映芹，2015）。张笑寒和金少涵（2018）认为，从长期来看财政支农政策对农民人均纯收入具有正效应，但效应较弱。但是，也有一部分学者持相反的观点，认为中国的财政政策对农民农业收入的影响不明显（李燕凌和欧阳万福，2011；汪海洋等，2014）。辛立秋等（2017）也认为，短期内财政支农对农民增收没有影响，可能是因为农业具有弱质性，受自然因素等环境影响较严重，财政支农资金的增加并不能迅速促进农民增收。对于农业各税对农民农业收入的影响，部分学者对农村税费改革的成效进行了研究，认为在短期内农村税费改革对农民农业收入增长的影响程度非常有限，从长期来看也具有不确定性（池巧珠和廖添土，2012）。但大部分学者持积极态度，认为农村税费改革在提高农民农业收入增长率的贡献和促进农业生产效率方面具有较大的正面影响和政策外溢效应，而且有一定的持续性（周黎安和陈烨，2005；柯善咨和张晏玲，2012）。张依茹和熊启跃（2009）认为农民税费负担的减轻不仅直接提高了农民的收入水平，而且调动了广大农村劳动力的生产热情和积极性，有利于农村人均收入的进一步提升。严文高和李鹏（2013）也认为农村税费改革基本实现了阶段性目标。徐琰超和尹恒（2017）也认为农村税费改革和农业税减免政策在一定程度上增加了农民农业收入，但是要想得到长久的、良好的政策效果，应该对公共物品配置的制度安排做相应调整。

2.3.3.2 资源性因素

影响中国农民农业收入的资源性因素主要表现在自然灾害和劳动力素质两方面。

（1）由于农业自身的弱质性，农业生产容易受到自然灾害的影响，农民农业收入也会因此受到影响。中国是世界上自然灾害最严重的少数几个国家之一，灾害种类多、频率高、强度大、影响面广。据统计，中国农业遭受干旱、洪涝、雹灾等气象灾害的受灾率在 20 世纪 70 ~ 90 年代平均为 41%，90 年代前半期达 53%（高庆华等，2004）。由于农民的收入来源比较单一，主要来自于种植业或牧业等农业收入，而频繁发生的自然灾害会在不同程度上使农作物减产或绝收，对农户经济收益造成很大影响（谢永刚等，2007）。吴迪等（2016）运用1985～2014年的自然灾害统计数据，研究自然灾害对种植业的影响，进而研究自然灾害对农民农业收入的影响，得出干旱、暴雨洪涝、冰雹、病虫害及大风是吉林省种植业面临的最主要自然风险，且自然灾害对农民农业收入有显著消极作用。气候变化方面，门德尔松等（2007）发现，在美国和巴西的农村地区农民农业收入与气候有着极大的关联性，并且无论是发达国家还是发展中国家的农村地区，气候都能通过影响农业生产率影响农村的农业收入水平。

（2）在影响农民农业收入的众多因素中，农村人力资源的素质是农民农业收入增加的主要"瓶颈"，农民农业收入水平与农民自身素质的高低紧密相关（李朝林，2005）。雷平和詹慧龙（2016）认为增加农村农户教育投入，扶持新型经营主体，提高机械化、信息化水平可以显著增加农户农业收入。李华等（2016）认为农村人力资源是影响农民农业收入增长的重要因素，对促进农村经济增长起着举足轻重的作用，开发利用好丰富的农村人力资源，提升农村人力资源发展水平，是提高农民可支配收入和解决好农村劳动就业问题的关键。

2.3.3.3 结构性因素

农产品市场结构是影响中国农民农业收入的重要结构性因素之一。农产品市场结构一直是经济学界研究农民利润分配失衡、农民农业收入增长难的重点。通过对农产品市场结构的分析来解释利润在中间商和农民之间的不均衡分配，并提出相应的政策建议。王红梅（2016）认为农民农业收入受到市场供求关系的影响，农业生产结构还存在问题，供货需求不相适应。夏春玉等（2009）以"市场结构—市场结构—市场绩效"的产业理论框架为分析工具，采用案例研究的方法，对农产品市场结构如何影响农民收入进行了初步的实证研究，发现农产品收购商的市场行为受到乡村人际关系、双边依赖与政府介入的制约。在当前的中国农产品流通环境下，最重要的政策导向是实现收购商的规模扩张，增强农产品外销能力。赵昕（2013）认为，针对市场经济下农民"增产"不能"增收"的问题，政府需要把调节市场"供求关系"作为增加种粮农民的农业收入的必要手段。

2.4 中国粮食生产的影响因素研究

中国作为世界第一人口大国，其粮食安全问题长期受到广泛关注。美国作家布朗（1995）在其著作《谁来养活中国？》中提出了中国的粮食安全问题。此后，王雅鹏（2008）以美国和巴西发展生物燃料的模式为镜，对中国生物燃料的产能及生产原料量进行计算，结果显示如果中国消耗大量的粮食原料来生产生物燃料，中国的粮食安全将无法得到保证。张秀生和张树淼（2015）着重对生态安全与粮食安全的关系进行研究，指出保证生态安全是实现中国粮食安全的前提和基础，水资源的日益短缺、耕地的持续流失等情况威胁着中国的粮食生产。但是也有学者认为，从长期来看中国的粮食安全问题并不严峻。黄季焜和罗泽尔（1998）甚至认为 21 世纪中国粮食安全不存在问题。同时，赵其国和黄季焜（2012）认为，中国大米和小麦的口粮自给率已达 100%，国家的口粮自给率很高，从这一方面看，中国粮食安全水平较高。

2.4.1 自然和环境因素对中国粮食生产的影响

农业发展的前提是自然资源的可持续供给。影响农业发展的自然因素主要包括土壤、水、生物等，这些要素都是推动农业生产的基础条件。其中，对农业生产影响最大的因素是耕地和水资源的供给，而这两者往往极容易受到气候变化的影响而发生变化。目前的情况是水资源总量不足而且区域分布不均；耕地数量日趋减少且土壤质量不断下降，这些问题都对中国的粮食安全产生不利影响。

张凤荣等（2006）指出，耕地面积大幅减少是威胁粮食安全的重要因素。尹成杰（2005）认为，耕地资源、水资源等自然资源在提升粮食综合生产能力过程中发挥决定性作用。郭燕枝等（2007）提出，必须构建长效机制以提升粮食生产能力，其中，须重点考虑耕地和水资源等农业生产中最基本的自然资源要素。土地作为保证农业生产顺利开展的自然资源，直接影响着粮食生产，而耕地面积的变化趋势将直接影响中国的粮食产量。粮食作物播种面积不断减少的同时，中国人均耕地面积也在持续减少。根据世界银行的统计，1961～2016 年，中国人均耕地面积由 0.155 公顷减少为 0.086 公顷，减少了 44.5% 。[①] 中国粮食生产所需的耕地资源更加紧缺，直接影响了中国粮食生产活动的顺利开展。

除了粮食作物播种面积和人均耕地面积之外，中国耕地资源质量普遍不高，具体体现在耕地布局较为分散，不利于实现农业规模化生产；部分耕地处在丘陵和山地地区，土壤质量不高，农业生产效率较低；对于可用的耕地资源而言，耕地质量也呈现不断恶化的趋势，水土流失、耕地沙漠化等现象日趋严重。在工业化和城市化的发展趋势下，大量农村劳动力向城市转移，致使部分耕地无法投入粮食生产中，进一步降低了中国耕地的利用率。耕地质量和数量的降低直接限制了中国农作物播种面积的增加，对中国的粮食安全产生不利的影响。

水资源作为一种不可再生资源，对粮食生产影响巨大。中国当前面临着较为严峻的水资源问题，人均水资源占有量较低、水资源分布不合理等问题直接影响着中国粮食生产的顺利开展。中国的水资源总量虽位居世界前列，但由于中国人口基数较大，人均水资源占有量较低。根据中华人民共和国水利部发布的 2004～2018 年《中国水资源公报》相关数据可知，2004～2018 年中国人均水资源量在 1730.2～2354.9 立方米/人波动，15 年间的人均水资源占有量为 2033.67 立方米/人，依据国际上对人均水资源量的划分标准，人均水资源占有量低于 3000 立方米/人为轻度缺水，低于 2000 立方米/人为中度缺水，可以得出，中国目前已临近中度缺水的警戒线。此外，中国的水资源地域分布不均衡。具体来看，长江以南地区拥有中国近 30% 的耕地，却占有全国 80% 的水资源；相反，长江以北地区的耕地面积约占全国的 70% ，而水资源占有量却仅为全国的 20% ，这一客观现实导致中国华北、西北地区水资源缺乏，制约了农业生产活动的开展。

除此以外，环境因素对于粮食生产的影响是毋庸置疑的，影响粮食安全的环境因素主要包括自然灾害和农业化学品过量投入。农业生产活动的开展极易受气温、降水等自然因素的影响，因此自然灾害的出现会对粮食生产带来极大干扰。多数极端天气均会影响粮食的生产，如旱灾、洪涝灾害等。自然灾害形成的原因有很多，有的受自然因素的作用，有的是人类行为影响的结果。从目前来看，中国农业生产过程中面临的自然灾害很大程度上是受人

---

① 世界银行，https：//data.worldbank.org。

类行为的影响，如过度垦荒放牧、乱砍滥伐等现象造成土壤肥力降低、蓄水能力下降。中国自然灾害的强度和频率均位居世界前列，受国土辽阔且地理环境复杂因素的影响，发生的自然灾害具有种类多、频率大的特点。近十多年来，中国采取一系列措施监测和预防自然灾害的政策，自然灾害的受灾面积和成灾面积整体上呈现下降的趋势，但其对于农业生产的影响仍然十分严重，依旧对中国的粮食安全造成很大威胁。此外，长期以来中国的粮食产量呈现显著增长的趋势，推动粮食产量增长的一个重要因素是化肥的使用。中国的化肥施用强度已经超过发达国家规定每公顷化肥施用量 225 公斤的安全上限。

2.4.2 经济和社会因素对中国粮食生产的影响

农民农业收入、财政支农力度、人口和城镇化等经济和社会因素也会对中国粮食安全带来影响。

农民农业收入水平对国家的粮食安全产生直接影响。对于农民增收问题的研究较多，郭燕枝和刘旭（2011）、杨建利和岳正华（2013）利用单位根协整检验和格兰杰检验，对影响农民收入的单项指标进行了研究。许秀川和温涛（2015）将农民收入看作是三次产业的线性组合，认为第一、第二产业的增长对农民收入的增长有显著的贡献作用，但第三产业的增长对农民收入增长的贡献作用并不显著。杨丹和刘自敏（2012）通过建立线性回归模型进行分析，发现专业合作社的建立与实行对农民收入具有促进作用。

农业发展中所需要的作物改进以及推广，大型水利设施、交通运输设施通常都是由政府财政来提供。粮食生产直接影响着中国的粮食安全问题，因此与国计民生密切相关。中国政府一直非常重视粮食生产，2004 年以后国家不断提高资金投入力度来发展粮食生产，实施了一系列重大项目支持农业发展。根据历年《中国统计年鉴》和《中国财政年鉴》可知中央支农财政资金逐年上涨，从 2004 年开始，到 2015 年中国粮食连续 12 年增产，产量不断增长，从 2004 年的 46947 万吨增加到 66060 万吨，2017 年更是达到了 66161 万吨。

人口数量也是影响粮食安全的重要因素。粮食安全问题的关键是人口与粮食产量之间的矛盾，当人口增长的速度快于粮食供给的增长速度时，粮食安全问题即会出现。对于中国这一人口大国而言，人口数量及其持续增长对于粮食安全的影响不容小觑，伴随着二孩政策的推行，人口问题已经成为中国粮食安全的重要制约因素。人口数量不仅对粮食安全带来直接影响，也会对其产生间接影响。当前，人口基数大会加速对农业资源的消耗，致使环境承载力降低，这将进一步影响中国的粮食安全。

城镇化水平的提高也在一定程度上对中国的粮食安全产生影响，其影响既有积极的部分，也存在消极的因素。一方面，城镇化水平的提高对粮食安全的积极影响主要有以下三点：第一，城镇化水平的提高会使城市人口数量不断增加，由此会带来居民消费结构的变化，进一步导致食品需求结构发生相应的变化，即人均粮食消费量增加，社会对肉、蛋、奶等消费品的需求量会增加，相应的饲料粮的需求量也会增加；第二，城镇化水平的提高还会带动粮食商品率的增加，根据粮食的价格变动对粮食的需求进行调节，通过价格机制的作用，可以在一定程度上缓解粮食的需求压力；第三，城镇化进程中，大量的农村人口流向城市，农村劳动力的转移使农村土地集中在少部分农村居民手中，有利于规模化经营的实现，可以进一步提高粮食的生产能力。另一方面，城镇化的深入发展也会对粮食安全带来不利影响：首先，城镇化的过程必然伴随着城市扩建，这会导致耕地面积不断减少；其次，农业劳动力的转移也存在着弊端，农业生产过程中劳动力不足也会直接影响粮食的产量和质量，影响中国的粮食安全。

2.4.3 科技因素对中国粮食生产的影响

中国政府十分重视科学技术在农业领域的研发和运用，本书分析的影响中国粮食安全的科技因素主要包括农业设施技术水平和农业技术人员数量。

第一，农业设施技术水平。农业生产离不开农业设施和设备的支持，农业机械的使用和普及是现代农业建设的基础，也是农业现代化的重要标志。农业机械的使用涉及粮食生产的方方面面，如种子处理、灌溉、烘干等生产环节。农作物的耕种和收割环节的机械化，也极大程度地提高了粮食生产各环节的效率。

第二，农业技术人员数量。一般情况下，农业劳动力的相关技能和知识水平的增强，会为农业生产的质量和劳动效率带来积极影响。传统的农业知识和技能，没有办法为粮食生产带来大幅度的提升，另外，如果缺乏相关的技术人员，也无法实现农业机械和设备的有效使用，反而可能会拖慢农业生产的进度。

2.4.4 政策和制度因素对中国粮食生产的影响

林毅夫（2000）认为，不同土地制度会产生不同的成本和收益预期，进而影响农户的投资行为及土地交易中的交易费用和土地使用的监督成本，进而影响粮食生产。潘岩（2009）认为政府可以通过开源节流的政策促进粮食安全，通过有利于提高粮食综合生产能力的政策促进粮食生产，提高粮食供给，通过节约粮食的政策减少粮食浪费，降低无效需求，以此全面提高粮食安全水平。

2.5　粮食价格波动的影响因素研究

粮食价格波动是农业经济领域的重要研究议题。以往研究对粮食价格波动的影响因素进行了富有成果的研究。总体而言，影响粮食价格波动的因素可以概括为供求关系、粮食生产成本、国际因素和其他因素等。

第一，供求关系是影响粮食价格波动的重要因素。例如，余贤（1991）指出中国的粮食供给、粮食需求决定着粮食价格的波动。葛结根（2004）的分析发现，短期内粮食的供过于求会导致粮食价格下跌。鲁成军等（2008）从理论上分析了粮食价格变化、产量波动和要素使用对总需求冲击的反应情况，而总需求会导致粮食价格的顺周期变化和粮食产量的逆周期波动。何蒲明和黎东升（2009）发现中国粮食产量与价格之间存在显著关联。何蒲明等（2010）的实证研究证实粮食产量和价格波动相互影响，其中产量变化对价格变化存在滞后效应。余家凤等（2013）采用计量经济方法分析了粮食产量和粮食价格波动的关系，发现粮食产量和粮食价格之间存在双向影响。赖特（2014）对2007年以后全球粮食价格上涨的研究发现，气候变化带来的粮食减产以及经济发展带来的粮食需求增加是粮食价格上涨的主要原因。王学真等（2015）研究了各国粮食价格波动的影响因素，发现粮食供给和需求波动显著影响粮食价格波动，其中粮食供给波动影响更大。

第二，粮食生产成本是粮食价格波动的基础。根据石敏俊等（2009）的测算，能源价格、化肥价格以及劳动力成本上升所导致的成本驱动效应占粮食价格上涨幅度的28%～51%。罗锋和牛宝俊（2010）运用协整检验的方法对影响中国粮食价格波动的成本推动、国际传导以及预期三种因素进行实证分析，发现中国粮食价格波动主要受农业生产资料价格推动和自身价格滞后的影响。张淑萍（2011）分析了粮食价格的决定因素以及粮食价格和农民收入与消费者价格指数之间的格兰杰因果关系，发现从长期来看粮食价格是由成本和资源禀赋决定的。星焱和李雪（2013）运用 RSVAR 模型等方法，研究了粮食生产价格与市场粮价、种粮成本利润之间的关系，发现 1978～2011 年种粮成本、利润与粮食生产价格具有长期因果关系，但不具有短期关系。赖特（2014）指出 2007 年以后全球粮食价格上涨可能来自能源价格以及肥料价格的上涨。周洲和石奇（2018）对中国 2003～2014 年粮食主产区的价格数据分析发现，生产成本尤其生产资料价格的上涨是推动粮食价格波动的主要影响因素。

第三，国际因素也会显著影响粮食价格波动。丁守海（2009）运用 VEC 模型，考察了大米、小麦、玉米、大豆四类粮食品种国内外价格的传递关系，发现无论是长期还是短期，国际粮价的波动都会输入国内，其中以大豆尤甚，玉米和大米次之。根据石敏俊等（2009）的测算，国际粮食市场价格大幅波动可以通过进出口贸易传导进国内。马林林等（2011）采用灰色关联法测度了不同影响因素对国内粮食价格的影响，发现国内粮食价格波动主要受到国内成本因素、宏观经济因素和国际市场粮价的影响。马宇（2012）利用多元回归模型和 VAR 模型对粮价变化的影响因素进行分析，发现短期内国内粮价显著受到国际市场粮价变化的影响。吕捷和林宇洁（2013）的研究发现国际玉米价格会通过贸易及价格信息渠道影响中国国内的玉米价格波动。公茂刚和王学真（2016）的研究发现，四类主要粮食品种的国际价格水平都与国内粮食价格存在显著的相关关系。尹靖华（2016）采用 VAR 模型分析了国内粮食价格的影响因素，发现国际能源价格波动会通过调节生产成本导致国内粮食价格同向变化，其中国际能源价格通过柴油和汽油渠道向国内大米和玉米价格的传导畅通。聂娟和王琴英（2017）认为中国大豆价格主要受到国际市场因素的影响，其中国内大豆价格对国际市场的短期冲击较为敏感。

第四，部分研究也分析了其他影响粮食价格波动的因素。其中，部分学者认为粮食储备可能影响粮食价格。例如，高帆和龚芳（2012）认为粮食储备目标在于平缓粮食产量波动、稳定国内粮食价格以及确保粮食安全。王大为和蒋和平（2015）研究了 1991～2014 年的稻谷价格与稻谷储备之间的关系，研究发现稻谷储备在短期与价格相互冲击，但随着期数的增加，两者影响逐渐减弱。部分学者认为政府的收购政策等也会影响粮食价格。例如，李利英和肖开红（2015）认为以最低收购价为中心的粮食价格调控使得调控成本不断拉高，而政府托市收购政策导致粮食价格升高。曾珍香等（2017）对中国 2001～2014 年粮食价格数据的研究发现，粮食最低收购价等措施有效保护了耕地面积，促进了农户积极性，对粮食安全生产有积极的影响。此外，高帆和龚芳（2011）分析了 1961～2010 年国家粮食价格的变化数据，指出粮食的投资品和能源品属性逐渐增强会推动粮食价格上涨。温涛和王小华（2012）基于 1952～2009 年数据的研究发现不仅粮食价格受到通货膨胀、粮食产量、劳动要素投入、汇率等因素影响，财政金融支农政策也对粮食价格产生强烈冲击。钱加荣等（2015）运用 ARDL 模型评估中国农业补贴的影响，发现对于每种作物来说，补贴政策对粮食价格的影响都十分显著。叶盛等（2018）的实证研究认为粮食的金融属性对粮价波动影响巨大，主要体现为粮食期货市场与金融市场强耦合影响现货市场价格。

2.6　文献评述

总体而言，以往文献对气候变化、农民的农业收入以及粮食安全关系的研究为后续研究奠定了扎实的理论和方法基础。但是，以往研究也存在一些不足。例如，关于气候变化对农业生产的影响研究往往只关注直接影响。绝大多数相关的文献都是研究气候变化对农作物产量和投入的直接影响。同时，以往文献未能把气候变化、农民的农业收入和粮食安全问题纳入系统的研究框架，各部分研究分属于不同研究领域和学科，相互独立性较强。在这种情况下，加强上述三方面问题内在关联的系统研究具有更强的理论和政策价值。

第3章　理论框架和研究方法

我国是世界上人口最多的国家，粮食安全在我国的国家安全中有着极为重要的地位，保障国家粮食安全是党和政府治国理政的头等大事。因此，我们必须保证粮食安全，构建更高质量、更有效率、更可持续的粮食安全保障体系，把中国人的饭碗牢牢端在自己手中，饭碗里装满"中国粮"。然而，随着全球气候的不断变化，我国保障粮食安全所需要面对的问题也在不断更新。因此，我们要定义新时代下的粮食安全以应对复杂多变的新环境、新挑战。与此同时，在此背景下如何搭建行之有效的气候变化和农业收入对粮食生产影响的研究框架，以新框架面对新问题，以新方法应对新挑战，成为探究二者对粮食安全的影响亟待解决的问题。

在界定粮食安全概念的基础上构建气候变化和农业收入对粮食安全影响的理论框架，重点分析气候变化和农业收入对粮食安全的影响路径和机理，根据气候变化和农业收入对粮食安全影响的理论框架建立粮食生产函数、粮食生产全要素生产率测算、粮食生产要素投入、粮食播种面积和粮食价格实证研究模型。针对不同部分实证研究的特点，介绍适用的诸如全面可行最小二乘法、似不相关回归、三阶段最小二乘和中介效应检验等计量经济学方法的基本原理和参数估计策略。总而言之，本章的主要目的是为后续实证研究部分奠定理论和方法基础。

3.1　气候变化和农业收入对粮食安全影响的理论框架

3.1.1　粮食安全的概念界定

2019 年，中国人口规模已经突破 14 亿，位居世界第一。[①] 在这种情况下，粮食安全至关重要，保障国家粮食安全成为党和政府治国理政的头等大事。党的十八大以来，中国"提出了'确保谷物基本自给、口粮绝对安全'的新粮食安全观，确立了以我为主、立足国内、确保产能、适度进口、科技支撑的国家粮食安全战略"[②]。本书旨在厘清和揭示气候变化以及气候变化背景下农民农业收入波动对中国粮食安全的影响，为提出合理应对气候变化、保障气候变化背景下的国家粮食安全策略提供科学依据。因此，本书的基础是清晰地界定粮食安全的概念。

客观上说，自从有人类历史以来，粮食安全问题始终存在。不同历史阶段、不同地域的人们都面临着粮食安全问题。但是，"粮食安全"作为一个正式概念的提出以及被广泛接受的历史并不长。20 世纪 70 年代，全球性粮食危机的爆发，使得粮食安全问题受到不同国家的普遍关注。但是，粮食安全的概念始终不断演变和发展，具体表现在不同历史阶段、不同国家和群体对粮食安全的认识和理解都存在不同程度的差异（麦克斯韦、史密斯等，1992）。

1974 年 11 月第一次世界粮食峰会上，联合国粮食及农业组织首次提出了粮食安全的概念。彼时，粮食安全被定义为可以维持粮食消费稳步增长以及抵消产量和价格波动的基本食品的充足的世界粮食供给在任何时候的可得性。这个粮食安全的概念侧重于强调粮食供给侧的数量和稳定性。

伴随着国家经济的不断发展，人们对于粮食安全概念的认识不断深入。20 世纪 80 年代，全球性的粮食短缺现象基本上得到解决，部分发展中国家以及贫困非洲国家的粮食供给问题主要是受购买力不足等因素的影响。在此

[①]　国家统计局. 中华人民共和国 2019 年国民经济和社会发展统计公报 [EB/OL]. http://www. stats. gov. cn/tjsj/zxfb/202002/t20200228_1728913. html.

[②]　国务院新闻办公室. 中国的粮食安全 [M]. 北京：人民出版社，2019.

背景下，1983 年 4 月，联合国粮食及农业组织扩展了粮食安全的概念，并明确指出粮食安全是要确保所有人在任何时候都具有在物质上和经济上获取满足其需要的基本食物。不难看出，扩展后的粮食安全不再局限于粮食的供给，同时强调了消费者对于粮食的购买力。1986 年，世界银行进一步指出粮食安全即所有人在任何时候都能够获得足够的食物以维持有活力和健康的生活。但是，从总体上该定义仍然侧重于粮食的供给侧，没有充分考虑粮食的需求侧。

20 世纪 90 年代之后，营养安全逐渐成为粮食安全的主要内容。1996 年 11 月，第二次世界粮食峰会通过了《罗马宣言》，联合国粮食及农业组织对粮食安全进行了第三次定义。在《2001 年粮食不安全状态》中，粮食安全是指当所有人在任何时候都可以在物质上、社会上和经济上获得足够的、安全的和营养的食物来满足其有活力和健康生活的膳食需要和食物偏好。从中可以看出，粮食安全的定义已经从供给侧扩展到了需求侧，开始强调人们的"偏好"和"营养"等概念。

国内外不同文献对于粮食安全的定义标准、内涵范围、分析角度都存在不同程度的差异（杜志雄和韩磊，2020）。本书是从中国的角度出发研究粮食安全问题。从现实角度来看，中国粮食安全基本得到保障，且主要是由国内粮食生产作为基础。国际市场供求关系对中国国内的粮食安全问题影响微乎其微。本书的粮食安全主要强调人们可以以合理的价格获得足够的粮食来维持生活。因此，本书从两个角度分析气候变化对粮食安全的影响：一是重点分析气候变化对粮食生产的影响；二是分析气候变化对粮食价格的影响。

3.1.2　气候变化和农业收入对粮食安全的影响路径和机理

研究气候变化和农业收入对粮食安全的影响机理，必须以厘清气候变化和农业收入对粮食安全的影响路径为前提。以往大量文献从不同角度、不同层面、不同范围实证考察了气候变化对粮食安全的影响，但是鲜有文献构建一个比较完整的气候变化和农业收入对粮食安全影响的理论框架。本章结合粮食安全的概念界定和以往文献构建了一个气候变化和农业收入对中国粮食安全影响的理论框架，如图 3.1 所示。

概括而言，气候变化和农业收入对粮食安全的影响主要通过两条路径实现：第一，气候变化和农业收入将影响粮食生产系统，从而影响粮食总产量；第二，气候变化将影响粮食价格的波动。上述两条路径分别从不同角度揭示了气候变化以及气候变化背景下农业收入对粮食安全的影响。

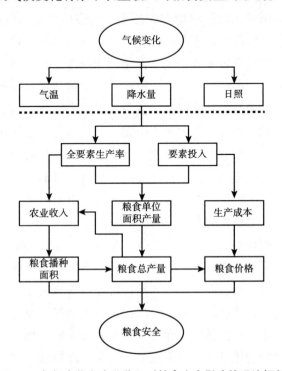

图 3.1　气候变化和农业收入对粮食安全影响的理论框架

气候变化可能直接影响粮食总产量，也可能通过农业收入而间接影响粮食总产量（见图 3.1）。农业生产脆弱性更强，且对自然环境变化的敏感性更高。气候变化作为自然环境变化的特殊表现形式，对农业生产尤其是粮食生产的影响是毫无疑问的。但是，气候变化对粮食生产的影响并不一定是直观和线性的（崔静等，2011；林光华等，2019）。从数据分解的角度看，粮食总产量由粮食单位面积产量和粮食播种面积共同决定。一方面，气候变化可以通过影响粮食单位面积产量的路径来实现对粮食总产量的影响（崔静等，2011）。根据生产理论，粮食单位面积产量是由全要素生产率和化肥、农药等要素投入共同决定的。气候变化既会显著影响要素投入，又可能通过影响要素配置等方式影响全要素生产率（林光华等，2019）。例如，气温变化对粮食生产的影响是复杂的，既可能是积极的，也可能是消极的。从积极角度而言，气温升高有利于优化粮食生产制度，改善热量资源条件较差地区粮食作物的生长环境，延长粮食作物的生长期，从而促使粮食全要素生产率以及单位面积产量的提高。从消极方面而言，气温升高也有利于粮食作物病虫草害的滋生和繁衍，其直接后果是降低粮食全要素生产率以及单位面积产量，同时可以间接地诱导农民采取增加农药施用的适应性措施以降低产量损失，从而有利于粮食全要素生产率和单位面积产量的增长。从这些角度来看，气候变化可能影响粮食单位面积产量，并最终影响粮食总产量。另一方面，在气候变化影响粮食总产量的背景下，粮食总产量的变化可以进一步影响农民的农业收入。根据理性经济人假设，农民选择扩大和减少粮食生产规模是其比较粮食生产的成本和收益的大小来决定的。换言之，如果粮食生产能够给农民带来可观的经济效益（即农业收入），则农民更愿意扩大粮食生产规模；反之，农民可能会选择减少粮食播种面积。粮食播种面积变化最终仍将影响粮食总产量，而关键变量是农业收入。上述分析首次从理论上把农业收入波动纳入了气候变化对粮食安全影响的理论框架。

气候变化对粮食安全影响的第二条重要路径是通过影响粮食价格实现的（见图3.1）。根据商品价格理论，商品的市场均衡价格由商品的市场供给和市场需求决定。对于粮食而言，粮食销售价格也应该由粮食的供给和需求决定。值得一提的是，这个结论的基本前提是粮食市场是充分竞争和不存在信息不对称的。但是，粮食的供给和需求会显著影响粮食价格在常识上是合理的。粮食总产量的变化意味着粮食供给的变化，即粮食总产量增加表明粮食供给的增加。在粮食需求不变的条件下，粮食总产量的增加可能最终促使粮食价格的下降。因此，当气候变化有利于粮食总产量增加时，其可能促使粮食价格的下降；当气候变化导致粮食总产量减少时，其可能导致粮食价格上升。除此以外，粮食销售价格的形成也以粮食生产成本为基础。农民生产粮食无论是通过销售粮食而赚取收入，还是通过减少粮食购买来节省开支，其根本目的仍然是为了获取经济利益。因此，粮食价格从理论上来说应该和粮食生产成本正向相关。由于气候变化可能影响粮食生产要素投入，因此其对粮食生产成本影响的假设是合乎理论和常识的。例如，如果气候变化导致粮食生产要素投入增加，则其对粮食生产成本的影响可能是正向的，进而导致粮食价格上升；反过来说，如果气候变化导致粮食生产要素减少，其对粮食生产成本的影响则可能是负向的，进而导致粮食价格的下降。综合上述分析可知，气候变化可能影响粮食生产要素投入和粮食总产量，而上述两方面影响将分别从粮食生产成本和粮食供给的角度影响粮食价格。

3.2　实证研究模型

3.2.1　生产函数模型

生产函数是经济学研究投入和产出关系的最重要函数。需要说明的是，气候变化对粮食生产的影响高度复杂，仅从农作物生长机理角度将气候因素纳入粮食生产预测模型中无法体现气候变化对粮食生产影响的复杂性。其中，农作物生产模型能够模拟农作物在不同自然环境条件下的生长态势，但是忽略了农民在农作物生产过程中适应性行为的影响。从这个角度而言，生产函数模型的优点更加明显，可以充分考虑人为、政策因素对生产过程的影响。

本书不仅要实证考察气候变化对粮食总产量的影响，而且还将考察气候变化对粮食单位面积产量的影响。因此，可以在传统生产函数模型基础上加入气候因素变量，建立包含气候因素的粮食生产函数模型。对于一般意义的生产函数模型而言，其变量主要包括产出变量、投入变量和技术变量。在学术文献中，柯布－道格拉斯生产函数模型被采用得最广泛。为了适应气候变化对粮食生产的影响研究，本书在以往文献基础上建立一个包含气候因素的柯布－道格拉斯生产函数模型，其基本形式如下：

$$Y = AL^{\alpha}K^{\beta}C^{\gamma}e^{u} \tag{3.1}$$

其中，Y 表示粮食产量，A 表示技术进步，L 表示劳动投入，K 表示资本投入，C 表示气候因素，u 表示其他干扰因素，α、β 和 γ 均为要素投入和气候因素的系数。

在实证研究中，一般对式（3.1）两边取自然对数得到线性特点的生产函数模型：

$$\ln Y = \ln A + \alpha\ln L + \beta\ln K + \gamma\ln C + u \tag{3.2}$$

需要说明的是，在一般的生产函数中资本投入为资本存量，但是在农业生产函数中资本投入主要是指化肥、农药等非劳动的物质要素投入。

3.2.2　全要素生产率测算模型

关于农业和农作物全要素生产率的测算，最常用的方法大致分为两类。

第一类是参数方法，主要是采用计量经济方法估计设定的生产函数模型。其中，最常用的是建立一个随机前沿生产函数，然后在对该函数进行估计的基础上把全要素生产率增长率分解为技术进步率、技术效率增长率、规模效率增长率和配置效率增长率等（傅晓霞和吴利学，2007；段文斌和尹向飞，2009）。第二类是非参数方法，主要是通过线性规划方法构建生产前沿，然后计算每一个决策单元的全要素生产率指数，并对全要素生产率指数进行分解（傅晓霞和吴利学，2007；段文斌和尹向飞，2009）。其中，最常用的方法是非参数的 Malmquist 方法。客观上说，这两种方法各有优劣，参数方法的优点是可以较好地控制一些随机性因素对生产前沿的影响，从而保证全要素生产率的测算不受极端值的影响，而这些优点正是非参数方法所不具备的（傅晓霞和吴利学，2007；段文斌和尹向飞，2009）。但是，参数方法需要设定一个具体的函数形式，并且还要确保参数估计的有效性和合理性，而不同的函数形式测算得到的全要素生产率有时存在较大差异，因此无法保证测算结果的稳定性（傅晓霞和吴利学，2007；段文斌和尹向飞，2009）。在这一方面，非参数方法的优点相对明显。在实证研究文献中，两类方法都得到了十分广泛的应用（全炯振，2009）。

本书主要采用省级面板数据，许多微观层面可能出现的随机因素和极端值由于数据加总的原因而被极大地拉平。在这种情况下，采用非参数方法可以获得较好的全要素生产率测算结果。因此，本书按照凯夫斯等（1982）、费尔等（1994）以及瑞伊和德斯利（1997）的框架来推导非参数的 Malmquist 生产率指数法以测算和分解中国各省份粮食全要素生产率指数。该方法的一个重要概念是距离函数，而距离函数是一个只需要投入和产出量来刻画多产出 – 多投入生产技术的函数。假设每一个省份为一个粮食生产的决策单元，$t = 1, \cdots, T$ 表示不同时期，x^t 表示投入向量，y^t 表示产出向量。因此，生产技术可以表示为如下形式：

$$S^t = \{(x^t, y^t) : x^t \text{ can produce } y^t\} \tag{3.3}$$

其中，S^t 表示生产技术，包括了全部可行的投入产出向量的集合。

根据谢泼德（1970）和费尔（1988）的研究，第 t 期的产出距离函数可以表示为：

$$D^t(x^t, y^t) = \inf\{\theta : (x^t, y^t / \theta) \in S^t\} \tag{3.4}$$

当且仅当 $(x^t, y^t) \in S^t$ 时，$D^t(x^t, y^t) \leqslant 1$。需要说明的是，当 (x^t, y^t)

处于生产技术 S^t 的边界或前沿上时，$D^t(x^t,y^t)=1$。

为了定义 Malmquist 生产率指数（*MPI*），需要定义至少两个不同时期的产出方向函数。因此，进一步定义第 $t+1$ 期的产出方向函数如下：

$$D^{t+1}(x^{t+1},y^{t+1})=\inf\{\theta:(x^{t+1},y^{t+1}/\theta)\in S^t\} \tag{3.5}$$

在规模报酬不变的条件下，可以把第 t 期和第 $t+1$ 期的 Malmquist 生产率指数表示为：

$$MPI^t=\frac{D_C^t(x^{t+1},y^{t+1})}{D_C^t(x^t,y^t)} \tag{3.6}$$

$$MPI^{t+1}=\frac{D_C^{t+1}(x^{t+1},y^{t+1})}{D_C^{t+1}(x^t,y^t)} \tag{3.7}$$

其中，下标 C 表示规模报酬不变的条件。

根据班克尔（1984）和班克尔等（1984），规模报酬可变的生产前沿上最佳生产规模的平均生产率等于规模报酬不变的生产前沿上任何点的恒定平均生产率。因此，该生产前沿上任何一点的规模效率都可以用该点的平均生产率和最佳生产规模的平均生产率之比来表示，具体如下所示：

$$SE^t(x^t,y^t)=\frac{D_C^t(x^t,y^t)}{D_v^t(x^t,y^t)} \tag{3.8}$$

$$SE^t(x^{t+1},y^{t+1})=\frac{D_C^t(x^{t+1},y^{t+1})}{D_v^t(x^{t+1},y^{t+1})} \tag{3.9}$$

因此，式（3.6）和式（3.7）的 Malmquist 生产率指数可以进一步表示为：

$$MPI^t=\frac{D_v^t(x^{t+1},y^{t+1})}{D_v^t(x^t,y^t)}\times\frac{SE^t(x^{t+1},y^{t+1})}{SE^t(x^t,y^t)} \tag{3.10}$$

$$MPI^{t+1}=\frac{D_v^{t+1}(x^{t+1},y^{t+1})}{D_v^{t+1}(x^t,y^t)}\times\frac{SE^{t+1}(x^{t+1},y^{t+1})}{SE^{t+1}(x^t,y^t)} \tag{3.11}$$

为了避免选择任意基准导致的不准确性，把相邻两期的 Malmquist 生产率指数的几何平均值作为基于产出的 Malmquist 生产率变化指数。具体如下所示：

$$MPI^t(x^{t+1},y^{t+1};x^t,y^t) = \left[\frac{D_v^t(x^{t+1},y^{t+1})}{D_v^t(x^t,y^t)} \times \frac{SE^t(x^{t+1},y^{t+1})}{SE^t(x^t,y^t)} \right.$$

$$\left. \times \frac{D_v^{t+1}(x^{t+1},y^{t+1})}{D_v^{t+1}(x^t,y^t)} \times \frac{SE^{t+1}(x^{t+1},y^{t+1})}{SE^{t+1}(x^t,y^t)} \right]^{\frac{1}{2}}$$

$$= \left[\frac{D_v^t(x^t,y^t)}{D_v^{t+1}(x^t,y^t)} \times \frac{D_v^t(x^{t+1},y^{t+1})}{D_v^{t+1}(x^{t+1},y^{t+1})} \right]^{\frac{1}{2}} \times \frac{D_v^{t+1}(x^{t+1},y^{t+1})}{D_v^t(x^t,y^t)}$$

$$\times \left[\frac{SE^t(x^{t+1},y^{t+1})}{SE^t(x^t,y^t)} \times \frac{SE^{t+1}(x^{t+1},y^{t+1})}{SE^{t+1}(x^t,y^t)} \right]^{\frac{1}{2}} \quad (3.12)$$

式（3.12）等号左边为全要素生产率指数，右边分别为技术进步指数（TCH）、技术效率指数（$TECH$）和规模效率指数（$SECH$）。

$$TCH = \left[\frac{D_v^t(x^t,y^t)}{D_v^{t+1}(x^t,y^t)} \times \frac{D_v^t(x^{t+1},y^{t+1})}{D_v^{t+1}(x^{t+1},y^{t+1})} \right]^{\frac{1}{2}} \quad (3.13)$$

$$TECH = \frac{D_v^{t+1}(x^{t+1},y^{t+1})}{D_v^t(x^t,y^t)} \quad (3.14)$$

$$SECH = \left[\frac{SE^t(x^{t+1},y^{t+1})}{SE^t(x^t,y^t)} \times \frac{SE^{t+1}(x^{t+1},y^{t+1})}{SE^{t+1}(x^t,y^t)} \right]^{\frac{1}{2}} \quad (3.15)$$

综上所述，全要素生产率指数等于技术进步指数、技术效率指数和规模效率指数的乘积。如果 Malmquist 生产率指数、技术进步指数、技术效率指数和规模效率指数等于 1，则表示全要素生产率、技术进步、技术效率和规模效率保持不变；如果 Malmquist 生产率指数、技术进步指数、技术效率指数和规模效率指数大于 1，则表示全要素生产率、技术进步、技术效率和规模效率得到改善；如果 Malmquist 生产率指数、技术进步指数、技术效率指数和规模效率指数小于 1，则表示全要素生产率、技术进步、技术效率和规模效率变差。

3.2.3　要素投入模型

农民是理性的，其在粮食生产中的要素投入行为是一个成本最小化问题。假设，农民采用两种要素生产粮食，两种要素的投入量分别用 x_1 和 x_2 表示，生产成本用 C 表示。因此，可以把农民的粮食生产成本最小化问题表示如下：

$$\min C = p_1 x_1 + p_2 x_2 \tag{3.16}$$

结合粮食生产函数，我们可以采用拉格朗日乘子法求解两种要素的需求量。因此，可以建立一个拉格朗日函数如下：

$$L = p_1 x_1 + p_2 x_2 - \lambda \left[f(x_1, x_2) - y \right] \tag{3.17}$$

其中，$f(x_1, x_2) = x_1^{\alpha} x_2^{\beta}$ 是粮食生产函数，y 是粮食产量，而 λ 是拉格朗日乘子。通过求解拉格朗日函数可以得到三个一阶条件如下：

$$p_1 = \lambda \alpha x_1^{\alpha-1} x_2^{\beta} \tag{3.18}$$

$$p_2 = \lambda \beta x_1^{\alpha} x_2^{\beta-1} \tag{3.19}$$

$$y = x_1^{\alpha} x_2^{\beta} \tag{3.20}$$

假设粮食产量是给定的，因此是一个常数，可以表示为 $\bar{y}$。在这个条件下，式 (3.18) 至式 (3.20) 包含了 λ、x_1 和 x_2 三个未知数，因此可以求解得到：

$$x_1 = \left(\frac{\alpha}{\beta} \right)^{\frac{\beta}{\alpha+\beta}} p_1^{\frac{-\beta}{\alpha+\beta}} p_2^{\frac{\beta}{\alpha+\beta}} \bar{y}^{\frac{1}{\alpha+\beta}} \tag{3.21}$$

$$x_2 = \left(\frac{\alpha}{\beta} \right)^{\frac{-\alpha}{\alpha+\beta}} p_1^{\frac{\alpha}{\alpha+\beta}} p_2^{\frac{-\alpha}{\alpha+\beta}} \bar{y}^{\frac{1}{\alpha+\beta}} \tag{3.22}$$

从式 (3.21) 和式 (3.22) 可知，粮食生产的两种要素投入需求是两种要素投入价格以及产量的函数。对上述两式左右两边取自然对数，并且加入气候变化因素，则可以建立用于实证研究的粮食生产要素投入模型，具体形式如下：

$$x_i = x(C, p_i, p_j, Z) \tag{3.23}$$

其中，i 和 j 表示第 i 种和第 j 种要素投入（$i \neq j$），x_i 表示要素投入，C 表示气候变化因素变量，p_i 和 p_j 表示第 i 种和第 j 种要素投入的价格，Z 是其他影响要素投入的变量。

3.2.4　粮食播种面积模型

在以往文献中，粮食生产对农民的农业收入影响的研究较多（魏君英和何蒲明，2009；辛岭和蒋和平，2016；齐蘅和吴玲，2017）。但是，这一类研究往往是从静态角度考察两者之间的联系，忽略了两者之间的互动。本书的一个重要目的和内容是研究气候变化背景下农民的农业收入对粮食生产的影响。这一内容的基本思路是在已知气候变化影响粮食总产量的背景下，农民的粮食播种面积决策主要受到粮食生产是否带来农业收入增加的影响。换言之，如果粮食生产能够促使农民从中获得更多的农业收入，则农民倾向于增加粮食播种面积；如果粮食生产无法促使农民从中获得更多农业收入，则农民可能减少粮食播种面积。在具体的粮食播种面积决策中，农民会根据其对农业收入的预期来进行决策。经济理论认为，经济主体的预期一般分为适应性预期和理性预期两类（曼基乌，2016）。由于农民事实上无法获得支撑决策的全部信息，因此理性预期假设可能并不成立。因此，本书采用适应性预期假设（即根据过去实际发生的变量值来预测该变量预期值）来描述粮食播种面积和农民的农业收入之间的函数关系。具体而言，我们选择用上一年农民的农业收入作为主要解释变量、粮食播种面积作为被解释变量建立粮食播种面积模型，具体形式如下：

$$S_t = S(Y_{t-1}, Z_t) \tag{3.24}$$

其中，S_t表示当期粮食播种面积，Y_{t-1}表示滞后一期（上一年）农民的农业收入，Z_t表示影响当期粮食播种面积的其他变量。

为了把粮食播种面积模型纳入气候变化对粮食安全影响的总体理论框架中，另外还建立了一个以上一年农民的农业收入为被解释变量、粮食总产量为主要解释变量的农业收入模型，具体形式如下：

$$Y_{t-1} = Y(Q_{t-1}, W_{t-1}) \tag{3.25}$$

其中，Q_{t-1}表示滞后一期的粮食总产量，W_{t-1}表示影响上一年农民农业收入的其他变量。

因此，结合式（3.24）和式（3.25）不难看出，这是一个联立方程组。在这个方程组当中，两个方程并不是同时决策的，即式（3.25）的被解释变量是式（3.24）的解释变量，应采用三阶段或迭代三阶段最小二乘法进行估计。

3.2.5 粮食价格模型

一般经济学均衡价格理论认为，商品的均衡价格取决于其市场供给和市场需求。当市场供给和需求相等时,商品取得其均衡价格。图 3.2 表示粮食供给和需求共同决定均衡价格的过程。假设曲线 S 和曲线 D 分别为初始状态下粮食的供给和需求曲线,两条曲线的交点则为均衡点,该点的粮食均衡价格为 P_0。当粮食的供给或需求因为外生因素发生变化时,则两者会形成新的均衡点。例如,当气候变化可以使得粮食总产量增加时,则粮食供给曲线会向右平移至曲线 S' 位置,得到的粮食均衡价格为 P_1。在这个情况下,新的粮食均衡价格低于初始水平。如果总人口的大幅增加使得粮食需求增加,粮食需求曲线向右平移至曲线 D' 的位置,则形成了第二个新的均衡点,此时新的粮食均衡价格为 P_2。

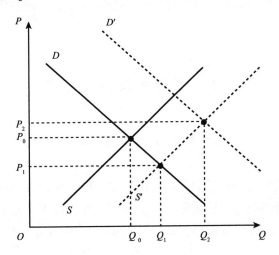

图 3.2 粮食供给和需求决定均衡价格示意

因此,可以把粮食均衡价格表达为粮食供给和需求的函数。其中,粮食供给可以用粮食总产量表示,而粮食需求假设为固定不变,粮食价格函数的具体形式如下:

$$P = P(Q, U) \tag{3.26}$$

其中,P 表示粮食价格,Q 表示粮食总产量,U 表示其他影响粮食价格的变量。

上述分析存在的一个重要缺陷是忽略了粮食生产无法及时调整的现实。换言之,农民不能在粮食作物生长期内随时调整生产行为以满足粮食供求关系的变化,在粮食供求关系发生变化时,粮食生产成本可能已经固定。此时,粮食价格不会完全由粮食的供求关系决定,而更可能以生产成本为基础。因此，式（3.26）的粮食价格函数应该把粮食生产成本考虑在内。同时，粮食总产量和生产成本都会受到气候变化的影响。因此，可以建立如下所示的方程组模型：

$$P = P(Q, X, U) \tag{3.27}$$

$$Q = Q(C, V) \tag{3.28}$$

$$X = X(C, W) \tag{3.29}$$

其中，X 表示粮食的生产成本，C 表示气候变化变量，V 表示其他影响粮食总产量的变量，W 表示其他影响粮食生产成本的变量。

本书将采用中介效应检验方法考察粮食总产量和生产成本在气候变化对粮食价格影响中的作用。

3.3 计量经济估计方法

3.3.1 全面可行广义最小二乘法

本书采用数据均为面板数据。根据时间跨度大小，可以把面板数据分为短面板和长面板两类。一般而言，基于短面板和长面板建立的计量经济模型估计策略存在明显差异（陈强，2014）。我们建立面板数据模型如下：

$$y_{it} = \alpha_0 + \alpha_1 x_{it} + \varphi_t + \theta_i + u_{it} \tag{3.30}$$

其中，i 表示第 i 个个体，t 表示第 t 期；y_{it} 表示被解释变量，x_{it} 表示解释变量，φ 表示时间效应，θ 表示个体效应，u_{it} 表示随机误差项，α_0 和 α_1 表示待估参数。

如果 t 的最大值 T 较小即面板数据为短面板时，由于个体信息较少，一般假设模型的随机误差项（u_{it}）为独立同分布，采用固定效应模型或随机效应模型估计方法则可以得到无偏一致估计量（陈强，2014）。但是，本书的面板数据不符合短面板特点，而是典型的长面板。由于数据存在较长的时间跨度，则 u_{it} 可能存在异方差和自相关问题（陈强，2014）。此时，采用固定效应模型或随机效应模型估计方法对式（3.30）进行参数估计无法得到无偏一致估计量。

具体而言，随机误差项 u_{it} 可能存在如下异方差或自相关问题（陈强，

2014）：

（1）组间异方差。假设每一个个体随机误差项的方差表示为 $\sigma_i^2 \equiv$ $\mathrm{Var}(u_{it})$。当 $\sigma_i^2 \neq \sigma_j^2$ （$i \neq j$）存在时，则称随机误差项 u_{it} 存在组间异方差。

（2）组内自相关。组内自相关是指同一个体不同时期的随机误差项具有相关性，即 $Cov(u_{it}, u_{is}) \neq 0 (t \neq s)$。其中，$Cov$ 表示协方差。

（3）组间同期相关。对于同一时期的不同个体而言，如果随机误差项具有相关性，则意味着这两个随机误差项存在组间同期相关，亦即 $Cov(u_{it}, u_{jt})$ $\neq 0(i \neq j)$。

对于随机误差项可能存在的组间异方差、组内自相关和组间同期相关，可采用如下方法加以解决。当随机误差项存在组间异方差和组间同期相关时，可采用面板校正标准误差估计对式（3.30）进行参数估计。此时，可以得到"组间异方差、组间同期相关"的稳健标准误差。如果仅存在组内自相关，则采用 Prais-Winsten 估计法对模型进行广义差分变化，从而得到可行广义最小二乘估计量。需要说明的是，当上述三种情况同时存在时，则应该考虑采用全面可行广义最小二乘法对模型进行参数估计。具体估计方法的采用，需以相关检验结果为前提。

第一，面板数据模型的组间异方差检验的原假设为：

$$H_0: \sigma_i^2 = \sigma_j^2 = \sigma^2 (i \neq j) \tag{3.31}$$

式（3.31）原假设表示对于不同个体而言，其随机误差项具有同方差特点，即不同个体随机误差项的方差相等。为了验证这一原假设，格林（2000）构建了一个检验组间异方差的 Wald 统计量，具体表达式如下所示：

$$\mathrm{Wald} = \sum_{i=1}^{N} \left[(\hat{\sigma}_i^2 - \sigma^2)^2 / \widehat{\mathrm{Var}(\hat{\sigma}_i^2)} \right] \sim \chi^2(N) \tag{3.32}$$

第二，面板数据模型的组内自相关检验的原假设为：

$$H_0: Cov(u_{it}, u_{is}) = 0(t \neq s) \tag{3.33}$$

式（3.33）原假设表示同一个体不同时期的随机误差项之间的协方差等于零，即同一个体不同时期随机误差项是相互独立的。为了检验该原假设，可以对随机误差项进行一阶自回归（伍尔德里奇，2010）：

$$u_{it} = \rho u_{i,t-1} + e_{it} \tag{3.34}$$

对式（3.34）的系数 ρ 进行检验，原假设为 $H_0: \rho = -0.5$。对该原假设进行 Wald、t 或 F 检验即可。当检验结果拒绝该原假设时，则认为面板数据模型存在一阶组内自相关。

第三，面板数据模型的组间同期相关检验的原假设为：

$$H_0 : Cov(u_{it}, u_{jt}) = 0 (i \neq j) \tag{3.35}$$

式（3.35）原假设表示对于同期的不同个体而言，其随机误差项之间的协方差等于零，即同期不同个体的随机误差项是相互独立的。为了检验该假设，匹萨任（2004）提出了一种参数检验方法。

3.3.2 似不相关回归

本书在考察气候变化对粮食生产要素投入影响时以化肥和农药为例。其中，在粮食生产的过程中，农民的化肥和农药施用之间往往并不是独立的决策结果。尽管同一粮食作物生产中的化肥和农药投入模型的各个变量之间并不一定存在内在联系，但两个模型的随机误差项之间可能存在相关性。换言之，气候变化对粮食生产中的化肥和农药投入的影响存在联动作用，因此气候变化对化肥投入的影响会间接地干扰其对农药投入的影响，反之亦然。如果采用普通最小二乘法对两个模型进行独立的单方程估计，则将人为切断两个模型随机误差项之间的内在相关性，使得模型的参数估计不具备有效性而无法得到无偏一致估计量。

似不相关回归方法能够识别化肥和农药投入模型各自随机误差项之间存在的内在相关性，使得模型参数估计值的方差更小，从而可以提高参数估计的有效性。因此，本书将采用似不相关回归方法对粮食生产中的化肥和农药投入模型进行参数估计。需要特别说明的是，似不相关回归方法的基本假设是，各个模型随机误差项之间存在内在的同期相关。当这种同期相关存在时，采用似不相关回归方法对模型进行参数估计可以提高估计效率；但是，当这种同期相关并不存在时，直接采用普通最小二乘法对模型进行参数估计即可。

因此，采用似不相关回归对多方程系统进行参数估计时，需要对各个方程随机误差项不存在同期相关的原假设进行检验。为了达到这个目的，布劳施和帕甘（1980）构建了一个 LM 统计量，具体如下：

$$\lambda_{LM} = T \sum_{i=2}^{N} \sum_{j=1}^{i-1} \left(\frac{\hat{\sigma}_{ij}}{\sqrt{\hat{\sigma}_{ii} \hat{\sigma}_{jj}}} \right)^2 \sim \chi^2 \left[\frac{N(N-1)}{2} \right] \tag{3.36}$$

3.3.3　三阶段最小二乘法

本书在考察粮食总产量、农民的农业收入和粮食播种面积三者之间关系时建立的是联立方程组，其中农民的农业收入方程和粮食播种面积方程并不是两个独立的方程。其中，农民的农业收入方程的被解释变量是粮食播种面积方程的核心解释变量。换言之，粮食播种面积方程的核心解释变量（即农民的农业收入）是一个内生变量。如果直接采用普通最小二乘法对上述两个方程单独进行参数估计，将导致内生变量偏差或联立方程偏差，从而无法得到无偏一致估计量。

一般而言，联立方程组的计量经济估计存在单一方程估计法和系统估计法两种做法（陈强，2014）。其中，单一方程估计法也被称为有限信息估计法，即对联立方程组内的每一个方程分别进行估计，主要做法包括普通最小二乘法、间接最小二乘法、两阶段最小二乘法以及广义矩估计等。但是，单一方程估计法忽略了各个方程之间的联系，因此效率较低。系统估计法也被称为全信息估计法，即将所有方程当做一个整体进行计量经济估计，具有较高的效率，主要做法包括三阶段最小二乘法和迭代三阶段最小二乘法等。

本书在对农民的农业收入和粮食播种面积的联立方程组进行参数估计时将采用系统估计法。为了比较三阶段最小二乘法和迭代三阶段最小二乘法的差异，我们分别采用两种方法对该联立方程组进行参数估计。

3.3.4　中介效应检验方法

本书在分析气候变化对粮食价格的影响时将检验粮食总产量和生产成本的中介效应，因此我们在本节介绍中介效应检验方法。为了检验中介效应，参考巴伦和肯尼（1986）、温忠麟等（2004）、温忠麟和叶宝娟（2014）的做法，我们首先建立三个方程如下：

$$P = \alpha_0 + \alpha_1 C + \alpha_2 X + u \tag{3.37}$$

$$M = \beta_0 + \beta_1 C + \beta_2 X + v \tag{3.38}$$

$$P = \gamma_0 + \gamma_1 M + \gamma_2 C + \gamma_3 X + w \tag{3.39}$$

其中，P 表示粮食价格，C 表示气候变化，M 表示中介变量，X 表示其他控制变量，α、β 和 γ 表示待估系数，u、v 和 w 表示随机误差项。

根据温忠麟等（2004）、温忠麟和叶宝娟（2014）的研究，气候变化对粮食价格的影响可能由直接效应和间接效应共同决定。当间接效应符号和直接效应符号相同时，则该间接效应被称为中介效应；当间接效应符号和直接效应符号相反时，则该间接效应被称为遮掩效应（温忠麟等，2004；温忠麟和叶宝娟，2014）。本章以"气候变化—粮食总产量—粮食价格"的中介效应传导机制为例，概要性介绍中介效应的检验流程（见图3.3）。

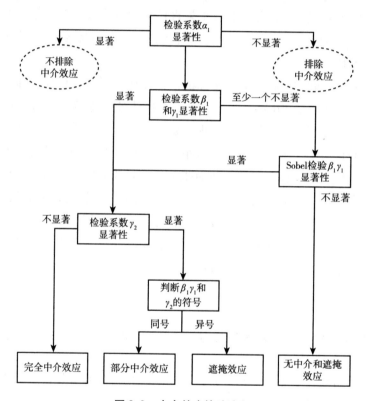

图3.3 中介效应检验流程

检验流程分为三步：

第一步，检验系数 α_1 的显著性。如果 α_1 显著，则平均气温对粮食价格波动可能存在中介效应、遮掩效应或者无中介和遮掩效应；如果 α_1 不显著，则排除中介效应，只考虑可能存在遮掩效应。

第二步，检验系数 β_1 和 γ_1 的显著性。如果两个系数都显著，则继续检验系数 γ_2 显著性；如果两个系数中至少一个不显著，则对 $\beta_1\gamma_1$ 显著性进行 Sobel

检验。在此基础上，如果 $\beta_1\gamma_1$ 不显著，则判定无中介和遮掩效应；如果 $\beta_1\gamma_1$ 显著，则继续检验系数 γ_2 显著性。其中，Sobel 法是被广泛应用于系数乘积显著性的检验方法（温忠麟和叶宝娟，2014；索柏，1982）。以 β_1 和 γ_1 为例，可以构建一个新的 z 统计量如下：

$$z = \hat{\beta}_1 \hat{\gamma}_1 / s_{\beta\gamma} \tag{3.40}$$

$$s_{\beta\gamma} = \sqrt{(\hat{\beta}_1)^2 (s_\gamma)^2 + (\hat{\gamma}_1)^2 (s_\beta)^2} \tag{3.41}$$

其中，$\hat{\beta}_1$ 和 $\hat{\gamma}_1$ 分别表示 β_1 和 γ_1 的估计值，而 $s_{\beta\gamma}$、s_β 和 s_γ 则分别表示 $\hat{\beta}_1$、$\hat{\gamma}_1$ 和 z 统计量的标准误。

第三步，检验 γ_2 显著性。如果 γ_2 不显著，则判定为完全中介效应显著；如果 γ_2 显著，则应继续判断 $\beta_1\gamma_1$ 和 γ_2 符号是相同还是相反。如果 $\beta_1\gamma_1$ 和 γ_2 符号相同，则判定部分中介效应显著；如果 $\beta_1\gamma_1$ 和 γ_2 符号相反，则判定遮掩效应显著。

第4章 气候变化、农业收入和粮食生产的发展趋势

气温升高、年降水量不稳定和极端天气气候事件频发这三种气候变化的表现都对我国人民生活产生了严重的影响。在众多受影响的产业中，与气候息息相关的农业生产受到的影响最为突出。农作物的生长发育，依赖于气候资源，受到气候的影响与制约，气象条件有利，能促进生长发育；反之，气象条件不利，会延缓生长发育。各种作物年度的丰歉，在很大程度上取决于气象条件的综合影响。据统计，自改革开放以来，我国气候在气温、降水量和日照时数三个对农业有着显著影响的方面发生了较大变化。在粮食生产方面，我国粮食产出在过去的几十年里也发生了一定变化：粮食总产量实现了大幅度跃升，粮食的单位产量也实现了较大幅度的增长。此外，随着经济社会的不断发展，人民需求的不断变化，农民的收入和粮食的生产也发生了结构性变化。在农民收入方面，自改革开放以来，农民农业收入的增长率经历了改革开放初期的显著增长之后呈现逐渐下降的趋势，家庭经营性收入则呈现稳步增长趋势，从结构上说，农民农业收入的比重不断下降，农业收入在家庭总收入中的重要性也不断降低。在粮食生产结构方面，三大主粮的地位十分稳固，在过去的40年中都有显著的增长，其中稻谷产量的占比下滑较大，玉米产量的占比显著增加。

4.1 中国气候变化趋势

4.1.1 气候变化趋势

改革开放以来，中国平均气温总体呈现上升趋势（见图4.1）。1980～

2018 年，中国平均气温从 12.0 摄氏度增长到 13.4 摄氏度，净增长约 1.4 摄氏度。我们对这一期间平均气温进行线性拟合发现，平均气温以大约每年0.04 摄氏度的速度增长。但是，平均气温的增长趋势并不是一贯的，而呈现明显的波动特点。1980～2018 年，中国年均平均气温出现了约 10 次涨落。第一次涨落发生在 1980～1984 年，年均平均气温先从 1980 年的 12.0 摄氏度增长到 1982 年的 12.4 摄氏度，而后下降到 1984 年的仅 11.7 摄氏度，这也是改革开放以来年均平均气温的最低值。相比而言，1998 年的平均气温达到了 13.6 摄氏度，为 1980～2018 年的最高值，其次是 2017 年和 2007 年，也十分接近 13.6 摄氏度。

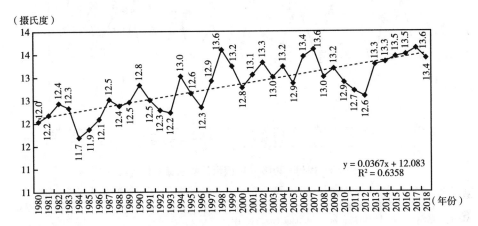

图 4.1　1980～2018 年中国平均气温变化趋势

注：为了和后续章节数据保持大体一致，北京、上海、天津、重庆、海南和西藏未考虑在内。

资料来源：中国气象局国家气候科学数据中心地面资料数据库：《中国地面气候资料国际交换站月值数据集》，中国气象局，http://data.cma.cn/data/。

　　累计降水量的变化趋势和平均气温的变化趋势略有不同。具体而言，相比于平均气温的总体上升趋势，1980～2018 年中国年均累计降水量的变化上升和下降趋势并不明显（见图 4.2）。尽管线性拟合结果发现，这一期间中国年均累计降水量以大约每年 1.2 毫米的速度增长，但是，相比于累计降水量的实际水平，累计降水量的年均变化程度微不足道。事实上，改革开放以来，中国年均累计降水量的波动性较大，也就意味着其不稳定性非常明显。其中，年均累计降水量的最低值出现在 2011 年，仅为 746.8 毫米，其次为 1986 年的 763.9 毫米。相比而言，年均累计降水量最高值出现在 2016 年和 2015 年，分别达到了 1053.6 毫米和 1005.5 毫米。从历史发展的角度看，中国年均累计降水量的变化具有明显的波动性，且这种波动性随着时间发展呈现非确定的变化趋势。其中，1980～1989 年年均累计降水量最高值和最低值之差为218.5 毫米；1990～1999 年两者之差为 123.6 毫米；2000～2009 年两者之差则为 115.6 毫米。因此，年均累计降水量最高值和最低值之差在这三个阶段呈现缩小的特点。但是在 2010～2018 年，累计降水量最高值和最低值之差则高达 306.8 毫米，远高于前面三个阶段的差值水平。

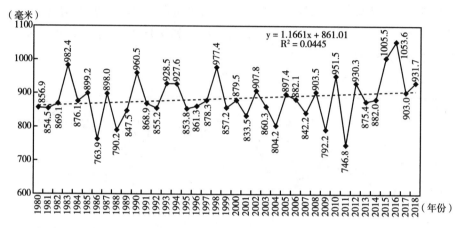

图 4.2　1980～2018 年中国累计降水量变化趋势

注：为了和后续章节数据保持大体一致，北京、上海、天津、重庆、海南和西藏未考虑在内。
资料来源：中国气象局国家气候科学数据中心地面资料数据库；《中国地面气候资料国际交换站月值数据集》，中国气象局，http://data.cma.cn/data/。

累计日照的变化趋势和上述平均气温和累计降水量的变化趋势存在明显差异，具体表现在相比于平均气温和累计降水量总体上升的趋势，年均累计日照在 1980～2018 年却呈现总体的下降趋势（见图 4.3）。线性拟合结果表明，这一期间年均累计日照以每年约 3.5 小时以上的速度减少。其中，累计日照最高值为 1980 年的 2267.1 小时，而最低值为 2016 年的 1915.5 小时，两者之差达到了 351.6 小时。与平均气温和累计降水量存在明显的波动性相比，累计日照的波动性较弱。具体而言，1980～2018 年中国年均累计日照总共经历了大约 4 次较大幅度的波动，分别发生在 1986 年、2004 年、2013 年和 2017 年。除了这 4 次较大幅度的波动，其他年份中国年均累计日照尽管也呈现一定程度的波动性，但是这种波动性很微弱。综上所述，1980～2018 年中国年均累计日照的下降趋势比较明显。

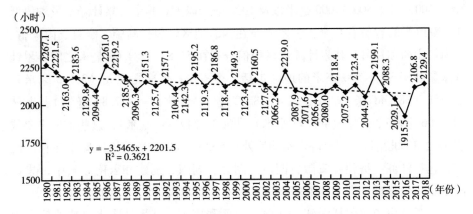

图 4.3 1980～2018 年中国累计日照变化趋势

注：为了和后续章节数据保持大体一致，北京、上海、天津、重庆、海南和西藏未考虑在内。

资料来源：中国气象局国家气候科学数据中心地面资料数据库；《中国地面气候资料国际交换站月值数据集》，中国气象局，http：//data. cma. cn/data/。

4.1.2 气候变化的地区差异

1980～2018 年各省份的平均气温存在明显差异，主要表现为从北到南平均气温逐渐上升。我们按照平均气温均值把 25 个省份划分为五类。第一类平均气温均值低于 5 摄氏度，由低到高依次包括青海（0.17 摄氏度）、黑龙江（1.50 摄氏度）、内蒙古（2.21 摄氏度）和吉林（4.80 摄氏度）。第二类平均气温均值处于 5～10 摄氏度，包括甘肃（6.94 摄氏度）、辽宁（7.30 摄氏度）、宁夏（7.50 摄氏度）、新疆（7.74 摄氏度）和山西（9.06 摄氏度）。第三类平均气温均值处于 10～15 摄氏度，依次包括河北、陕西、四川、山东、贵州、河南、江苏、云南和安徽。第四类平均气温均值处于 15～20 摄氏度，包括湖北、湖南、江西、浙江和福建。第五类包括广东和广西，其平均气温均值分别为 20.20 摄氏度和 20.00 摄氏度。值得说明的是，平均气温较高和较低的省份之间的气温十分悬殊。例如，1980～2018 年广东的平均气温均值高达 20.99 摄氏度，而青海则仅为 0.17 摄氏度，两者相差 20 摄氏度以上。

1980～2018 年各省份最低累计降水量均值的地区差异和平均气温均值的差异大致类似，主要表现为累计降水量均值从北到南逐渐增加。我们采取类似做法把各省份按照累计降水量均值从低到高划分为四类：300 毫米以下、

300~500 毫米、500~1000 毫米以及 1000 毫米以上。其中，累计降水量均值低于 300 毫米的省份有 6 个，主要分布在西北地区，包括新疆、宁夏、内蒙古、青海、山西和甘肃，其累计降水量均值分布在 51.83~284.69 毫米之间。累计降水量处于 300~500 毫米的地区包括 7 个省份，依次是河北（335.5 毫米）、黑龙江（382.48 毫米）、山东（388.02 毫米）、陕西（417.80 毫米）、吉林（444.06 毫米）、辽宁（483.92 毫米）和河南（492.87 毫米），这些省份主要位于东北和华北地区。累计降水量均值处于 500~1000 毫米的地区集中在长江流域，包括江苏、贵州、安徽、四川、湖北、湖南、福建和云南。其中，累计降水量均值最低的是江苏的 726.77 毫米，而最高的是云南的 980.14 毫米。最后一类省份依次包括浙江、江西、广西和广东，其累计降水量均值依次为 1074.64 毫米、1133.98 毫米、1141.86 毫米和 1391.33 毫米。这些省份主要分布在长江流域以南和华南地区。不同省份的累计降水量差异也比较悬殊，其中广东累计降水量均值是新疆的将近 27 倍。

与平均气温、累计降水量均值的地区差异截然相反的是，1980~2018 年各省份的最低累计日照均值从北到南逐渐减少。总体而言，北方地区的日照条件相对比较好，而南方地区的日照条件相对比较差。其中，内蒙古、宁夏和青海的累计日照均值最高，依次为 2647.25 小时、2571.40 小时和 2557.27 小时。累计日照均值处于 2000~2500 小时的省份依次包括新疆、河北、辽宁、甘肃、吉林、山东、黑龙江和山西，最高值为新疆的 2498.19 小时，最低值为山西的 2002.90 小时。此外，7 个省份的累计日照均值处于 1500~2000 小时，这些省份包括云南、江苏、陕西、四川、安徽、广东和河南。除了上述 18 个省份以外，剩下的 7 个省份在 1980~2018 年的累计日照均值均低于 1500 小时。其中，贵州的累计日照均值为 899.55 小时，仅为新疆的 1/3。

表 4.1 显示了 1980~2018 年不同阶段各省份平均气温的变化。我们把这一期间细分为 1980~1989 年、1990~1999 年、2000~2009 年以及 2010~2018 年四阶段。显而易见，各省份 2010~2018 年的平均气温均值均高于 1980~1989 年的平均气温均值。这说明，1980~2018 年各省份的平均气温都具有一定程度的上升。但是，通过观察各省份在这一期间平均气温的变化也可以发现不同省份的平均气温变化特点也存在差异，大致可以把这些省份划分为三组地区。第一组地区的平均气温变化具有倒 "U" 型曲线的变化特点，包括河北、山西、内蒙古、辽宁、吉林、黑龙江、江苏、浙江、安徽、福建、

湖北、湖南、广东、广西、贵州、甘肃和新疆。第二组地区的平均气温表现
为先降低而后上升，包括四川和云南。第三组地区的平均气温则表现为持续
升高，包括江西、山东、河南、陕西、青海和宁夏。

表 4.1　　　　　**1980～2018 年不同阶段中国各省份平均气温变化**　　单位：摄氏度

省份	1980～1989 年	1990～1999 年	2000～2009 年	2010～2018 年
河北	10.06	10.88	11.20	10.55
山西	9.06	9.72	10.31	10.26
内蒙古	2.21	3.24	3.52	2.76
辽宁	7.30	8.91	8.82	8.36
吉林	4.80	5.69	5.59	5.14
黑龙江	1.50	2.71	2.46	2.47
江苏	13.76	14.28	14.87	14.77
浙江	16.74	17.03	17.79	17.66
安徽	14.59	14.91	15.55	15.41
福建	19.38	19.71	20.53	20.49
江西	16.13	17.87	18.33	18.35
山东	12.46	12.85	13.08	13.14
河南	13.74	14.26	14.33	14.85
湖北	15.70	15.92	16.64	16.30
湖南	16.31	16.69	17.26	17.00
广东	20.99	21.45	21.77	21.36
广西	20.20	20.77	20.85	20.79
四川	11.43	11.21	11.78	12.27
贵州	13.70	13.98	13.86	13.85
云南	14.44	14.33	15.08	15.41
陕西	10.49	10.77	11.85	12.63
甘肃	6.94	7.56	8.30	8.18
青海	0.17	0.65	1.30	1.79
宁夏	7.50	8.16	8.85	8.94
新疆	7.74	8.58	9.48	9.27

注：为了和后续章节数据保持大体一致，北京、上海、天津、重庆、海南和西藏未考虑在内。
　　资料来源：中国气象局国家气候科学数据中心地面资料数据库；《中国地面气候资料国际交换站
月值数据集》，中国气象局，http：//data.cma.cn/data/。

类似地,表4.2显示了1980~2018年不同阶段各省份累计降水量的变化特点。通过比较1980~1989年和2010~2018年两个阶段的累计降水量差异,我们发现大部分省份的累计降水量都具有增加的趋势,包括河北、山西、内蒙古、黑龙江、江苏、浙江、安徽、山东、河南、湖北、广东、广西、贵州、陕西、甘肃、青海、宁夏和新疆。但是,也有部分省份的累计降水量表现出总体下降的趋势,如辽宁、吉林、福建、江西、湖南、四川和云南。对于累计降水量总体增加的地区,其变化特点也不尽相同。其中,河北、黑龙江、陕西、甘肃、青海和新疆的累计降水量表现为"U"型曲线变化特点,内蒙古、浙江、山东、河南、湖北、广东、宁夏的累计降水量却表现为"N"型曲线变化特点,而山西、江苏和安徽三省的累计降水量却是持续增加。此外,广西和贵州的累计降水量表现为倒"U"型曲线变化特点。对于累计降水量总体下降的省份而言,其累计降水量变化的具体特点也呈现较大的差异。

表4.2　　　　**1980~2018年不同阶段中国各省份累计降水量变化**　　单位:毫米

省份	1980~1989年	1990~1999年	2000~2009年	2010~2018年
河北	355.66	336.82	335.50	359.06
山西	275.26	284.36	335.50	394.26
内蒙古	257.77	274.03	235.47	275.12
辽宁	519.23	515.80	483.92	489.84
吉林	474.22	505.32	444.06	451.60
黑龙江	467.49	427.64	382.48	419.91
江苏	726.77	745.52	774.16	816.86
浙江	1188.76	1326.29	1074.64	1256.95
安徽	738.04	774.35	815.66	869.53
福建	1112.00	1072.85	950.35	1080.80
江西	1255.66	1383.48	1263.78	1133.98
山东	404.04	497.21	388.02	565.57
河南	526.06	545.46	492.87	607.20
湖北	939.32	944.41	817.88	966.13

续表

省份	1980~1989 年	1990~1999 年	2000~2009 年	2010~2018 年
湖南	1069.74	1293.06	1050.82	862.24
广东	1391.33	1476.27	1442.42	1480.58
广西	1141.86	1393.05	1308.47	1233.86
四川	856.98	806.76	794.16	844.83
贵州	735.53	954.14	861.45	750.36
云南	1057.68	980.14	993.72	1001.54
陕西	482.85	417.80	493.01	579.81
甘肃	290.69	284.69	314.78	331.50
青海	280.40	273.53	281.39	301.60
宁夏	121.75	176.75	127.45	218.50
新疆	54.83	51.83	69.47	71.44

注：为了和后续章节数据保持大体一致，北京、上海、天津、重庆、海南和西藏未考虑在内。
资料来源：中国气象局国家气候科学数据中心地面资料数据库；《中国地面气候资料国际交换站月值数据集》，中国气象局，http://data.cma.cn/data/。

　　1980~2018 年不同阶段各省份的累计日照变化也具有不同特点和趋势（见表4.3）。除了安徽、湖北、四川、陕西和甘肃以外，其他省份的累计日照在 1980~2018 年的四个阶段总体上均不同程度地下降。但是，不同省份的累计日照下降特点也存在差异，主要表现为 5 种不同特点。其中，吉林、福建、江西、广西、贵州、云南和新疆的累计日照表现为倒"N"型曲线特点；河北、江苏和河南三省的累计日照变化具有"N"型曲线特点；辽宁、湖南、广东和青海的累计日照则表现为倒"U"型曲线变化特点；山西、山东和宁夏三省的累计日照变化具有"U"型曲线特点；而内蒙古、黑龙江和浙江的累计日照则持续下降。

表 4.3　　　　1980~2018 年不同阶段中国各省份累计日照变化　　　　单位：小时

省份	1980~1989 年	1990~1999 年	2000~2009 年	2010~2018 年
河北	2521.56	2525.98	2334.82	2346.19
山西	2304.84	2295.96	2002.90	2060.21

续表

省份	1980～1989 年	1990～1999 年	2000～2009 年	2010～2018 年
内蒙古	2837.15	2769.05	2743.91	2647.25
辽宁	2385.77	2390.56	2353.39	2297.26
吉林	2390.92	2328.68	2354.02	2186.66
黑龙江	2404.69	2374.19	2347.98	2027.10
江苏	2017.08	2043.44	1849.00	1920.35
浙江	1634.00	1598.14	1508.16	1321.94
安徽	1703.53	1804.71	1677.66	1706.75
福建	1595.70	1486.70	1581.35	1401.43
江西	1590.30	1411.52	1486.94	1434.02
山东	2336.66	2297.01	2053.45	2144.35
河南	1799.73	1855.03	1512.34	1545.44
湖北	1274.58	1451.19	1294.98	1305.17
湖南	1282.54	1320.18	1377.74	1234.64
广东	1574.82	1587.26	1569.56	1565.84
广西	1420.88	1283.59	1429.90	1306.96
四川	1743.89	1703.66	1693.12	1814.25
贵州	1160.56	1067.67	1125.90	899.55
云南	2031.76	1958.47	2054.15	1916.68
陕西	1789.20	1903.40	1715.58	1964.09
甘肃	2189.84	2316.81	2330.99	2346.75
青海	2673.82	2748.45	2635.54	2557.27
宁夏	2719.15	2692.55	2571.40	2634.65
新疆	2760.86	2722.31	2752.02	2498.19

注：为了和后续章节数据保持大体一致，北京、上海、天津、重庆、海南和西藏未考虑在内。

资料来源：中国气象局国家气候科学数据中心地面资料数据库；《中国地面气候资料国际交换站月值数据集》，中国气象局，http：//data. cma. cn/data/。

4.2　中国农民农业收入的变化趋势

4.2.1　农民收入增长及其结构变化趋势

改革开放以后中国社会经济得到了极大发展。在农村，中国开始实行家庭联产承包责任制，打破了过去以人民公社为主要组织方式的传统生产模式，极大地激发了农民的生产活力，使农业生产进入一个新的发展阶段和快速增长期，其积极效应使此后中国农民收入水平不断提高。图 4.4 给出了 1980～2018 年中国农民人均可支配收入及其增长率变化趋势。按照 2018 年不变价格计算，1980 年中国农民的人均可支配收入为 1044.4 元；而 2018 年中国农民的人均可支配收入大幅度增长到了 14617.0 元，是 1980 年的 14 倍。经过计算，1980～2018 年中国农民人均可支配收入的年均增长率等于 7.2%。但是，不同年份的增长率却表现出较大差异。总体而言，除了 1989 年增长率为负以外，其他年份的人均可支配收入增长率均为正。在改革开放初期的 1980～1984 年，中国农民人均可支配收入增长率均高于 10%。但是，此后可支配收入增长率在波动中下降。20 世纪 90 年代初期，中国农民人均可支配收入出

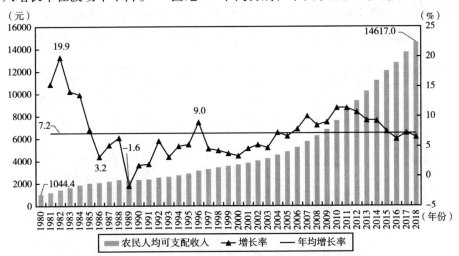

图 4.4　1980～2018 年中国农民人均可支配收入及其增长率变化

注：可支配收入已折算为 2018 年不变价格。

资料来源：国家统计局，http://data.stats.gov.cn/。

现了一个小幅度持续增长的过程。1996 年，该增长率达 9.0%。在 20 世纪 90 年代中后期到 2010 年之前的这个阶段，中国农民的人均可支配收入增长率总体上表现出"U"型变化的特点。2010 年以后，中国农民的人均可支配收入增长率再次陷入了持续下降的趋势。

图 4.5 显示了 1980～2018 年中国农民人均可支配收入的结构变化。根据国家统计局统计数据，我们把农民的人均可支配收入分为工资性收入、家庭经营性收入以及财产性、转移性和其他收入三类。改革开放以来，中国农民人均可支配收入的结构变化总体上可以分为两个阶段。第一阶段是改革开放初期的 1980～1983 年，而第二阶段是 1984～2018 年。在改革开放刚开始的阶段，家庭联产承包责任制尚未推广或者处于推广过程中，因此农民收入并不是主要通过家庭经营获得的。20 世纪 70 年代末和 80 年代初，随着家庭联产承包责任制的迅速全面推广，农民家庭的收入来源也迅速地转变为家庭经营活动。例如，1983 年中国农民人均可支配收入中家庭经营性收入比例已经高达 73.5%。直到 1997 年，家庭经营性收入占中国农民人均可支配收入的比例持续保持在 70% 以上。通过观察，我们可以发现一条明显的规律，即 1983～2018 年，家庭经营性收入占中国农民人均可支配收入的比例不断下降。到 2018 年，这一比例仅为 36.7%。与此相对应的是，工资性收入的比例不断上升。其中，2015 年中国农民的工资性收入占中国农民人均可支配收入的比例在 1983 年之后首次突破 40%，并首次超过了家庭经营性收入的比例。大量研究已经证明，中国农民人均可支配收入结构的这一明显变化主要归因于改

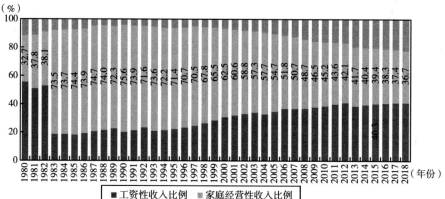

图 4.5　1980～2018 年中国农民人均可支配收入结构变化

资料来源：国家统计局. https://data. stats. gov. cn/。

革开放以后非农经济的持续快速发展以及大量农村剩余劳动力向城镇非农部门转移（张车伟和王德文，2004；朱红恒，2008）。

4.2.2　农民农业收入的变化趋势

改革开放以来，中国农民家庭经营性收入的来源逐渐多元化，主要表现为由相对单一的农业生产转变为农业生产和非农生产共同发展。在农业生产中，种植业生产对农业收入增长的贡献持续下降，而林业、畜牧业和渔业等经营性收入的贡献相应地不断增加。总体而言，1980～2018 年中国农民的家庭经营性收入和农业收入在波动中不断增长。图 4.6 显示了 1980～2018 年中国农民的家庭经营性收入和农业收入的变化趋势。1980 年，中国农民人均家庭经营性收入按照 2018 年不变价格折算为 341.2 元，而来自农业生产的收入仅有 143.6 元。随着农村改革进程不断推进，农民家庭经营性收入和农业收入水平也大幅提高。到 2018 年，中国农民的人均家庭经营性收入和农业收入分别增长到 5358.0 元和 2608.0 元，分别是 1980 年水平的 15.7 倍和 18.2 倍。

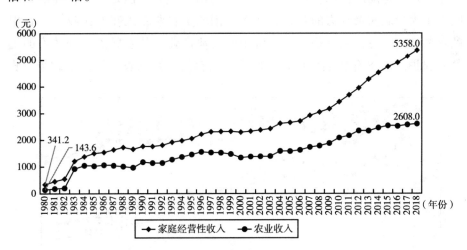

图 4.6　1980～2018 年中国农民家庭经营性收入和农业收入变化

资料来源：1985～2019 年的《中国农村统计年鉴》。

但是，农业收入占农民可支配收入以及家庭经营性收入的比例在改革开放初期大幅度提高之后表现出逐渐下降的趋势（见图 4.7）。1983 年，农业收入占家庭经营性收入的比例高达 76.4%，而占人均可支配收入的比例也达到了 56.1% 。这充分表明，在改革开放初期农业经营是中国农民收入增长的最主要来源。但是，随着农村改革的不断推进，农业收入的重要性不断下降。到 2018 年，农业收入占家庭经营性收入和可支配收入的比例分别下降到只有48.7% 和 17.8% 。由此可知，农业收入尽管在家庭经营性收入中的占比下降到不到 50% ，但是仍然是中国农民获取家庭经营性收入的最重要来源之一。与此同时，随着大量农村剩余劳动力转移到城镇非农部门工作，农业收入占农民人均可支配收入的比例则下降到不足 20% 。20 世纪 70 年代末和 80 年代初农村改革以来，中国农民农业收入水平迅速增长及其在农民收入增长中重要性下降的主要原因大致可归纳为三点：第一，中国在农村改革过程中进行了生产经营制度上的变革，从过去的集体统一经营、按劳分配的生产经营方式转变为以家庭承包经营为主、实行包产到户的形式，把种粮收益集中到农民手中，这极大地调动了农民进行农业生产的积极性，不断提高生产效率，增加粮食产量，提高收入水平。第二，在改革进程中中国进行了社会主义市场经济改革，不仅激发了国内市场活力，加快工业化发展进程，而且对农业经济也产生重要影响，农民在从事农业活动时机械化水平逐步提高，导致生产效率也随之提高，最终实现农民的增产增收。但是，非农经济扩张吸引了大量农村劳动力的转移，从而又削弱了农业收入在农民收入增长中的重要性。第三，农业是社会经济中的弱势产业，其发展离不开政府的支持和保护。1978 年以后中国政府制定和出台的一系列农产品价格政策、收

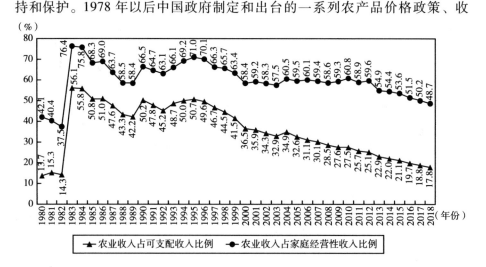

图4.7 1980～2018 年中国农民的农业收入比例变化

资料来源：1985～2019 年的《中国农村统计年鉴》。

入分配政策以及补贴和税收减免政策，对增加农民农业收入发挥了极其重要的作用。

4.3　中国粮食生产的变化趋势

4.3.1　粮食产量的历史变化

改革开放以后的 40 年来，中国粮食总产量实现了大幅度跃升（见图 4.8）。在改革开放初期的 1980 年，中国的粮食总产量为 3.2 亿吨。得益于包产到户、包干到户等为主要内容的家庭联产承包责任制的全面推广，1984 年中国粮食总产量迅速增长到 4.1 亿吨。相比而言，1984 年的粮食总产量是 1980 年的 1.3 倍。1985 年之后中国粮食总产量经历了一些波动，但是总体上仍保持了增长势头。到 20 世纪末的 1998 年，中国粮食总产量增长到超过 5.1 亿吨。不过，此后五年中国粮食总产量出现过明显的下滑。2003~2015 年，中国粮食总产量实现了十二年连续增长的良好势头，从 4.3 亿吨持续增长到 6.6 亿吨。近年来，中国粮食总产量基本保持在 6.6 亿吨。

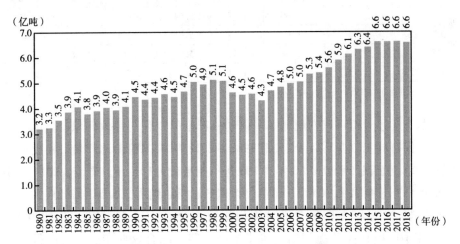

图 4.8　1980~2018 年中国粮食总产量的变化

资料来源：国家统计局，https://data.stats.gov.cn/。

表 4.4 显示了 1980~2018 年不同历史阶段中国粮食总产量的发展趋势。显而易见，在此期间中国的粮食总产量年均增长率为 1.91%。其中，除了

"十五"时期（2001～2005 年）粮食总产量出现过下滑以外，其他各个五年计划阶段的粮食总产量呈现出不断增长的态势。从不同阶段看，粮食总产量的增长趋势不尽相同，"六五""七五""十二五"时期中国粮食总产量的年均增长速度保持在 3.3% 以上，而"十一五"时期的粮食总产量年均增长率也高达 2.93%。相比而言，"八五""九五""十五"时期的粮食总产量年均增长率较低。除了"九五"时期年均增长率为负以外，"八五""十五"时期的年均增长率也低于 1%。

表 4.4　　　　　　　　1980～2018 年中国粮食产量的阶段性变化

阶段或年份	总产量（亿吨）	播种面积（亿公顷）	单产（吨/公顷）	年均增长率（%）		
				总产量	播种面积	单产
1980 年	3.21	1.17	2.73	/	/	/
"六五"：1981～1985 年	3.71	1.18	3.29	3.41	-1.47	4.96
"七五"：1986～1990 年	4.09	1.12	3.66	3.31	0.83	2.46
"八五"：1991～1995 年	4.49	1.11	4.06	0.90	-0.61	1.51
"九五"：1996～2000 年	4.96	1.12	4.42	-0.19	-0.29	0.10
"十五"：2001～2005 年	4.59	1.03	4.45	0.93	-0.78	1.73
"十一五"：2006～2010 年	5.27	1.08	4.87	2.93	1.38	1.52
"十二五"：2011～2015 年	6.26	1.16	5.40	3.39	1.27	2.10
2016 年	6.60	1.19	5.54	-0.03	0.22	-0.25
2017 年	6.62	1.18	5.61	0.18	-1.04	1.23
2018 年	6.58	1.17	5.62	-0.56	-0.81	0.25
1980～2018 年	4.87	1.11	4.37	1.91	0.00	1.91

资料来源：国家统计局，https://data.stats.gov.cn/。

基于上述分析可以发现，中国粮食总产量的变化与单位面积产量的变化基本上保持同步（见图 4.9）。把 1980～2018 年中国粮食总产量、粮食播种面积和单位面积产量以 1980 年为 100 进行指数化处理。不难看出，2018 年中国粮食总产量指数为 205.2，而单位面积产量指数则为 205.6。与此同时，还可以发现 2018 年中国粮食播种面积指数为 99.8，这表明相比于 1980 年，2018 年中国粮食播种面积出现了小幅度下降。结合这些指数，可以得出结论，即 1980～2018 年中国粮食总产量的变化趋势总体上与单位面积产量的变化趋势保持了一致。除此以外，1991～2005 年中国粮食总产量的低行状态虽然也受到了单位面积产量下降的影响，但是更主要的原因是粮食播种面积的大幅度下滑。

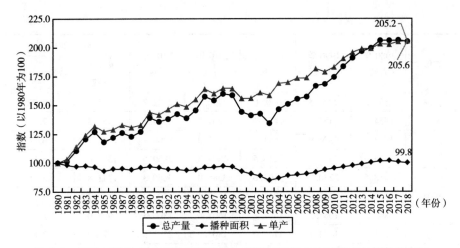

图 4.9 1980～2018 年中国粮食总产量、播种面积和单位面积产量指数的变化
资料来源：国家统计局，https：//data. stats. gov. cn。

4.3.2 粮食产量的地区差异

总体而言，1980～2018 年各省份粮食总产量的变化表现出较大差异（见表 4.5）。直接比较 1980 年和 2018 年粮食总产量，可以发现绝大部分省份都取得了粮食总产量的正增长。但是，福建、广东和浙江在这一期间的粮食总产量却出现了负增长，这三个省份 2018 年的粮食总产量比 1980 年水平分别下降了 303.4 万吨、467.9 万吨和 836.4 万吨，且其对这一期间中国粮食总产量增长的贡献率分别为 - 0.90%、- 1.39% 和 - 2.48%。上述三个省份均是中国沿海省份，也是中国改革开放的前沿阵地，40 多年来非农部门经济发展取得了长足进展，从而降低了粮食生产的重要性。

表 4.5 **1980～2018 年中国不同地区粮食总产量的阶段性变化**

省份	1980 年（万吨）	1990 年（万吨）	2000 年（万吨）	2010 年（万吨）	2018 年（万吨）	1980～2018 年	
						增加量（万吨）	贡献率（%）
黑龙江	1462.5	2312.5	2545.5	5632.9	7506.8	6044.3	17.92
河南	2148.5	3303.7	4101.5	5581.8	6648.9	4500.4	13.34
内蒙古	396.5	973.0	1241.9	2344.3	3553.3	3156.8	9.36
山东	2384.0	3354.9	3837.7	4502.8	5319.5	2935.5	8.70

续表

省份	1980 年（万吨）	1990 年（万吨）	2000 年（万吨）	2010 年（万吨）	2018 年（万吨）	1980～2018 年	
						增加量（万吨）	贡献率（%）
吉林	859.5	2046.5	1638.0	2790.7	3632.7	2773.2	8.22
安徽	1454.0	2457.2	2472.1	3207.7	4007.3	2553.3	7.57
河北	1522.5	2276.9	2551.1	3121.0	3700.9	2178.4	6.46
湖北	1536.5	2475.0	2218.5	2304.3	2839.5	1303.0	3.86
江苏	2418.5	3230.8	3106.6	3285.0	3660.3	1241.8	3.68
新疆	388.5	666.2	783.7	1362.4	1504.2	1115.7	3.31
云南	865.5	1057.2	1467.8	1501.6	1860.5	995.0	2.95
辽宁	1221.5	1494.7	1140.0	1804.5	2192.5	971.0	2.88
江西	1240.0	1658.2	1614.6	1989.5	2190.7	950.7	2.82
湖南	2124.5	2651.4	2767.9	2881.6	3022.9	898.4	2.66
山西	685.5	969.0	853.4	1107.5	1380.4	694.9	2.06
甘肃	492.5	690.7	713.5	948.8	1151.4	658.9	1.95
陕西	757.0	1070.7	1089.1	1186.0	1226.0	469.0	1.39
贵州	648.0	721.0	1161.3	1079.4	1059.7	411.7	1.22
宁夏	120.0	190.1	252.7	356.4	392.6	272.6	0.81
广西	1190.0	1363.1	1528.5	1372.1	1372.4	182.3	0.54
四川	3436.5	4266.8	3372.0	3182.8	3493.7	57.2	0.17
青海	95.5	114.0	82.7	102.2	103.1	7.6	0.02
福建	802.0	879.6	854.7	584.7	498.6	-303.4	-0.90
广东	1808.5	2066.5	1959.7	1415.7	1340.6	-467.9	-1.39
浙江	1435.5	1586.1	1217.7	686.2	599.1	-836.4	-2.48
全国	32055.5	44624.3	46217.5	55911.3	65789.2	33733.7	100.00

注：各省份按照 1980～2018 年对粮食总产量增长的贡献率进行排名。

资料来源：国家统计局，https：//data.stats.gov.cn/。

根据各省份粮食生产对 1980～2018 年中国粮食总产量增长的贡献率，我们把这些省份分为若干组。第一组贡献率大于 10%，包括黑龙江和河南。这两个省的粮食生产对中国粮食总产量增长的贡献率分别为 17.92% 和 13.34%。事实上，这两个省都是中国的粮食生产大省，粮食总产量分别位居全国第一和第二。第二组贡献率为 5%～10%，包括内蒙古、山东、吉林、安徽和河北。第三组贡献率为 0～5%，包括了湖北、江苏、新疆、云南、辽宁、江西、湖南、山西、甘肃、陕西、贵州、宁夏、广西、四川和青海。第四组包括福建、广东和浙江，其贡献率均为负值。

　　我们进一步分析粮食总产量增长的驱动因素。从图 4.10 可知，不同省份粮食总产量增长的驱动因素不尽相同。其中，内蒙古、黑龙江、吉林、新疆、宁夏、河南、安徽、河北、甘肃、山东、云南和山西的粮食总产量增长幅度最大，且主要归因于粮食单位面积产量的增长。相比而言，浙江、福建、广东、四川、青海和广西等省份的粮食产量负增长或增长率较低，主要与其粮食播种面积负增长存在密切关系。

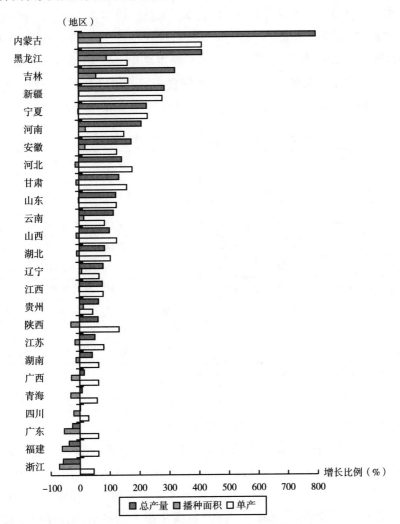

图 4.10　1980 ~ 2018 年中国粮食总产量、播种面积和单产的变化幅度

资料来源：国家统计局，https：//data. stats. gov. cn/。

4.3.3 粮食产量的结构变化

1980～2018 年，不同种类粮食产量的变化存在较大差异（白梦娇和贾利军，2016）。表 4.6 显示，稻谷产量从 1980 年的 1.40 亿吨增长到 2018 年的 2.12 亿吨，增长幅度为 0.72 亿吨，累计增长率超过 50%。小麦产量从 1980 年 0.55 亿吨增长到 2018 年的 1.31 亿吨，增长幅度为 0.76 亿吨，累计增长率为 138.2%。更令人瞩目的是玉米产量的变化，从 1980 年的仅 0.63 亿吨，大幅度提高到 2018 年的 2.57 万吨，增长幅度高达 307.9%。正因为如此，也使得玉米一举超过水稻成为中国第一大粮食作物。2018 年稻谷、小麦和玉米三大主粮的总产量为 6 亿吨左右，占全部粮食总产量的 90% 以上。

表 4.6　　　　　**1980～2018 年中国不同粮食作物产量的变化**　　　单位：亿吨

年份	粮食	稻谷	小麦	玉米	大豆	薯类	其他
1980	3.21	1.40	0.55	0.63	0.08	0.29	0.26
1985	3.79	1.69	0.86	0.64	0.11	0.26	0.24
1990	4.46	1.89	0.98	0.97	0.11	0.27	0.23
1995	4.67	1.85	1.02	1.12	0.14	0.33	0.21
2000	4.62	1.88	1.00	1.06	0.15	0.37	0.16
2005	4.84	1.81	0.97	1.39	0.16	0.35	0.16
2010	5.59	1.97	1.16	1.91	0.15	0.28	0.11
2015	6.61	2.12	1.33	2.65	0.12	0.27	0.11
2018	6.58	2.12	1.31	2.57	0.16	0.29	0.13

资料来源：国家统计局，https：//data. stats. gov. cn/。

除了上述三大主粮，大豆和薯类产量占粮食总产量的比例较小。其中，大豆产量从 1980 年的 0.08 亿吨增长到 2018 年的 0.16 亿吨，大致增长了一倍。但是，相比于稻谷、小麦和玉米三大主粮，大豆的产量微不足道。即使在 2018 年，中国大豆总产量也仅占粮食总产量的 2.4% 左右。因此，中国每年需要从国外进口大量大豆以满足国内对于大豆的需求（黄季焜等，2012；陈彧，2020）。薯类作为重要辅粮，其产量变化不大。尽管部分年份也有一些增长，但是 2018 年的产量水平和 1980 年产量水平大致相等。

图 4.11 显示了 1980～2018 年各种粮食产量占粮食总产量比例的变化趋势。其中，稻谷、小麦和玉米产量的合计比例呈现一定增长趋势。1980 年，上述三

大主粮产量占比仅为80%左右，而到了2018年则增长到90%以上。相比而言，大豆产量占比变化较小，而薯类和其他粮食产量占比均出现了比较明显的下降。就三大主粮而言，稻谷产量占比出现了较大下滑，从1980年的43.64%持续下降到2018年的仅32.24%，而玉米产量占比则从1980年的不到20%大幅度增长到2018年的将近40%。相比而言，小麦产量占比稳中有升。

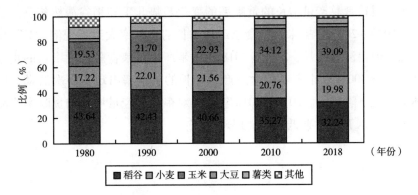

图4.11　1980～2018年中国不同粮食作物产量的比例

资料来源：国家统计局，https：//data. stats. gov. cn/。

表4.7显示了1980～2018年各种粮食对中国粮食总产量增长的贡献及其阶段性变化。毫无疑问，玉米的贡献率最大，达57.68%，紧接着是小麦和稻谷。三大主粮产量增长对粮食总产量的贡献率总计超过了100%。

表4.7　　1980～2018年中国不同粮食作物产量对粮食总产量贡献率的阶段性变化

单位:%

阶段	稻谷	小麦	玉米	大豆	薯类	其他
"六五": 1981～1985 年	48.95	52.26	2.09	4.37	-4.59	-3.09
"七五": 1986～1990 年	30.93	18.51	49.14	0.74	2.08	-1.40
"八五": 1991～1995 年	-20.15	19.52	74.44	12.28	25.49	-11.58
"九五": 1996～2000 年	-60.36	57.87	134.74	-42.92	-95.11	105.79
"十五": 2001～2005 年	-33.50	-10.03	152.73	4.30	-9.92	-3.57
"十一五": 2006～2010 年	22.16	24.83	68.43	-1.25	-8.33	-5.84
"十二五": 2011～2015 年	14.70	16.22	73.15	-3.00	-1.12	0.05
2016～2018 年	0.48	41.13	288.44	-132.81	-50.62	-47.06
1980～2018 年	21.41	22.60	57.68	2.38	-0.02	-4.05

资料来源：国家统计局，https：//data. stats. gov. cn/。

　　但是，不同粮食对粮食总产量增长的贡献率呈现出明显的阶段性特点。其中，稻谷对粮食总产量增长的贡献率在 1980～2015 年呈现出一个明显的"U"型曲线特点。在"六五"时期，稻谷的贡献率接近 50%，在后续几个阶段持续下降，而在"九五"时期的贡献率已经降到了 -60.36%。尽管之后这种情况有所改善，但是在 2016～2018 年其贡献率仅为 0.48%。相比而言，玉米对粮食总产量增长的贡献率的变化趋势几乎和稻谷截然相反。总体而言，1980～2015 年玉米对粮食总产量增长的贡献率大致呈现倒"U"型曲线特点。值得注意的是，2016～2018 年玉米产量对粮食总产量增长的贡献率竟然高达近 300%。小麦对粮食总产量增长的贡献率出现了多次波动，但是总体上呈现下降趋势。2016～2018 年小麦对粮食总产量增长的贡献率略超过 40%，较"六五"时期低 10 个百分点左右。

第5章 气候变化对粮食总产量的影响

传统农业由于生产水平较低、基础设备不完善，受到自然环境的限制相对比较大，常被称为"看天吃饭"，粮食安全得不到有力保障。改革开放以来，随着技术革新和生产力的提高，这种情况得到了明显改善，"看天吃饭"的传统农业也逐渐转变为"知天而作"的智慧农业，人民的吃饭问题得以妥善解决。然而，近年来人类活动对自然环境产生了许多不可逆转的危害，致使能源枯竭越发严重，难以预测的极端恶劣天气频发，农业生产不可避免地受到一定程度的影响，粮食安全问题又再一次回到公众视野，引发学界高度关注。那农业生产究竟受到了怎样的影响呢？我国的粮食安全问题又面临着怎样的风险与挑战呢？气候变化对粮食安全的影响主要是通过对粮食生产的影响实现的，而粮食总产量则是体现粮食生产变动的重要指标之一。因此，要判断气候变化到底对中国粮食安全产生了什么影响，关键在于厘清气候变化对粮食总产量的影响。本章以中国 25 个省份为研究对象，在收集 1980 ~ 2018 年省级面板数据的基础上建立包含气候因素在内的粮食总产量生产函数模型，采用全面可行广义最小二乘法对计量经济模型进行参数估计，据此分析气候变化对中国粮食总产量的影响。

5.1　研究概述

改革开放以来，中国粮食总产量实现了大幅度增长。长期以来，中国人口规模位居世界第一，因此粮食安全问题始终是中国人极其关注的一个重要问题。在计划经济时代，以人民公社为主要形式的生产模式严重约束了粮食产量的增长。20 世纪 70 年代末和 80 年代初，以包产到户、包干到户为主要形式的家庭联产承包责任制迅速推广至全国，极大地激发了广大农民的粮食生产积极性（黄季焜，2010，2018；林毅夫，1992）。得益于此，中国粮食总产量迅速增加。例如，1985 年中国粮食总产量达到了 3.79 亿吨，是 1978 年粮食总产量的 1.24 倍，年均增长 3.17%，而 2017 年中国粮食总产量为 6.62 亿吨，达到了历史最高水平。[①] 简而言之，在过去 40 多年里，中国依靠自己的力量实现了由"吃不饱"到"吃得饱"的重大历史性转折。根据《中国的粮食安全》白皮书，中国谷物自给率超过 95%，这不仅保障了国家的粮食安全，而且为促进经济社会发展和国家长治久安奠定了扎实的物质基础。[②]

但是，中国的粮食总产量增长也面临着一系列的挑战。第一，农业劳动力老龄化是影响粮食生产的一个重要因素。随着中国经济发展和居民收入水平不断提高，人民生活质量得到极大改善，人均预期寿命不断提高。由此形成的人口老龄化为农业老龄化的形成奠定了基础（胡雪枝和钟甫宁，2012）。同时，大量农村青壮年劳动力向城镇非农部门转移，加剧了农业劳动力老龄化的趋势（李旻和赵连阁，2010；李敏和泰瑞，2013）。在此背景下，大量学者发出了"未来中国谁来种地"的疑惑（黄季焜和靳少泽，2015）。除了直接减少粮食生产的劳动投入以外，农业老龄化也会导致农业的非粮化。不少研究已经指出，留守在农村的老年人更倾向于把自家耕地转让给农业生产大户。由于粮食生产的利润较低，农业生产大户在转入土地后往往在转入的耕地上种植利润更高的经济作物甚至用作非农经营活动（贾利军和马潇然，2019）。

第二，小农户经营模式限制了粮食生产效率的提高。经过 40 多年的发展，中国农村"人口多，耕地少"的局面并未得到根本改变。尽管耕地流转产生了一些农业生产大户，但是小农户主导中国粮食生产的局面未能改变。大量研究表明，小农户经营模式难以发挥规模效应，不利于粮食生产效率的提高，从而妨碍了粮食总产量的持续增长（刘天军和蔡起华，2013；李铜山和周腾飞，2015；张德元等，2015）。

第三，农业化学品的不合理使用威胁了粮食质量安全。长期以来，中国的粮食生产高度依赖于化肥和农药等农业化学品的投入。实事求是地说，化肥、农药等农业化学品投入对于促进中国粮食产量增长做出了积极贡献。但是，近年来不少研究指出，中国农民在粮食生产过程中倾向于过量施用化肥

---

① 历年《中国统计年鉴》。
② 国务院新闻办公室. 中国的粮食安全 [M]. 北京：人民出版社，2019.

和农药，不仅导致了严重的农业面源污染问题，而且严重损害粮食的质量安全（孙艺夺等，2019；仇焕广等，2014；张超等，2015）。

第四，资源匹配失调是妨碍中国粮食产量增长的另一个重要因素。耕地和水资源是包括粮食生产在内的农业生产的最基本要素。但是，中国的一个基本国情是，南方水资源充足而耕地资源较少，北方水资源匮乏而耕地资源较多（刘彦随和吴传钧，2002）。这种耕地资源和水资源的匹配失调将严重损害粮食产量增长的可持续性。

气候变化也被认为是影响中国粮食总产量增长的重要因素。众所周知，气候变化及其对经济社会发展的影响已经成为各国学者和政策制定者普遍和高度关注的环境议题（汪阳洁等，2015；陈帅等，2016）。其中，农业和气候变化之间存在显著和较强的耦合关系，因此包括粮食生产在内的农业生产对气候变化最为敏感。近年来，国内外学者对气候变化和粮食生产的关系开展了一系列有价值的研究（汪阳洁等，2015；陈帅等，2016），为深入把握气候变化对经济社会发展的影响奠定了扎实的理论和方法基础。但是，以往研究对该问题的探讨往往立足于某一个侧面，未能全面系统地分析气候变化对粮食生产的影响。本书以中国为例，试图系统分析气候变化对粮食生产的影响路径和机理，而准确分析气候变化对粮食总产量的影响是重要基础。

5.2　计量经济模型

为了描述气候变化对粮食总产量的影响，本章在第 3 章实证研究模型的基础上建立一个包含气候因素在内的粮食总产量生产函数计量经济模型。在这个模型中，除了粮食生产要素投入和气候因素以外，还包括了其他影响粮食总产量的重要因素。各省份的粮食总产量生产函数计量经济模型表达如下：

$$\ln Y_{it} = \alpha_0 + \alpha_1 \ln Land_{it} + \alpha_2 \ln Fert_{it} + \alpha_3 Temp_{it} + \alpha_4 Prec_{it} + \alpha_5 Suns_{it}$$
$$+ \alpha_6 Flood_{it} + \alpha_7 Drought_{it} + \alpha_8 Grain_{it} + \alpha_9 Rice_{it} + \alpha_{10} Corn_{it}$$
$$+ \alpha_{11} Wheat_{it} + \alpha_{12} Trend_t + \sum_{i=2}^{N} \beta_i D_i + u_{it} \qquad (5.1)$$

其中，下标 i 表示第 i 个省份，t 表示第 t 年，Y 表示各省份的粮食总产量，$Land$ 表示粮食播种面积，$Fert$ 表示化肥施用量，$Temp$ 表示平均气温，$Prec$ 表示累计降水量，*Suns* 表示累计日照，*Flood* 表示洪涝受灾面积比例，*Drought* 表示干旱受灾面积比例，*Grain* 表示粮食播种面积占农作物播种总面积的比例，*Rice* 表示水稻播种面积占粮食播种面积的比例，*Corn* 表示玉米播种面积占粮食播种面积的比例，*Wheat* 表示小麦播种面积占粮食播种面积的比例，*Trend* 表示时间趋势项，*D* 表示省份虚拟变量，α 和 β 表示待估系数，*u* 表示随机误差项。

需要说明的是，式（5.1）的一个潜在假设是气候因素对粮食总产量只存在线性影响，而这种假设可能与实际并不相符。实际上，气候因素对粮食生产的影响更可能是非线性的。例如，过低的气温不利于水稻生产，从而会导致水稻减产。随着气温的逐渐上升，水稻产量会相应增长；但是当气温过度上升时，则水稻生产将会受到不利影响。在这种情况下，合理的做法是在式（5.1）的粮食总产量生产函数模型中加入气候因素的二次项。扩展后的模型如下所示：

$$
\begin{aligned}
\ln Y_{it} = {} & \alpha_0 + \alpha_1 \ln Land_{it} + \alpha_2 \ln Fert_{it} + \alpha_3 Temp_{it} + \alpha_4 Prec_{it} + \alpha_5 Suns_{it} \\
& + \alpha_3'(Temp_{it})^2 + \alpha_4'(Prec_{it})^2 + \alpha_5'(Suns_{it})^2 + \alpha_6 Flood_{it} \\
& + \alpha_7 Drought_{it} + \alpha_8 Grain_{it} + \alpha_9 Rice_{it} + \alpha_{10} Corn_{it} \\
& + \alpha_{11} Wheat_{it} + a_{12} Trend_t + \sum_{i=2}^{N} \beta_i D_i + u_{it}
\end{aligned}
\tag{5.2}
$$

其中，α' 表示气候因素变量二次项的待估系数。

不难看出，判断气候因素对粮食总产量的影响需要结合气候因素变量一次项和二次项系数的符号和大小。

5.3 变量和数据来源

本章以中国 25 个省份为研究区域，包括河北、山西、内蒙古、辽宁、吉林、黑龙江、江苏、浙江、安徽、福建、江西、山东、河南、湖北、湖南、广东、广西、四川、贵州、云南、陕西、甘肃、青海、宁夏和新疆。此外，北京、上海、天津和西藏因为部分数据不可获得而未计入研究区域，而海南和重庆的数据分别并入了广东和四川以保证数据一致性。本章研究的年份区间为 1980～2018 年。因此，本章研究所采用的是 975 个观察值（即 25 省份 ×

39 年）的省级面板数据。

　　本章的被解释变量是各省份的粮食总产量，而核心解释变量为各省份的气候因素变量，包括平均气温、累计降水量和累计日照。除此以外，实证研究模型中还包括了其他六组控制变量，分别是要素投入、自然灾害程度、粮食生产结构、时间趋势项和省级虚拟变量。

　　（1）粮食总产量。在中国，粮食作物包括谷物（主要是水稻、玉米、小麦等）、豆类和薯类。其中，谷物产量的比例保持在 90% 以上。各省份粮食总产量的数据来自国家统计局。

　　（2）要素投入变量。粮食生产要素投入变量包括各省份的粮食播种面积和化肥施用量。耕地是农业尤其是粮食生产最重要的要素投入之一。在中国，粮食作物的复种指数比较高。其中，南方水稻主产区一般种植两季水稻，包括早稻和晚稻；而在北方小麦和玉米主产区，小麦和玉米一般采用轮作。因此，本书以粮食播种面积而非耕地面积作为粮食生产的土地要素。化肥是粮食生产的另一重要的要素投入。大量研究表明，化肥施用对于促进粮食产量增长发挥了十分重要的作用（孙艺夺等，2019；仇焕广等，2014）。本章采用各省份的农业化肥施用量。尽管这个数据比粮食生产的化肥施用量高，但是由于中国农业化肥施用的主要作物就是粮食作物，因此，本章以农业化肥施用量作为替代变量也比较合理。数据均来自国家统计局。

　　（3）气候因素变量。气候因素是本章研究内容的核心解释变量，包括各省份的平均气温、累计降水量和累计日照。以往关于气候因素对农业生产影响的研究在界定气候因素时存在不同观点。部分研究认为，农作物生长期内的气候因素会对农作物生产造成一定程度的影响，因此在实证研究中应考虑农作物生长期内的气候因素（麻吉亮等，2012）。但是，部分研究指出，不仅是农作物生长期内的气候因素，实际上生长期外的气候因素也会对农作物生产造成影响（尹朝静等，2016）。本章研究的被解释变量是各省份的粮食总产量，无法区别不同粮食作物的生长期差异；同时，不同粮食作物和同一粮食作物的不同种植季节几乎涵盖了全年。因此，本章研究采用全年气候因素。其中，气候因素数据来自中国气象局国家气候科学数据中心地面资料数据库的中国地面国际交换站气候资料月值数据集。

　　（4）自然灾害程度变量。自然灾害的发生是导致粮食减产的重要原因。例如，在水稻收获季节发生的洪涝灾害将严重损害水稻产量。同样，在北方小麦生长期内发生的旱灾也将导致小麦减产。因此，本章采用各省份的洪涝和干旱受灾面积占农作物播种总面积的比例来衡量洪涝和干旱的发生程度。相关数据来自国家统计局。

（5）粮食生产结构变量。对于一个粮食生产省份而言，粮食的播种面积比例越高，则意味着该省份的粮食生产的规模效应可能越大。同时，当一个粮食生产省份的粮食生产重要性更高时，更多的农业生产资源和技术也将向粮食生产倾斜。这些都有利于粮食产量的提高。但是，过大的粮食生产规模也可能由于无法做到精细化管理而有损于产量。本章采用各省份的粮食播种面积占农作物播种总面积的比例作为粮食生产结构的一个衡量指标。此外，中国粮食产量90%是谷物，而谷物主要是指水稻、玉米和小麦。这三种主粮作物的单位面积产量水平存在一些差异。根据国家统计局数据显示，水稻单位面积产量水平最高，玉米次之，而小麦的单位面积产量水平最低。当上述三种主粮播种面积占全部粮食播种面积的比例存在差异时，也势必影响各省份的粮食总产量水平。另外，上述三种主粮播种面积占全部粮食播种面积的比例也在随着时间发生变化。不同年份三种主粮播种面积比例都存在较大差异。其中，水稻和小麦播种面积总体上持续缩小，而玉米播种面积总体上持续扩大。因此，本章分别计算了水稻、玉米和小麦播种面积占粮食播种面积的比例，作为衡量各省份粮食生产结构的另一组重要变量。研究数据来自国家统计局。

除了上述核心解释变量和控制变量以外，本章在计量经济模型中也加入了时间趋势项和省级虚拟变量分别控制各省份技术进步等随时间变化的因素和不随时间变化的个体效应对粮食总产量的影响。

表5.1显示本章主要研究变量的描述性统计结果。

表5.1	主要变量的描述性统计				
变量	观察值	均值	标准差	最小值	最大值
粮食总产量（万吨）	975	1924.10	1343.55	80.00	7615.78
粮食播种面积（万公顷）	975	440.60	262.36	24.11	1428.31
化肥施用量（万吨）	975	153.91	123.43	3.00	716.09
平均气温（摄氏度）	975	12.82	5.51	0.17	22.77
累计降水量（千毫米）	975	0.88	0.51	0.05	2.50
累计日照（千小时）	975	2.13	0.49	0.90	3.09

续表

变量	观察值	均值	标准差	最小值	最大值
洪涝受灾面积比例（10%）	975	0.68	0.74	0	6.13
干旱受灾面积比例（10%）	975	1.53	1.41	0	7.69
粮食占农作物播种总面积比例（10%）	975	7.18	1.13	3.63	9.69
水稻占粮食播种面积比例（10%）	975	2.97	3.00	0	9.28
玉米占粮食播种面积比例（10%）	975	2.21	1.81	0	8.11
小麦占粮食播种面积比例（10%）	975	2.21	1.94	0	6.87

5.4　气候变化和粮食总产量关系的描述性分析

　　图 5.1 是平均气温和粮食总产量关系的散点图。不难发现，随着平均气温的不断上升，粮食总产量总体上表现出增长趋势。但是二次项拟合曲线进一步表明，平均气温和粮食总产量之间的这种关系似乎并不是线性的。具体而言，粮食总产量随着平均气温的持续上升先增长后下降，表现出了一种类似于倒 "U" 型曲线的变化趋势。从图 5.1 中二次项拟合曲线来看，这条倒 "U" 型曲线的拐点大致位于 15 摄氏度左右。值得说明的是，由于 1980 ~ 2018 年中国各省份的平均气温变化范围保持在 0 ~ 25 摄氏度，因此这条倒 "U" 型曲线拐点右侧部分的下行趋势似乎并不明显。这也就能够说明为什么粮食总产量总体上仍然随着平均气温的上升而增长。

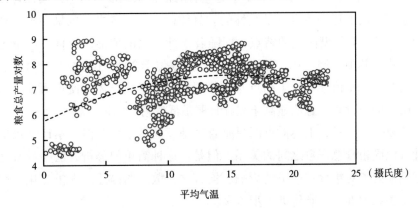

图 5.1　平均气温和粮食总产量关系的散点图

　　图 5.2 是累计降水量和粮食总产量关系的散点图。相比于平均气温和粮食总产量的关系，累计降水量和粮食总产量的关系更类似于倒"U"型曲线的特点。从图 5.2 中可知，随着累计降水量的不断增加，粮食总产量首先表现出明显的增长趋势，但是通过拐点之后又表现出比较明显的下降趋势。从直观的角度来看，这意味着累计降水量对粮食总产量的影响不是线性的。通过观察图 5.2 可知，这条倒"U"型曲线的拐点大致在 1000～1500 毫米。当累计降水量低于 1000 毫米时，降水量的增加有利于粮食总产量的增加；而当累计降水量高于 1500 毫米时，降水量的进一步增加将导致粮食总产量的下降。

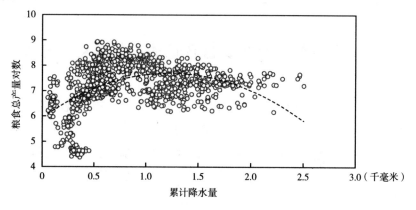

图 5.2　累计降水量和粮食总产量关系的散点图

　　图 5.3 是累计日照和粮食总产量之间的关系。从总体上来看，累计日照的增加不利于粮食总产量的增加。其中，累计日照在 2500～3000 小时的粮食总产量明显低于累计日照在 1000 小时左右的粮食总产量。当然，累计日照和粮食总产量的上述关系也不是线性的。具体而言，两者之间也呈现出一种比较明显的倒"U"型曲线的特点，即随着累计日照的增加，粮食总产量先增长后下降。其中，倒"U"型曲线的拐点大致位于 2000 小时左右。由于位于拐点右侧的观察值多于位于拐点左侧的观察值，因此总体上使得累计日照最高值附近的粮食总产量明显高于累计日照最低值附近的粮食总产量。

　　需要说明的是，上述散点图只是直观地反映了平均气温、累计降水量和累计日照同粮食总产量之间的关系。但是，这种简单的分析方法并没有充分考虑其他因素对粮食总产量的影响。换言之，散点图描述的气候变化和粮食总产量关系的准确性有待进一步考察。

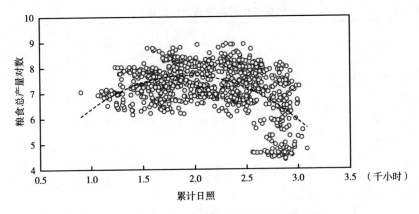

图 5.3　累计日照和粮食总产量关系的散点图

5.5　气候变化对粮食总产量影响的实证分析结果

5.5.1　气候变化对粮食总产量影响的估计结果

表 5.2 显示了气候变化对粮食总产量影响的计量经济模型估计结果。为了解决长面板数据计量经济模型可能存在的组间异方差、组内自相关和组间同期相关问题，本章采用全面可行广义最小二乘法对计量经济模型进行参数估计。为了分析全面可行广义最小二乘法的适用性，我们依次对上述三个问题进行了检验。结果表明，基于长面板数据的计量经济模型的确存在组间异方差、一阶组内自相关和组间同期相关。具体而言，检验组间异方差的 Wald 统计量分别等于 663.75 和 829.75，均在 1% 的水平上显著，从而拒绝了不存在组间异方差的原假设。类似地，用于检验一阶组内自相关的 F 统计量分别等于 22.43 和 22.61，均在 1% 的水平上显著，从而拒绝了不存在一阶组内自相关的原假设。对于组间同期相关检验，Pesaran 统计量大于 10，也在 1% 的水平上显著，这表明不存在组间同期相关的原假设也被拒绝。根据上述检验结果，采用固定效应模型或随机效应模型估计方法对计量经济模型进行参数估计将导致估计效率的下降，且无法得到无偏一致估计量，而采用面板校正标准误差估计则不能同时解决组间异方差、组内自相关和组间同期相关三个问题。因此，本章采用全面可行广义最小二乘法是合理且必要的。

表 5. 2 气候变化对粮食总产量的影响

变量	模型（Ⅰ）		模型（Ⅱ）	
	系数	标准误	系数	标准误
粮食播种面积对数	0. 808 ***	0. 016	0. 809 ***	0. 015
化肥施用量对数	0. 329 ***	0. 009	0. 331 ***	0. 008
平均气温（摄氏度）	0. 007 ***	0. 002	0. 012 **	0. 005
平均气温平方			− 0. 000	0. 000
累计降水量（千毫米）	− 0. 033 ***	0. 005	0. 039 **	0. 016
累计降水量平方			− 0. 021 ***	0. 005
累计日照（千小时）	− 0. 014 *	0. 007	0. 132 ***	0. 033
累计日照平方			− 0. 035 ***	0. 008
洪涝受灾面积比例（10%）	− 0. 024 ***	0. 001	− 0. 027 ***	0. 001
干旱受灾面积比例（10%）	− 0. 030 ***	0. 001	− 0. 029 ***	0. 001
粮食占农作物播种总面积比例（10%）	0. 023 ***	0. 005	0. 027 ***	0. 005
水稻占粮食播种面积比例（10%）	0. 086 ***	0. 007	0. 082 ***	0. 006
玉米占粮食播种面积比例（10%）	0. 059 ***	0. 004	0. 059 ***	0. 004
小麦占粮食播种面积比例（10%）	0. 006	0. 005	0. 009 *	0. 005
时间趋势项	− 0. 000	0. 001	− 0. 000	0. 000
省级虚拟变量	是		是	
常数项	− 1. 454 ***	0. 121	− 1. 705 ***	0. 114
组间异方差（Wald 统计量）	663. 75 ***		829. 75 ***	
一阶组内自相关（F 统计量）	22. 43 ***		22. 61 ***	
组间同期相关（Pesaran 统计量）	12. 80 ***		11. 24 ***	
观察值	975		975	

注：* 、** 和 *** 分别表示在10%、5%和1%的统计水平上显著。

　　本章重点考察各省份的气候因素对粮食总产量的影响，因此首先对这部分结果进行分析。如果不考虑气候因素变量的二次项，则表 5.2 的结果表明气候变化显著影响粮食总产量。具体而言，平均气温的系数等于 0.007，且在 1% 的水平上是显著的。这意味着，在其他因素不变的条件下，平均气温每升高 1 摄氏度，会促使粮食总产量提高 0.7%；而累计降水量每增加 1 千毫米，则粮食总产量将显著地下降 3.3%；与此同时，累计日照每增加 1 千小时，则粮食总产量显著地下降 1.4%。因此，在不考虑气候因素对粮食总产量的非线性影响条件下，平均气温的上升将促进各省份的粮食总产量增长，而累计降水量和累计日照的增加将导致各省份粮食总产量下降。

表 5.2 也显示了加入气候因素变量二次项的估计结果。其中，平均气温的一次项仍然显著为正，而二次项并不显著。这表明，平均气温没有表现出对粮食总产量的非线性影响。在其他因素不变的条件下，平均气温每上升 1 摄氏度，会促使粮食总产量增长 1.2% 。虽然平均气温一次项系数大小和不考虑二次项时的系数大小存在一定差异，但是这种差异仍然在合理范围之内。总体而言，平均气温每上升 1 摄氏度，会促使粮食总产量增长 1% 左右。但是，累计降水量和累计日照对粮食总产量的影响表现出典型的倒 "U" 型曲线特点。具体而言，累计降水量和累计日照的一次项系数均为正，而二次项系数均为负，且均在 5% 或 1% 的水平上显著。这也就意味着，随着累计降水量和累计日照的持续增加，粮食总产量会先增长后下降。当累计降水量对粮食总产量的边际影响等于零，即 $0.039 - 0.021 \times 2 \times Prec = 0$ 时，可求得倒 "U" 型曲线的拐点值为 0.92 千毫米。类似地，我们也可以求出累计日照对粮食总产量倒 "U" 型曲线影响的拐点值为 1.88 千小时。如表 5.1 所示，1980 ~ 2018 年 25 个省份的平均累计降水量和累计日照分别为 0.88 千毫米和 2.13 千小时。从总体上看，25 个省份的平均累计降水量尚未超过倒 "U" 型曲线的拐点，但是两者之间的差距已经十分接近；而平均累计日照已经跨越了这条倒 "U" 型曲线的拐点，这表明随着累计日照的进一步增加，粮食总产量将持续下降。从这一点来看，累计降水量和累计日照的增加对粮食总产量在大概率上会产生负面影响，这实际上和不考虑气候因素变量二次项的估计结果基本是一致的。

为了准确刻画气候因素对粮食总产量的影响，我们把各省份 1980 ~ 2018 年平均累计降水量和平均累计日照分别和各自倒 "U" 型曲线的拐点值作了离差，并把两者的离差组合绘制成象限图（见图 5.4）。

从累计降水量角度而言，几乎全部淮河以南省份均跨越了倒 "U" 型曲线拐点，即这些地区累计降水量进一步增加将导致粮食总产量显著下降。但是，几乎全部北方省份的累计降水量尚未跨越倒 "U" 型曲线的拐点，因此累计降水量增加会进一步促进粮食总产量增长。除了江苏、云南和安徽以外，跨越累计日照倒 "U" 型曲线拐点的省份几乎和跨越累计降水量倒 "U" 型曲线拐点的省份重合。因此，中国不同地区的气候因素具有典型的地域特征，其中南方地区的降水量充足而日照相对较短，北方地区的降水量相对较少而日照比较充足。因此，气候变化对粮食总产量的影响因地区而异。

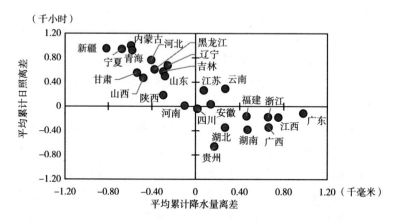

图 5.4　1980～2018 年各省份平均累计降水量、累计日照和拐点值的离差分布

表 5.2 还表明粮食生产要素投入显著地影响了各省份的粮食总产量。由于不考虑和考虑气候因素变量二次项的估计结果没有实质性差异，接下来的分析主要以考虑气候因素变量二次项的估计结果为主。耕地要素投入是促进粮食总产量增长的重要原因。全面可行广义最小二乘法估计结果显示，粮食播种面积的系数等于 0.809，且在 1% 的水平上显著，表明粮食播种面积扩大将促使粮食总产量增长。在其他因素不变的条件下，粮食播种面积比例每增加 10%，则粮食总产量将增长 8.09%。类似地，化肥作为最重要的要素投入之一，也表现出显著的粮食增产效应。在其他因素不变的条件下，化肥施用量每增加 10%，粮食总产量会相应地增长 3.31%。

除了气候因素以外，要素投入、自然灾害因素和粮食生产结构等均显著影响了中国粮食总产量。洪涝和干旱灾害是导致粮食总产量降低的重要原因。如表 5.2 所示，洪涝和干旱受灾面积比例的系数均为负，且均在 1% 的水平上是显著的。这表明，在其他因素不变的条件下，洪涝和干旱受灾面积比例每增加 10 个百分点，则导致粮食总产量分别下降 2.7% 和 2.9%。

粮食生产结构也是影响各省份粮食总产量的重要因素（见表 5.2）。粮食播种面积占农作物播种面积比例的系数等于 0.027，且在 1% 的水平上显著。这表明，在控制其他因素的条件下，粮食播种面积占农作物播种总面积比例每增加 10 个百分点，会引起粮食总产量增长 2.7%。这充分说明，各省份的粮食生产具有明显的规模效应。当粮食作物相对于其他农作物的相对生产规模提高时，则粮食生产的规模效应会有利于粮食总产量的提高。以其他粮食播种面积占粮食播种面积的比例为对照，结果发现水稻、玉米和小麦播种面积占粮食播种面积的比例提高均有利于粮食总产量的提高。与此同时，上述三种主粮的播种面积占比提高对于粮食增产的影响也存在差异。其中，水稻播种面积占比提高对于粮食增长的正向影响最大。在其他因素不变的条件下，水稻播种面积占粮食播种面积的比例每提高 10 个百分点，则会引起粮食总产量提高 8.2%。玉米播种面积占比提高的粮食增产效应略小，其每提高 10 个百分点会引起粮食总产量增加 5.9%，比前者低 2.3 个百分点。相比而言，小麦播种面积占比提高对粮食总产量的正向影响最小。在其他因素不变的条件下，小麦播种面积占粮食播种面积比例每提高 10 个百分点，仅使得粮食总产量增加 0.9%。

5.5.2 气候变化对粮食总产量增长的贡献分解

上述计量经济模型的估计结果刻画了气候因素和其他因素对中国粮食总产量的边际影响。需要说明的是，计量经济模型的估计结果仍然无法定量计算不同因素对粮食总产量变化的实际贡献。因此，也就无法全面地反映气候变化对粮食总产量造成的真实影响。为了更好地分析气候变化和其他不同因素对粮食总产量的影响，我们根据上述计量经济模型的估计结果对 1980 ~ 2018 年中国粮食总产量的增长来源进行了分解分析。表 5.3 显示了粮食总产量增长来源的分解分析结果。

表 5.3　　1980 ~ 2018 年各种因素对粮食总产量增长的贡献分解

自变量	估计系数	自变量变化	贡献量（万吨）	贡献率（%）
要素投入				109.632
粮食播种面积（万公顷）	0.808	0.770	7.834	0.579
化肥施用量（万吨）	0.329	355.813	1476.287	109.053
气候因素				0.904
全年平均气温（摄氏度）	0.007	1.373	12.917	0.954
全年累计降水量（千毫米）	-0.033	0.075	-3.068	-0.227

续表

自变量	估计系数	自变量变化	贡献量（万吨）	贡献率（%）
全年累计日照（千小时）	−0.014	−0.138	2.385	0.176
自然灾害因素				4.047
洪涝受灾面积比例（10%）	−0.024	−0.314	9.560	0.706
干旱受灾面积比例（10%）	−0.030	−1.191	45.220	3.340
粮食生产结构				5.748
粮食占农作物播种总面积比例（10%）	0.023	−1.344	−38.954	−2.878
水稻占粮食播种面积比例（10%）	0.086	0.047	5.067	0.374
玉米占粮食播种面积比例（10%）	0.059	1.544	115.389	8.524
小麦占粮食播种面积比例（10%）	0.006	−0.504	−3.686	−0.272
其他			−275.221	−20.331
粮食总产量（万吨）			1353.730	100

注：贡献分解以不考虑气候因素变量二次项的结果为准。要素投入变化为百分比变化，其他变量变化为绝对量变化。

从表5.3可以看出，1980～2018年中国各省份平均粮食总产量增长率1353.730万吨。其中，要素投入对于粮食总产量增长的贡献最大。具体而言，粮食播种面积在这一期间基本保持稳定，其使得平均粮食总产量增长了7.8万吨，因此对平均粮食总产量增长的贡献率约为0.6%。相比而言，化肥施用是粮食总产量增长的最大贡献者，其贡献率达109.1%。上述两种要素投入对于粮食总产量增长的累计贡献率接近110%，毫无疑问成为中国粮食总产量增长的最主要来源。

气候因素对1980～2018年中国粮食总产量增长总体上具有正向贡献。其中，平均气温上升引起的粮食总产量增长为12.917万吨，占粮食总产量增长的比例约为1%。但是，累计降水量导致粮食总产量下降了3.068万吨，其贡献率约为−0.2%。累计日照对平均粮食总产量的贡献为正，但是其贡献率略低于0.2%。因此，上述三种气候因素合计对1980～2018年中国粮食总产量增长的贡献率大致为0.9%。

洪涝和干旱受灾面积的下降也促进了粮食总产量的提高。在1980～2018年，洪涝和干旱受灾面积占农作物播种总面积的比例分别下降了3.1个和11.9个百分点，其带来的粮食总产量增长分别为9.560万吨和45.220万吨。两者对平均粮食总产量增长的贡献率分别约为0.7%和3.3%。

粮食生产结构变化总体上促进了粮食总产量的增长。总体而言，粮食生产结构的调整对 1980～2018 年中国粮食总产量增长的贡献率达 5.7%。其中，粮食播种面积占农作物播种总面积比例的下降导致平均粮食总产量下降了 38.954 万吨左右，其贡献率约为 -2.9%。相比而言，粮食作物内部的结构变化促进了粮食总产量的增长。其中，水稻、玉米和小麦播种面积占粮食播种面积比例的提高带来的平均粮食总产量增长分别为 5.067 万吨、115.389 万吨和 -3.686 万吨，相应的贡献率分别约为 0.4%、8.5% 和 -0.3%。

第6章 气候变化对粮食单位面积产量的影响

改革开放以来，我国粮食总产量持续增长，一方面，科技创新推动农业现代化进程稳步前进，农业结构优化速度加快，低质低效作物种植量与种植面积大幅减少，中国粮食播种面积总体上呈现下降趋势；另一方面，以家庭联产承包责任制为代表的国家政策在全国范围内推行，农产品价格补贴、粮食生产政策性保险等惠农政策广泛实施，极大地提高了农户的生产积极性，促使我国粮食单位面积产量不断增加。因此，我国粮食总产量的增长几乎完全归因于粮食单位面积产量的持续增长，从这个角度出发，考察气候变化对粮食总产量影响的根本是揭示气候因素对粮食单位面积产量的影响。

本章的主要内容是分析气温、降水量和日照等气候因素对中国水稻、玉米和小麦三大主粮单位面积产量的影响。本章收集了1980~2018年24个省份水稻、玉米和小麦生产的产量、要素投入以及气候因素的长面板数据，建立了水稻、玉米和小麦的单位面积产量生产函数模型，并在解决长面板数据模型的组间异方差、组内自相关和组间同期相关的基础上揭示气候因素对水稻、玉米和小麦单位面积产量的影响。

6.1 研究概述

20世纪70年代末和80年代初，以包产到户、包干到户为主要内容的家庭联产承包责任制在全国范围内迅速推广，极大地激发了广大农民的农业尤其是粮食生产积极性，对于促进中国粮食生产和保障国家粮食安全发挥了极其重要的作用（黄季焜，2010，2018；林毅夫，1992）。得益于此，中国粮食总产量从1978年的3.05亿吨提高到1984年的4.07亿吨，增长幅度高达33.6%。① 在粮食播种面积出现下滑的背景下，同期单位面积产量也从1978年的2527.3公斤/公顷增长到1984年的3608.2公斤/公顷，增长幅度更是高达42.8%。② 这充分说明单位面积产量的增长是这一时期中国粮食总产量大幅度提高的关键。事实上，1978~2018年中国粮食播种面积从1.21亿公顷下滑到1.17亿公顷。③ 但是，同期的粮食总产量和单位面积产量分别从1978年的3.05亿吨和2527.3公斤/公顷增长到2018年的6.58亿吨和5621.2公斤/公顷，增长幅度分别为115.9%和122.4%。④ 这再次说明改革开放40多年来中国粮食总产量的增加几乎完全取决于粮食单位面积产量的持续增长。

　　尽管如此，中国粮食单位面积产量增长的可持续性也面临一些挑战。如图6.1所示，在改革开放初期的1978~1985年，中国粮食单位面积产量年均增长4.69%，这主要是家庭联产承包制推广释放的政策红利（黄季焜，2010，2018；林毅夫，1992）。当这种一次性的政策红利释放殆尽时，中国粮食单位面积产量的年均增长率大幅度下滑。1995~2000年，粮食单位面积产量的年均增长率几乎为零。进入21世纪以来，这种趋势有所好转，主要体现在粮食单位面积产量的年均增长率在2000~2005年、2005~2010年以及2010~2018年三个阶段均保持在1.4~1.8%。但是，从时间角度看，粮食单位面积产量年均增长率仍然有微弱的下滑趋势。因此，尽管过去40多年中国粮食总产量和单位面积产量均实现了大幅度跃升，对保障国家粮食安全具有极其重要的意义，但是粮食单位面积产量增长的可持续性面临较大挑战。

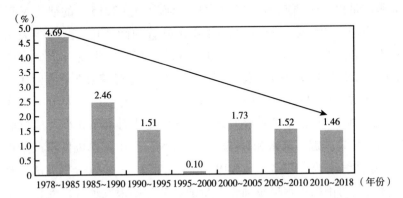

图6.1　1978~2018年不同阶段中国粮食单位面积产量的年均增长率

资料来源：国家统计局，https://data.stats.gov.cn/。

---

①②③④　历年《中国统计年鉴》。

以往研究比较全面地分析了中国粮食单位面积产量的影响因素。其中，大量研究分析了化肥、农药、灌溉、机械等不同类型要素投入对粮食单位面积产量的影响，认为要素投入显著促进了粮食单位面积产量的增长（孙艺夺等，2019）。也有部分研究从技术进步、老龄化、经营规模、制度变革等方面开展了有价值的分析。例如，魏丹和王雅鹏（2010）分析了技术进步对三大主粮单位面积产量增长的贡献，指出技术进步对水稻、玉米和小麦单位面积产量增长的贡献率分别为 3.38%、24.48% 和 14.54%。胡雪枝和钟甫宁（2012）结合农村固定观察点数据的研究结果表明，农村人口老龄化对水稻、玉米和小麦的单位面积产量并不存在显著影响。唐轲等（2017）利用 2003~2013 年农村固定观察点的农户调查数据和面板数据固定效应模型分析了耕地经营规模对水稻、玉米和小麦单位面积产量的影响，发现农民的耕地经营规模对粮食单位面积产量具有显著的负向影响，不过这种负向影响会随着时间推移持续弱化。星焱和胡小平（2013）基于 2004~2011 年省级面板数据和动态面板广义矩估计分析了粮食单位面积产量的影响因素，发现财政支农对粮食单位面积产量的增长具有显著的促进作用。

近年来，部分研究也关注到了气候变化对中国粮食单位面积产量的影响。例如，麻吉亮等（2012）利用 2003~2010 年河北 4152 个农户层面样本数据分析了气候因素对玉米单位面积产量的影响，结果表明河北的玉米单位面积产量提高主要归因于气候因素。何为等（2015）的研究发现，水稻单位面积产量和积温、降水之间都存在显著的倒"U"型曲线关系，而降水对小麦和玉米的单位面积产量也存在倒"U"型曲线影响。陈俊聪等基于 2005~2014 年省级面板数据探讨了气候变化对粮食生产能力的影响，发现不同区域气候因素对粮食单位面积产量的影响存在较大差异。陈帅等基于 1996~2009 年县级层面数据分析了气候变化对水稻和小麦单位面积产量的影响，发现气温、降水和日照等变量对水稻和小麦单位面积产量都具有倒"U"型曲线影响。解伟等（2019）采用文献计量 Meta 分析方法考察了气温和降水变化对中国主粮单位面积产量的影响，结果发现气候变化对粮食单位面积产量受到诸多因素影响，综合考虑认为气温每上升 1 摄氏度将导致三大主粮单位面积产量下降 2.6%，而降水量每增加 1% 会导致三大主粮单位面积产量增长 0.4%。

6.2　计 量 经 济 模 型

为了考察气温、降水量和日照等气候因素对水稻、玉米和小麦三大主粮单位面积产量的影响，本章根据第 3 章的机理分析建立了柯布-道格拉斯形式的单位面积产量生产函数模型。除了气候因素以外，单位面积产量生产函数模型中还考虑了要素投入、洪涝和干旱灾害、粮食播种面积比例等其他重要控制变量。生产函数模型的具体表达形式如下：

$$
\begin{aligned}
\ln RYield_{it} =\ & \alpha_0 + \alpha_1 \ln RLab_{it} + \alpha_2 \ln RFert_{it} + \alpha_3 \ln RPest_{it} + \alpha_4 \ln RMach_{it} \\
& + \alpha_5 Temp_{it} + \alpha_6 \ln Prec_{it} + \alpha_7 \ln Suns_{it} + \alpha_8 Flood_{it} \\
& + \alpha_9 Drought_{it} + \alpha_{10} \ln RArea_{it} + \alpha_{11} Middle_{it} + \alpha_{12} Late_{it} \\
& + \alpha_{13} Jap_{it} + \alpha_{14} Trend_t + \sum_{i=2}^{N} \alpha_i' D_i + u_{it}
\end{aligned} \tag{6.1}
$$

$$
\begin{aligned}
\ln CYield_{it} =\ & \beta_0 + \beta_1 \ln CLab_{it} + \beta_2 \ln CFert_{it} + \beta_3 \ln CPest_{it} + \beta_4 \ln CMach_{it} \\
& + \beta_5 Temp_{it} + \beta_6 \ln Prec_{it} + \beta_7 \ln Suns_{it} + \beta_8 Flood_{it} \\
& + \beta_9 Drought_{it} + \beta_{10} \ln CArea_{it} + \beta_{11} South_{it} + \beta_{12} Trend_t \\
& + \sum_{i=2}^{N} \beta_i' D_i + v_{it}
\end{aligned} \tag{6.2}
$$

$$
\begin{aligned}
\ln WYield_{it} =\ & \gamma_0 + \gamma_1 \ln WLab_{it} + \gamma_2 \ln WFert_{it} + \gamma_3 \ln WPest_{it} + \gamma_4 \ln WMach_{it} \\
& + \gamma_5 Temp_{it} + \gamma_6 \ln Prec_{it} + \gamma_7 \ln Suns_{it} + \gamma_8 Flood_{it} \\
& + \gamma_9 Drought_{it} + \gamma_{10} \ln WArea_{it} + \gamma_{11} Spring_{it} \\
& + \gamma_{12} Win\_Spr_{it} + \gamma_{13} Trend_t + \sum_{i=2}^{N} \gamma_i' D_i + w_{it}
\end{aligned} \tag{6.3}
$$

其中，下标 i 表示第 i 个省份，t 表示第 t 年，*RYield*、*CYield* 和 *WYield* 分别表示水稻、玉米和小麦的单位面积产量，*RLab*、*CLab* 和 *WLab* 分别表示水稻、玉米和小麦生产的单位面积劳动投入，*RFert*、*CFert* 和 *WFert* 分别表示水稻、玉米和小麦生产的单位面积化肥投入，*RPest*、*CPest* 和 *WPest* 分别表示水稻、玉米和小麦生产的单位面积农药投入，*RMach*、*CMach* 和 *WMach* 分别表示水稻、玉米和小麦生产的单位面积机械投入，*Temp* 表示平均气温，*Prec* 表示累计降水量，*Suns* 表示累计日照，*Flood* 表示洪涝受灾面积比例，*Drought* 表示干旱受灾面积比例，*RArea*、*CArea* 和 *WArea* 分别表示水稻、玉米和小麦播种面积占粮食播种面积的比例，*Middle*、*Late* 和 *Jap* 分别表示中籼稻、晚籼稻和粳稻的虚拟变量（以早籼稻虚拟变量为对照），*South* 表示南方玉米虚拟变量（以北方玉米虚拟变量为对照），*Spring* 和 *Win_Spr* 分别表示春小麦和冬春两季小麦（以冬小麦虚拟变量为对照），*Trend* 表示时间趋势项，*D* 表示省份虚拟变量，α、α'、β、β'、γ 和 γ' 表示待估系数，u、v 和 w 表示随机误差项。

式（6.1）~式（6.3）未包括气候因素二次项，无法分析气候因素对水稻、玉米和小麦单位面积产量的非线性影响。因此，我们在式（6.1）~式（6.3）的基础上加入了平均气温、累计降水量和累计日照的二次项。水稻、玉米和小麦单位面积产量生产函数模型可以进一步扩展为如下形式：

$$
\begin{aligned}
\ln RYield_{it} = {} & \alpha_0 + \alpha_1 \ln RLab_{it} + \alpha_2 \ln RFert_{it} + \alpha_3 \ln RPest_{it} + \alpha_4 \ln RMach_{it} \\
& + \alpha_5 Temp_{it} + \alpha_6 \ln Prec_{it} + \alpha_7 \ln Suns_{it} + \alpha\alpha_5 (Temp_{it})^2 \\
& + \alpha\alpha_6 (\ln Prec_{it})^2 + \alpha\alpha_7 (\ln Suns_{it})^2 + \alpha_8 Flood_{it} \\
& + \alpha_9 Drought_{it} + \alpha_{10} \ln RArea_{it} + \alpha_{11} Middle_{it} \\
& + \alpha_{12} Late_{it} + \alpha_{13} Jap_{it} + \alpha_{14} Trend_t \\
& + \sum_{i=2}^{N} \alpha'_i D_i + u_{it}
\end{aligned} \tag{6.4}
$$

$$
\begin{aligned}
\ln CYield_{it} = {} & \beta_0 + \beta_1 \ln CLab_{it} + \beta_2 \ln CFert_{it} + \beta_3 \ln CPest_{it} + \beta_4 \ln CMach_{it} \\
& + \beta_5 Temp_{it} + \beta_6 \ln Prec_{it} + \beta_7 \ln Suns_{it} + \beta\beta_5 (Temp_{it})^2 \\
& + \beta\beta_6 (\ln Prec_{it})^2 + \beta\beta_7 (\ln Suns_{it})^2 + \beta_8 Flood_{it} \\
& + \beta_9 Drought_{it} + \beta_{10} \ln CArea_{it} + \beta_{11} South_{it} \\
& + \beta_{12} Trend_t + \sum_{i=2}^{N} \beta'_i D_i + v_{it}
\end{aligned} \tag{6.5}
$$

$$
\begin{aligned}
\ln WYield_{it} = {} & \gamma_0 + \gamma_1 \ln WLab_{it} + \gamma_2 \ln WFert_{it} + \gamma_3 \ln WPest_{it} + \gamma_4 \ln WMach_{it} \\
& + \gamma_5 Temp_{it} + \gamma_6 \ln Prec_{it} + \gamma_7 \ln Suns_{it} + \gamma\gamma_5 (Temp_{it})^2 \\
& + \gamma\gamma_6 (\ln Prec_{it})^2 + \gamma\gamma_7 (\ln Suns_{it})^2 + \gamma_8 Flood_{it} \\
& + \gamma_9 Drought_{it} + \gamma_{10} \ln WArea_{it} + \gamma_{11} Spring_{it} \\
& + \gamma_{12} Win\_Spr_{it} + \gamma_{13} Trend_t + \sum_{i=2}^{N} \gamma'_i D_i + w_{it}
\end{aligned} \tag{6.6}
$$

其中，$\alpha\alpha$、$\beta\beta$ 和 $\gamma\gamma$ 表示气候因素变量二次项的待估系数。

6.3　变量和数据来源

本章的研究数据为1980~2018年河北、山西、内蒙古、辽宁、吉林、黑龙江、江苏、浙江、安徽、福建、江西、山东、河南、湖北、湖南、广东、广西、四川、贵州、云南、陕西、甘肃、宁夏和新疆24个省份的水稻、玉米和小麦产量、要素投入以及气候因素数据。此外，北京、上海、天津、海南、重庆、西藏和青海因为部分数据不可获得而未计入研究区域。因此，本章的研究数据涵盖了三大主粮作物的全部主产区，具有高度的全国代表性。具体而言，水稻分为早籼稻、中籼稻、晚籼稻和粳稻，大部分省份生产其中两季及以上的水稻。具体而言，早籼稻和晚籼稻生产地区包括浙江、安徽、福建、江西、湖北、湖南、广东和广西，中籼稻生产地区包括江苏、安徽、福建、河南、湖北、四川、贵州、云南和陕西，粳稻生产地区包括河北、辽宁、吉林、黑龙江、江苏、浙江、安徽、山东、河南、湖北、云南和宁夏。因此，本章研究包括水稻观察值1443个，其中早籼稻观察值312个（8省份×39年）、中籼稻观察值351个（9省份×39年）、晚籼稻观察值312个（8省份×39年）以及粳稻观察值468个（12省份×39年）。玉米生产地区包括河北、山西、内蒙古、辽宁、吉林、黑龙江、江苏、安徽、山东、河南、湖北、广西、四川、贵州、云南、陕西、甘肃、宁夏和新疆，共计观察值741个（19省份×39年）。小麦生产地区包括河北、山西、内蒙古、黑龙江、江苏、安徽、山东、河南、湖北、四川、云南、陕西、甘肃、宁夏和新疆，共计观察值585个（15省份×39年）。

（1）单位面积产量。本章的被解释变量是水稻、玉米和小麦单位面积产量。我们采用的是历年《全国农产品成本收益资料汇编》中水稻、玉米和小麦的单位面积主产品产量。在《全国农产品成本收益资料汇编》中，主产品产量是指实际收获的农作物主要产品的数量，其中粮食作物按原粮（标准水分）计算，且玉米是指脱粒后的粒子。

（2）单位面积劳动、化肥、农药和机械投入。为了控制要素投入对粮食单位面积产量的影响，本章收集了水稻、玉米和小麦生产的劳动、化肥、农药和机械投入数据。其中，劳动投入为单位面积用工数量（包括雇工和自投工），其衡量单位是标准劳动日（1个正常劳动力的1个标准劳动日为8小时）。化肥投入为单位面积化肥费，农药投入为单位面积农药费，机械投入为单位面积机械作业费，三者的衡量单位均为元/公顷。为了保证剔除价格波动因素的干扰，保证不同年份的化肥、农药和机械投入数据具有可比性，我们采用各省份历年的化肥价格指数、农药价格指数和机械化农具价格指数把不同年份的化肥、农药和机械投入换算到 2018 年不变价格水平。其中，劳动、化肥、农药和机械投入原始数据来自历年的《全国农产品成本收益资料汇编》，而化肥、农药和机械化农具价格指数来自历年《中国农村统计年鉴》。

（3）气候因素变量。气候因素包括各省份的平均气温、累计降水量和累计日照。以往关于气候因素对农业生产影响的研究在界定气候因素时存在不同观点。部分研究认为，农作物生长期内的气候因素会对农作物生产造成一定程度的影响，因此在实证研究中应考虑农作物生长期内的气候因素（麻吉亮等，2012）。但是，部分研究指出，不仅是农作物生长期内的气候因素，实际上生长期外的气候因素也会对农作物生产造成影响（尹朝静等，2016）。本章同时考虑生长期和全年气候因素变量。具体而言，早籼稻生长期为当年 4 ~ 7 月，中籼稻和粳稻生长期为当年 5 ~ 9 月，晚籼稻生长期为当年 7 ~ 10 月；南方玉米生长期为当年 3 ~ 9 月，北方玉米生长期为当年 4 ~ 10 月；冬小麦生长期为前一年 9 月 ~ 当年 6 月，春小麦生长期为当年 3 ~ 8 月，而冬春两季小麦生长期为前一年 9 月 ~ 当年 8 月。其中，气候因素数据来自中国气象局国家气候科学数据中心地面资料数据库的中国地面国际交换站气候资料月值数据集。

（4）洪涝和干旱受灾面积比例。一般而言，洪涝和干旱等自然灾害的发生有可能会影响粮食生产。因此，本章研究将在实证研究模型中加入各省份的洪涝和干旱受灾面积占农作物播种总面积的比例。其中，各省份洪涝和干旱受灾面积及农作物播种总面积数据来自国家统计局。

（5）粮食播种面积比例。本章采用各省份的水稻、玉米和小麦播种面积占粮食播种面积的比例来衡量各省份的水稻、玉米和小麦生产的相对生产规模。其中，各省份的粮食播种面积和农作物播种总面积数据均来自国家统计局。

为了控制不同类型和季节粮食作物的单位面积产量差异，本章在实证研究模型中加入了一组反映粮食作物种类的虚拟变量。具体而言，我们在水稻单位面积产量生产函数模型中加入了中籼稻、晚籼稻和粳稻虚拟变量（以早籼稻虚拟变量为对照）；在玉米单位面积产量生产函数模型中加入了南方玉米虚拟变量（以北方玉米虚拟变量为对照）；在小麦单位面积产量生产函数模型中加入了春小麦和冬春两季小麦虚拟变量（以冬小麦虚拟变量为对照）。需要特别说明的是，南方玉米包括江苏、安徽、湖北、广西、四川、贵州和云南，北方玉米包括河北、山西、内蒙古、辽宁、吉林、黑龙江、山东、河南、陕西、甘肃、宁夏和新疆。冬小麦包括河北、山西、江苏、安徽、山东、河南、湖北、四川、云南和陕西，春小麦包括内蒙古和黑龙江，冬春两季小麦包括甘肃、宁夏和新疆。

除了上述重要解释变量以外，本章在计量经济模型中也加入了时间趋势项和省级虚拟变量分别控制各省份技术进步等随时间变化的因素和不随时间变化的个体效应对粮食单位面积产量的影响。

表 6.1 显示了本章主要研究变量的描述性统计分析结果。

表 6.1 主要变量的描述性统计

变量	水稻		玉米		小麦	
	均值	标准差	均值	标准差	均值	标准差
单位面积产量（公斤/公顷）	6477.17	1233.09	5764.09	1653.47	4159.62	1268.42
劳动投入（日/公顷）	237.54	127.27	201.40	105.91	160.54	96.38
化肥投入（元/公顷）	1646.57	585.03	1489.75	576.58	1486.57	617.77
农药投入（元/公顷）	402.27	360.51	98.79	95.05	114.03	102.25
机械投入（元/公顷）	836.22	993.03	461.75	607.52	731.57	699.78
生长期平均气温（摄氏度）	23.46	2.56	18.76	2.88	11.21	2.25
生长期累计降水量（千毫米）	0.66	0.23	0.63	0.32	0.43	0.22
生长期累计日照（千小时）	0.83	0.21	1.41	0.31	1.89	0.49
全年平均气温（摄氏度）	15.79	4.21	11.71	4.52	11.42	4.05
全年累计降水量（千毫米）	1.15	0.44	0.73	0.39	0.66	0.35
全年累计日照（千小时）	1.89	0.39	2.22	0.48	2.29	0.41
洪涝受灾面积比例（10%）	0.82	0.82	0.64	0.74	0.61	0.69
干旱受灾面积比例（10%）	1.12	1.11	1.71	1.44	1.70	1.39
水稻播种面积比例（10%）	3.00	1.81				
玉米播种面积比例（10%）			2.15	1.43		

变量	水稻		玉米		小麦	
	均值	标准差	均值	标准差	均值	标准差
小麦播种面积比例（10%）					2.40	1.03
早籼稻（1 = 是，0 = 否）	0.22	0.41				
中籼稻（1 = 是，0 = 否）	0.24	0.43				
晚籼稻（1 = 是，0 = 否）	0.22	0.41				
粳稻（1 = 是，0 = 否）	0.32	0.47				
北方玉米（1 = 是，0 = 否）			0.63	0.48		
南方玉米（1 = 是，0 = 否）			0.37	0.48		
冬小麦（1 = 是，0 = 否）					0.67	0.47
春小麦（1 = 是，0 = 否）					0.13	0.34
冬春两季小麦（1 = 是，0 = 否）					0.20	0.40
观察值	1443		741		585	

注：化肥、农药和机械投入均按照 2018 年不变价格计算。

6.4 气候变化和粮食单位面积产量关系的描述性分析

6.4.1 气候变化和水稻单位面积产量关系的描述性分析

在汇总和分析计量经济模型估计结果之前，我们分别对气候变化和水稻、玉米和小麦单位面积产量的关系绘制了散点图。图 6.2 反映的是平均气温、累计降水量和累计日照等气候因素和水稻单位面积产量之间的关系。从图 6.2 可以看出来，无论从生长期还是全年角度来看，平均气温的变化和水稻单位面积变化都存在着比较明显的倒"U"型曲线关系。换言之，随着生长期和全年平均气温的上升，水稻单位面积产量都表现出一种先增长后下降的变化趋势。对于水稻生产而言，这符合水稻生产的自然规律。也就是说，气温过低不利于水稻生产，从而必然导致单位面积产量下降；当气温从过低水平逐渐上升时，水稻生长环境不断改善，最终促使单位面

积产量不断提高。但是，当气温上升到过高的水平时，高温将导致水稻单
位面积产量的下降。

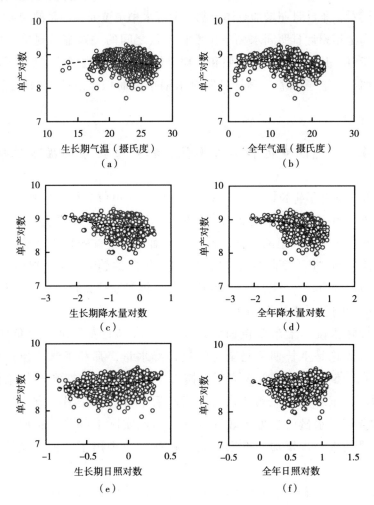

图6.2 气候变化和水稻单位面积产量关系的散点图

不同于气温，降水量对水稻单位面积产量的影响存在负向特点。例
如，随着生长期累计降水量的不断增加，水稻单位面积产量出现不断下
降的趋势。类似地，随着全年累计降水量的不断增加，水稻单位面积产
量也存在不断下降的趋势。不过，这两种下降趋势仍然存在着一些差异。
其中生长期降水量对水稻单位面积产量的影响类似于一种"U"型曲线
特点，而全年降水量对水稻单位面积产量的影响则类似于一种倒"U"

型曲线的特点。

日照总体来看有利于水稻单位面积产量的提高。无论是从生长期还是全年的角度看，累计日照增加总体上都伴随着水稻单位面积产量的增长。同时，生长期和全年累计日照同水稻单位面积产量之间的关系都呈现出一种"U"型曲线特点，其中全年累计日照和水稻单位面积产量之间的"U"型曲线关系更加明显。这意味着，累计日照对水稻单位面积产量的影响可能不是线性的。

6.4.2　气候变化和玉米单位面积产量关系的描述性分析

图6.3描述了生长期和全年气候变化同玉米单位面积产量的关系。平均气温和玉米单位面积产量之间的关系存在一种倒"U"型曲线的特点。随着生长期和全年平均气温的上升，玉米单位面积产量首先表现出增长的趋势，但是在跨越倒"U"型曲线拐点后却表现出下降的趋势。通过观察散点图中的二次项拟合曲线，可以发现当生长期和全年气温较高时，其对玉米单位面积产量的影响很可能是负向的。

累计降水量和玉米单位面积产量之间总体上表现出一种负向关系。一方面，无论是生长期还是全年的累计降水量，都和玉米单位面积产量之间存在着倒"U"型曲线关系。换言之，随着生长期和全年累计降水量的增加，玉米单位面积产量会先增长后下降。但是另一方面，由于生长期和全年降水量已经处于较高水平，因此实际上随着生长期和全年累计降水量的进一步增加，玉米单位面积产量表现出了一种明显的持续下降趋势。

累计日照和玉米单位面积产量之间存在着明显的正向关系。随着生长期和全年累计日照的不断增加，玉米单位面积产量的增长趋势十分明显。二次项拟合曲线表明，生长期累计日照和玉米单位面积产量关系的非线性特点并不明显，而全年累计日照和玉米单位面积产量关系却存在着比较明显的非线性特点，主要体现为玉米单位面积产量会随着全年累计日照增长而加速增长。

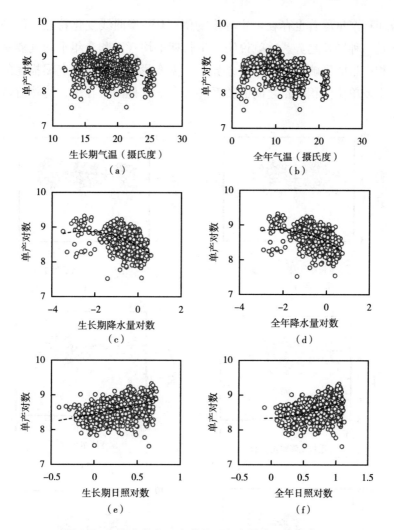

图6.3 气候变化和玉米单位面积产量关系的散点图

6.4.3 气候变化和小麦单位面积产量关系的描述性分析

图6.4是气候变化和小麦单位面积产量关系的散点图。其中，平均气温变化和小麦单位面积产量之间的关系总体上表现出一种倒"U"型曲线特点，但是这种特点并不明显。同时，从生长期和全年的角度看，平均气温和小麦单位面积产量之间的关系仍然存在一些差异。随着生长期平均气温的上升，小麦单位面积产量首先增长而后下降。但是，随着全年平均气温的上升，小

麦单位面积产量尽管也存在一定程度的倒"U"型曲线变化特点，但是总体上仍然是一种增长趋势。这就说明，生长期平均气温和全年平均气温对小麦单位面积产量的影响是存在一定差异的。需要说明的是，散点图描述的平均气温和小麦单位面积产量之间的关系并未考虑其他因素在内，仍然有待进一步分析。

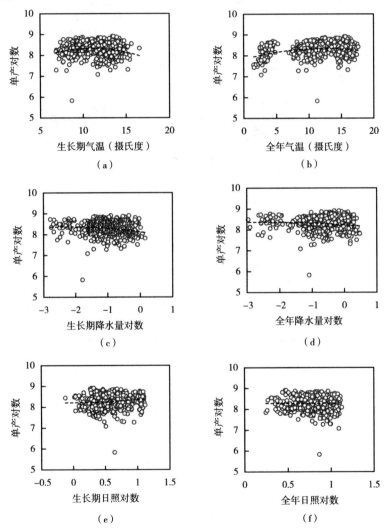

图6.4　气候变化和小麦单位面积产量关系的散点图

累计降水量和小麦单位面积产量之间存在比较明显的负向关系。从二次项拟合曲线来看，生长期以及全年累计降水量和小麦单位面积产量之间仍然存在一种不太明显的倒"U"型关系。但是，随着生长期和全年累计降水量的增加，小麦单位面积产量实际上表现出一种明显的下降趋势。

生长期以及全年累计日照和小麦单位的面积产量之间的关系存在差异。一方面，随着生长期累计日照的增加，小麦单位面积产量主要表现为一种增长趋势，但是这种趋势并不明显。另一方面，随着全年累计日照的增加，小麦单位面积产量总体上表现出一种下降的趋势。但是总体来看，无论是生长期累计日照还是全年累计日照，和小麦单位面积产量之间的关系都不明显。

需要强调的是，散点图只能直观简单地描述气候变化和粮食单位面积产量之间的统计学关系。但是，粮食单位面积产量的影响因素很多，气候变化只是其中一部分。因此，散点图无法反映其他因素对粮食单位面积产量的影响。换言之，通过观察散点图只能够给后续实证分析提供借鉴，并不能由此判定气候变化对粮食单位面积产量的实际影响。

6.5　气候变化对粮食单位面积产量影响的实证分析结果

6.5.1　气候变化对水稻单位面积产量影响的估计结果

表6.2 显示了气候变化对水稻单位面积产量影响的估计结果。从相关检验结果来看，该长面板数据的确存在组间异方差、一阶组内自相关和组间同期相关。具体而言，用于检验组间异方差的 Wald 统计量分别等于 1599.71 和 1375.97，均在 1% 的水平上显著，从而拒绝了不存在组间异方差的原假设。类似地，用于检验一阶组内自相关的 F 统计量分别等于 16.25 和 17.37，均在 1% 的水平上显著，从而拒绝了不存在一阶组内自相关的原假设。对于组间同期相关检验，我们发现 Pesaran 统计量分别等于 23.37 和 22.67，也在 1% 的水平上是显著的，这表明不存在组间同期相关的原假设也被拒绝了。综上可知，本章所采用的长面板数据模型同时存在组间异方差、一阶组内自相关和组间同期相关。在此情形下，采用固定效应模型或随机效应模型估计方法对计量经济模型进行参数估计无法得到无偏一致估计量，而采用面板校正

标准误差估计不能同时解决组间异方差、一阶组内自相关和组间同期相关。因此，本章采用全面可行广义最小二乘法对水稻单位面积产量生产函数模型进行估计是合理且必要的。

表 6.2 **气候变化对水稻单位面积产量的影响**

变量	生长期气候变化		全年气候变化	
	系数	标准误	系数	标准误
劳动投入对数	− 0.016 ***	0.002	− 0.017 ***	0.002
化肥投入对数	0.048 ***	0.001	0.046 ***	0.002
农药投入对数	0.018 ***	0.001	0.016 ***	0.001
机械投入对数	− 0.008 ***	0.000	− 0.009 ***	0.000
平均气温（摄氏度）	0.032 ***	0.002	0.030 ***	0.002
平均气温平方	− 0.001 ***	0.000	− 0.000 ***	0.000
累计降水量对数	− 0.026 ***	0.002	− 0.051 ***	0.002
累计降水量对数平方	0.003 ***	0.001	− 0.003 *	0.002
累计日照对数	0.039 ***	0.004	− 0.104 ***	0.017
累计日照对数平方	− 0.042 ***	0.005	0.083 ***	0.014
洪涝受灾面积比例（10%）	− 0.015 ***	0.000	− 0.015 ***	0.000
干旱受灾面积比例（10%）	− 0.009 ***	0.000	− 0.009 ***	0.000
水稻播种面积比例（10%）	0.031 ***	0.002	0.037 ***	0.002
中籼稻（1 = 是，0 = 否）	0.035 **	0.014	0.057 ***	0.014
晚籼稻（1 = 是，0 = 否）	− 0.037 ***	0.008	− 0.004	0.008
粳稻（1 = 是，0 = 否）	− 0.022	0.016	0.009	0.014
时间趋势项	0.009 ***	0.000	0.009 ***	0.000
省级虚拟变量	是		是	
常数项	8.004 ***	0.038	8.187 ***	0.034
组间异方差（Wald 统计量）	1599.71 ***		1375.97 ***	
一阶组内自相关（F 统计量）	16.25 ***		17.37 ***	
组间同期相关（Pesaran 统计量）	23.37 ***		22.67 ***	
观察值	1443		1443	

注：上述模型采用全面可行广义最小二乘法进行估计。*、** 和 *** 分别表示在 10%、5% 和 1% 的统计水平上显著。

我们首先分析气候因素对水稻单位面积产量的影响。如表 6.2 所示，生长期和全年平均气温对水稻单位面积产量都具有显著的倒"U"型曲线影响。以生长期平均气温为例，其一次项系数等于 0.032 且在 1% 的水平上显著，

而二次项系数等于 -0.001 且在 1% 的水平上显著，这就意味着理论上水稻单位面积产量将随着生长期平均气温的持续上升而先提高后降低。结合一次项和二次项系数的大小，可以计算得到倒"U"型曲线的拐点值为 29.73 摄氏度。但是，本章全部水稻生产省份在 1980～2018 年的水稻生长期平均气温最高值仅为 27.94 摄氏度，从而表明目前中国各水稻生产省份的水稻生长期平均气温尚未达到倒"U"型曲线的拐点值。换言之，随着生长期平均气温的上升，中国各省份的水稻单位面积产量仍将进一步提高。类似地，我们可以根据全年平均气温的一次项和二次项系数计算得到全年平均气温倒"U"型曲线的拐点值为 52.44 摄氏度，说明在现实条件下中国各省份几乎不可能跨越全年平均气温的倒"U"曲线拐点值。综上可以认为，随着生长期和全年平均气温的上升，中国各省份的水稻单位面积产量将进一步提高。

生长期和全年累计降水量对水稻单位面积产量的影响存在差异。其中，生长期累计降水量对水稻单位面积产量呈现"U"型曲线影响，而全年累计降水量则对水稻单位面积产量呈现加速的负向影响。估计结果显示，累计降水量的一次项和二次项系数在 1% 的水平上分别显著为负和为正，意味着水稻单位面积产量将随着生长期降水量的增加而呈现先降低后提高的"U"型曲线变化特点。结合估计系数可计算得到拐点值为 73.90 千毫米，远高于实际生长期降水量。因此，这意味着生长期降水量对水稻单位面积产量具有显著的负向影响。同时，全年降水量的一次项和二次项系数均显著为负，表明水稻单位面积产量将随着全年降水量的增加而加速下降。造成上述结果的原因可能和水稻的生长特性有关。一方面，水稻生长期对水资源需求较大，因此降水量的增加有利于水稻生长；另一方面，非生长期的降水过多可能加速稻田的养分流失，同时也会导致水稻病虫害衍生和繁殖，因此对水稻单位面积产量造成不利影响（郊瑞卿等，2005）。

生长期累计日照和全年累计日照对水稻单位面积产量的影响也存在较大差异。估计结果表明，生长期累计日照的一次项系数和二次项系数分别等于 0.039 和 -0.042，且均在 1% 的水平上是显著的。这表明，生长期累计日照对水稻单位面积产量呈现倒"U"型曲线影响，且其拐点值为 1.59 千小时。但是，表 6.1 显示全部水稻观察值的平均生长期累计日照为 0.83 千小时，从而说明整体上生长期累计日照远低于拐点值。因此，水稻单位面积产量仍将随着生长期累计日照的增加而增长。全年累计日照的一次项和二次项系数分别为负和为正，且均在 1% 的水平上是显著的。这意味着水稻单位面积产量将随着全年累计日照的增加而呈现出先下降后提高的"U"型曲线特点。经过计算可以得知,"U"型曲线的拐点值为1.87千小时,而全部水稻观察值的平均全年累计日照已经达到了1.89千小时。因此,水稻单位面积产量仍将随着全年累计日照的增加而不断提高。综合两方面结果,可知水稻生长期累计日照和全年累计日照的增加总体上有利于水稻单位面积产量的增长。

除了气候因素以外,要素投入是影响水稻单位面积产量的重要因素。其中,劳动和机械投入的估计系数均在1%的水平上显著为负,表明目前水稻生产中的劳动和机械投入过多,反而会导致水稻单位面积产量下降。需要说明的是,随着水稻育种技术的不断提高以及稻种资源不断优化,水稻生产对于人力劳动以及日常机械作业的依赖不断下降。在这种情形下,过多的田间劳动和机械投入可能反而会损害水稻生长,比如引起倒伏等,从而有损于单位面积产量的稳定和提高。相比而言,化肥和农药投入对水稻单位面积产量的影响是显著为正的。在其他因素不变的条件下,化肥和农药投入每增加1%将使得水稻单位面积产量分别提高0.05%和0.02%左右。该结果和以往较多研究结果是一致的(孙艺夺等,2019;仇焕广等,2014;张超等,2015)。这表明,增加水稻生产中的化肥和农药投入仍然可能促进水稻单位面积产量提高。

洪涝和干旱灾害的发生以及水稻播种面积比例也显著影响了水稻单位面积产量。其中,洪涝和干旱受灾面积占农作物播种总面积比例的估计系数全部在1%的水平上显著为负,表明无论是洪涝还是干旱,均不利于水稻单位面积产量的稳定和提高。在其他因素不变的条件下,洪涝受灾面积比例每增加10个百分点,将导致水稻单位面积产量降低1.5%;而干旱受灾面积比例每增加10个百分点,将导致水稻单位面积产量降低0.9%。水稻播种面积比例的扩大,也就是水稻生产的相对规模的扩大,有利于提高水稻单位面积产量。在其他因素不变的条件下,水稻播种面积比例每提高10个百分点,将促进水稻单位面积产量提高3%~4%。这说明水稻生产存在明显的规模效应,规模扩大有利于水稻单位面积产量的提高。

6.5.2 气候变化对玉米单位面积产量影响的估计结果

表6.3显示了气候变化对玉米单位面积产量影响的估计结果。其中,Wald统计量分别等于430.52和334.90,均在1%的水平上显著,拒绝了不

存在组间异方差的原假设。对于组间同期相关检验，Pesaran 统计量分别等于
5.36 和 6.69，且均在 1% 的水平上是显著的，从而拒绝了不存在组间同期相
关的原假设。但是，检验一阶组内自相关的 F 统计量均不显著，从而不能拒
绝不存在一阶组内自相关的原假设。在此情形下，采用面板校正标准误差估
计对玉米单位面积产量生产函数模型进行参数估计是合理的。

表 6.3 气候变化对玉米单位面积产量的影响

变量	生长期气候变化		全年气候变化	
	系数	标准误	系数	标准误
劳动投入对数	0.079 **	0.032	0.072 **	0.033
化肥投入对数	0.261 ***	0.023	0.247 ***	0.023
农药投入对数	-0.002	0.009	-0.003	0.008
机械投入对数	0.002	0.006	0.005	0.006
平均气温（摄氏度）	0.078	0.062	0.095 ***	0.029
平均气温平方	-0.003 *	0.002	-0.004 ***	0.001
累计降水量对数	-0.091	0.054	-0.111 **	0.054
累计降水量对数平方	-0.039 **	0.017	-0.065 ***	0.019
累计日照对数	0.238 *	0.126	0.143	0.246
累计日照对数平方	-0.114	0.182	-0.025	0.176
洪涝受灾面积比例（10%）	-0.015	0.011	-0.016	0.010
干旱受灾面积比例（10%）	-0.038 ***	0.006	-0.042 ***	0.006
玉米播种面积比例（10%）	-0.014	0.009	-0.020 **	0.009
南方玉米（1 = 是，0 = 否）	-0.320 ***	0.056	-0.248 ***	0.082
时间趋势项	0.012 ***	0.002	0.011 ***	0.002
省级虚拟变量	是		是	
常数项	5.701 ***	0.653	5.730 ***	0.330
组间异方差（Wald 统计量）	430.52 ***		334.90 ***	
一阶组内自相关（F 统计量）	0.01		0.06	
组间同期相关（Pesaran 统计量）	5.36 ***		6.69 ***	
观察值	741		741	

注：上述模型采用面板校正标准误方法进行估计。* 、** 和 *** 分别表示在 10%、5% 和 1% 的
统计水平上显著。

表 6.3 的估计结果显示，生长期平均气温对玉米单位面积产量具有显著
负向影响，而全年平均气温对玉米单位面积产量具有显著的倒"U"型曲线

影响。生长期平均气温的一次项系数不显著,而二次项系数在 10% 的水平上显著为负,这就意味着玉米单位面积产量可能随着生长期平均气温的持续上升而加速降低。但是,全年平均气温的一次项和二次项系数均在 1% 的水平上显著为正和为负,表明全年平均气温对玉米单位面积产量的影响呈现倒"U"·型曲线特点。由于全年平均气温的一次项和二次项次数分别为 0.095 和 -0.004,可计算得出倒"U"型曲线的拐点值为 12.08 摄氏度。1980~2018 年生产玉米的各省份全年平均气温为 11.71 摄氏度(见表 6.1),尽管略低于该拐点值,但是已经非常接近。因此,伴随着全年平均气温的上升,玉米单位面积产量将可能下降。

无论是生长期还是全年的累计降水量的增加都会导致玉米单位面积产量的下降。从估计结果来看,生长期和全年累计降水量的一次项和二次项系数均显著为负,表明随着累计降水量的增加,玉米单位面积产量将会加速下降。导致这个结果的原因是多方面的,例如无论是生长期还是全年,降水过多容易导致玉米田空气湿度大,土壤气温低,从而不利于玉米种子萌芽以及萌芽后玉米苗的生长。在玉米抽雄散粉期间,过多的降水会导致玉米茎折和倒伏现象;而在孕穗期的降水容易导致果穗发育不良。此外,玉米生长期和非生长期的降水过多容易诱发玉米青枯病、小斑病、螟虫、蚜虫等病虫害。

表 6.3 还显示生长期的累计日照有助于提高玉米单位面积产量。从估计结果看,生长期累计日照的估计系数等于 0.238,在 10% 的水平上是显著的。这意味着,在其他条件不变的情况下,生长期累计日照每增加 1% 会导致玉米单位面积产量提高 0.238%。但是,全年累计日照对玉米单位面积产量未能产生显著影响。

劳动和化肥投入是促进玉米单位面积产量提高的重要因素。其中,劳动投入的估计系数在 5% 的水平上显著为正,在其他因素不变的条件下,劳动投入每增加 1% 将使得玉米单位面积产量提高 0.07%~0.08%。类似地,化肥投入的估计系数在 1% 的水平上也是显著为正的,表明在玉米生产中提高化肥投入水平将有效地促进玉米单位面积产量的提高。根据估计系数,我们可以得知化肥投入每提高 1% 将促使玉米单位面积产量提高 0.247%~0.261%。同时,我们发现农药和机械投入的估计系数不显著,表明这两种要素投入对玉米单位面积产量不具有显著影响。从经济学角度来看,这意味着农药和机械投入的增加不会带来玉米单位面积产量的提高,从而其边际产值低于其边际投入。换言之,在玉米生产中农药和机械投入存在比较严重的过量问题。

干旱灾害也显著影响了玉米的单位面积产量。估计结果显示，干旱受灾面积比例的估计系数全部在 1% 的水平上显著为负，表明干旱灾害的发生不利于玉米单位面积产量的稳定和提高。在其他因素不变的条件下，干旱受灾面积占农作物播种总面积的比例每增加 10 个百分点，将导致玉米单位面积产量降低 4% 左右。但是，我们并未发现洪涝灾害会损害玉米单位面积产量，这可能与玉米产区尤其是北方玉米产区的洪涝灾害发生频次很低，同时洪涝灾害未对玉米生长造成明显影响有关。

6.5.3　气候变化对小麦单位面积产量影响的估计结果

气候变化对小麦单位面积产量影响的估计结果如表 6.4 所示。我们首先分析组间异方差、一阶组内自相关和组间同期相关检验。Wald 统计量均大于 220，且在 1% 的水平上显著，因此拒绝了不存在组间异方差的原假设。同时，用于检验一阶组内自相关的 F 统计量分别等于 3.76 和 3.96，且在 10% 的水平上显著，表明可以拒绝不存在一阶组内自相关的原假设。对于组间同期相关检验，Pesaran 统计量分别等于 5 左右且在 1% 的水平上是显著的，从而拒绝了不存在组间同期相关的原假设。因此，我们采用全面可行广义最小二乘法对小麦单位面积产量生产函数模型进行估计是合理且必要的。

表 6.4　　　　　　　　气候变化对小麦单位面积产量的影响

变量	生长期气候变化		全年气候变化	
	系数	标准误	系数	标准误
劳动投入对数	− 0.037 *	0.022	− 0.057 ***	0.022
化肥投入对数	0.205 ***	0.022	0.193 ***	0.021
农药投入对数	0.019	0.013	0.017	0.012
机械投入对数	0.015	0.012	0.021 *	0.012
平均气温（摄氏度）	0.016	0.028	0.085 ***	0.026
平均气温平方	0.000	0.001	− 0.004 ***	0.001
累计降水量对数	0.001	0.046	− 0.090 **	0.035
累计降水量对数平方	− 0.000	0.016	− 0.008	0.011
累计日照对数	0.133	0.159	0.342	0.261
累计日照对数平方	− 0.175	0.144	− 0.212	0.177
洪涝受灾面积比例（10%）	− 0.036 ***	0.007	− 0.028 ***	0.007

续表

变量	生长期气候变化		全年气候变化	
	系数	标准误	系数	标准误
干旱受灾面积比例（10%）	-0.030***	0.005	-0.037***	0.005
小麦播种面积比例（10%）	-0.015	0.012	-0.011	0.011
春小麦（1=是，0=否）	-0.486***	0.080	-0.157	0.125
冬春两季小麦（1=是，0=否）	0.011	0.050	-0.130**	0.058
时间趋势项	0.006***	0.002	0.006***	0.002
省级虚拟变量	是		是	
常数项	6.813***	0.268	6.432***	0.275
组间异方差（Wald统计量）	260.75***		222.06***	
一阶组内自相关（F统计量）	3.76*		3.96*	
组间同期相关（Pesaran统计量）	5.07***		4.96***	
观察值	585		585	

注：上述模型采用全面可行广义最小二乘法进行估计。*、**和***分别表示在10%、5%和1%的统计水平上显著。

全年平均气温对小麦单位面积产量具有显著的倒"U"型曲线影响。表6.4估计结果显示，全年平均气温的一次项系数在1%的水平上显著等于0.085，而二次项系数在1%的水平上显著等于-0.004，从而表明小麦单位面积产量将随着全年平均气温的上升而出现倒"U"型曲线的变化。根据一次项和二次项系数的大小，通过计算可以得到全年平均气温倒"U"型曲线的拐点值为11.34摄氏度。本章全部小麦生产省份在1980~2018年的全年平均气温最高值仅为11.42摄氏度（见表6.1），因此目前中国小麦生产省份的全年平均气温略微超过了倒"U"型曲线的拐点值。但是，我们发现生长期平均气温对小麦单位面积产量并未产生显著影响。

总体而言，生长期累计降水量对小麦单位面积产量的影响并不明显，而全年累计降水量和小麦单位面积产量之间存在显著的负向关系。估计结果显示，生长期累计降水量的一次项和二次项的估计系数均不显著，表明小麦生长期内的累计降水量变化对小麦单位面积产量不存在显著的影响。但是，全年累计降水量的一次项系数在5%的水平上显著等于-0.090，而二次项系数并不显著，这表明全年累计降水量每提高1%将导致小麦单位面积产量降低0.09%。一般而言，小麦生产区总体上降水量不高，明显低于水稻和玉米生长期累计降水量，因此其对小麦单位面积产量并不明显。但是，非小麦生长期的降水量如果偏高的话可能导致小麦病虫害的发生和繁殖，从而不利于小麦的生长、抽穗，进而导致单位面积产量的损失。

除了气候因素以外，劳动和化肥投入会显著影响小麦单位面积产量。其中，劳动投入的估计系数显著为负，表明目前小麦生产中的劳动投入过多，不利于小麦生产，从而导致水稻单位面积产量显著下降。在其他因素不变的条件下，劳动投入每增加1%将导致小麦单位面积产量降低0.037% ~0.057%。相比而言，化肥投入对小麦单位面积产量的影响是显著为正的。在其他因素不变的条件下，化肥投入每增加1%将使得小麦单位面积产量提高0.2%左右。在以往研究中，纪月清等（2016）、史常亮等（2016）也得到了类似的结果。除此以外，我们发现农药和机械投入对小麦单位面积产量的影响并不显著。

洪涝和干旱灾害显著损害小麦单位面积产量。其中，洪涝和干旱受灾面积比例的估计系数全部在1%的水平上显著为负，表明无论是洪涝还是干旱都不利于小麦单位面积产量的稳定和提高。在其他因素不变的条件下，洪涝受灾面积比例每增加10个百分点，将导致水稻单位面积产量降低2.8% ~3.6%；而干旱受灾面积比例每增加10个百分点，将导致水稻单位面积产量降低3.0% ~3.7%。

第7章 气候变化对粮食全要素生产率的影响

改革开放以来，中国粮食单位面积产量持续增长，这归因于制度变迁、技术进步以及要素投入等因素对农业全要素生产率的正向影响。在政策措施方面，党中央采取鼓励农业生产的举措，提高对农作物种植的奖励和补贴水平，大大激发了农户的生产积极性。在技术创新方面，随着全国教育水平的提高，越来越多的高技术人才投身于农业发展大计，促使农民群体的科学素质不断提高，农业设施的技术含量稳步提升，科学种植思维愈发稳固，要素投入发生深刻转变，我国粮食单产持续增加。同时，对外开放水平的提高也使得我国传统农业技术与国外先进农业技术深度融合并实现创新发展，全面提高我国农业全要素生产率，进一步为粮食单产增加做出贡献。除了这些因素之外，气候变化同样也可能会对全要素生产率产生重要影响。

本章首先采用 Malmquist 方法测算了 1980～2018 年各省份三大主粮历年的全要素生产率指数，并对全要素生产率指数分解为技术进步指数、技术效率指数和规模效率指数。然后，建立水稻、玉米和小麦三大主粮全要素生产率的影响因素模型，实证分析气候因素及其他因素对粮食全要素生产率的影响。

7.1 研究概述

从前面章节可知，改革开放以来中国粮食生产取得了巨大成就，为经济社会发展奠定了扎实的物质基础。尽管中国粮食安全目前处于较好水平，中国人"把饭碗牢牢端在自己手中"不难做到，但是中国粮食生产面临的结构性难题依然严峻。第一，随着经济社会不断发展，农业劳动力成本不断攀升，成为推动粮食生产成本上涨的关键原因（李谷成等，2018；金铃等，2020）。农业劳动力上升是中国经济发展过程中的必然趋势，伴随着非农部门不断扩张，吸引了大量农村劳动力的转移，不可避免地造成农业劳动力的相对短缺（王小兵等，2016）。研究表明，2003～2012 年，中国农业劳动力工资上涨了将近 8 倍（王小兵等，2016）。第二，用于生产粮食的耕地资源有限。中国人均耕地面积低于世界平均水平，且伴随着经济发展，农业生产结构深刻调整，其中一个重要表现就是粮食生产规模不升反降。因此，将来中国的粮食产量增长必然面临着耕地资源的刚性约束。第三，农业化学品过量投入造成粮食质量下降。部分研究已经表明，中国农民在粮食生产过程中过度依赖于化肥、农药等要素投入，不仅推高了粮食生产成本，而且导致了受到广泛关注的粮食质量安全问题（孙艺夺等，2019；仇焕广等，2014；张超等，2015）。因此，提高中国粮食的全要素生产率，并加强全要素生产率对粮食生产的贡献，成为保障国家粮食安全及其可持续性的重要选择。

近年来，大量学者围绕中国粮食的全要素生产率进行了大量研究。部分学者分析了中国不同阶段不同类型粮食的全要素生产率。例如，陈卫平（2006）考察了 1985～2003 年中国玉米全要素生产率增长，指出这一阶段中国玉米全要素生产率的年均增长率为 2.23%。赵贵玉等（2009）对吉林玉米全要素生产率的分析认为，1991～2005 年吉林玉米全要素生产率变动呈现周期性特点。闵锐和李谷成（2012）对环境约束条件下中国粮食全要素生产率的分析认为，全要素生产率增长对粮食产量增长的贡献有限。杨锦英等（2013）采用 Malmquist 方法测算了 2004～2010 年中国粮食全要素生产率，发现这一期间中国粮食全要素生产率年均下降 0.7%。江松颖等（2016）分析了中国谷物全要素生产率的动态变化，指出 2001 年以来中国谷物全要素生产率先增长后下降。张利国和鲍丙飞（2016）分析了 2001～2012 年中国粮食主产区的粮食全要素生产率，发现主产区粮食全要素生产率年均增长 1.3%。范丽霞（2017）基于 1978～2012 年省级面板数据分析了中国粮食全要素生产率的动态变化，认为中国粮食全要素生产率增长存在空间非均衡性。彭小辉等（2018）对 2004～2015 年粮食"十二连增"进行了研究，认为全要素生产率增长对粮食产量"十二连增"的贡献率为 69.4%。

此外，部分学者也分析了不同因素对粮食全要素生产率的影响。例如，魏丹等（2010）基于 1998~2007 年省级面板数据的研究发现，财政支农、产业结构变动促进了中国粮食生产率增长，而自然灾害对粮食生产率增长有负向影响。闵锐（2012）对 2004~2010 年湖北粮食全要素生产率的研究表明，湖北粮食全要素生产率增长主要是由技术进步驱动的，而技术效率改善的贡献有限。高鸣（2017）基于 2003~2014 年农村固定观察点的农户微观调查数据，研究了脱钩收入补贴对小麦生产率的影响，发现尽管脱钩收入补贴对小麦生产技术效率具有积极作用，而对小麦全要素生产率作用不大。卓乐和曾福生（2018）分析了农村基础设施对粮食全要素生产率的影响，指出农田水利基础设施对粮食全要素生产率的影响是正向的，而交通和电力基础设施未能对粮食全要素生产率产生显著影响。贾娟琪等（2019）利用 2001~2014 年省级面板数据研究了粮食价格支持政策对粮食全要素生产率的影响，发现小麦最低收购价政策总体上促进了主产省份小麦全要素生产率的提升。武宵旭等（2019）考察了城镇化对粮食全要素生产率的影响，发现城镇化对粮食全要素生产率存在正向影响。赵亮和余康（2019）分析了 1978~2017 年粮食主产区的粮食全要素生产率，发现粮食全要素生产率增长主要归因于技术进步。张丽和李容（2020）分析了 2004~2016 年农机服务对粮食全要素生产率的影响，结果表明 2008 年以后农机服务促进了粮食全要素生产率增长。

粮食全要素生产率不仅受到上述因素的影响，也可能受到气候变化的影响。粮食生产对气候变化高度敏感，气候变化除了直接对粮食作物生产本身造成影响以外，也会促使农民采取应对性措施（陈黄等，2014；黄季焜等，2015）。因此，气候变化可能影响农民的生产行为决策，进而造成对粮食全要素生产率的影响。总体而言，以往关于气候变化对粮食全要素生产率的研究仍然不足。

7.2 计量经济模型

为了研究气候变化对粮食生产的全要素生产率的影响，本章对每一种主粮作物分别建立一个包含气候因素在内的全要素生产率影响因素模型。该模型的被解释变量为每一种主粮作物的全要素生产率指数，解释变量包括气候变化、自然灾害、生产规模、主粮种类、时间趋势项和省级虚拟变量等。具体形式如下：

$$RTFP_{it} = \alpha_0 + \alpha_1 Temp_{it} + \alpha_2 \ln Prec_{it} + \alpha_3 \ln Suns_{it} + \alpha_4 Flood_{it}$$
$$+ \alpha_5 Drought_{it} + \alpha_6 \ln RArea_{it} + \alpha_7 Middle_{it} + \alpha_8 Late_{it}$$
$$+ \alpha_9 Jap_{it} + \alpha_{10} Trend_t + \sum_{i=2}^{N} \alpha_i' D_i + u_{it} \qquad (7.1)$$

$$CTFP_{it} = \beta_0 + \beta_1 Temp_{it} + \beta_2 \ln Prec_{it} + \beta_3 \ln Suns_{it} + \beta_4 Flood_{it}$$
$$+ \beta_5 Drought_{it} + \beta_6 \ln CArea_{it} + \beta_7 South_{it} + \beta_8 Trend_t$$
$$+ \sum_{i=2}^{N} \beta_i' D_i + v_{it} \qquad (7.2)$$

$$WTFP_{it} = \gamma_0 + \gamma_1 Temp_{it} + \gamma_2 \ln Prec_{it} + \gamma_3 \ln Suns_{it} + \gamma_4 Flood_{it}$$
$$+ \gamma_5 Drought_{it} + \gamma_6 \ln WArea_{it} + \gamma_7 Spring_{it} + \gamma_8 Win\_Spr_{it}$$
$$+ \gamma_9 Trend_t + \sum_{i=2}^{N} \gamma_i' D_i + w_{it} \qquad (7.3)$$

其中，下标 i 表示第 i 个省份，t 表示第 t 年，RTFP、CTFP 和 WTFP 分别表示水稻、玉米和小麦全要素生产率指数，Temp 表示平均气温，Prec 表示累计降水量，Suns 表示累计日照，Flood 表示洪涝受灾面积比例，Drought 表示干旱受灾面积比例，RArea、CArea 和 WArea 分别表示水稻、玉米和小麦，Middle、Late 和 Jap 分别表示中籼稻、晚籼稻和粳稻的虚拟变量（以早籼稻为对照），South 表示南方玉米虚拟变量（以北方玉米为对照），Spring 和 Win_Spr 分别表示春小麦和冬春两季小麦（以冬小麦为对照），Trend 表示时间趋势项，D 表示省份虚拟变量，α、α'、β、β'、γ 和 γ' 表示待估系数，u、v 和 w 表示随机误差项。

式（7.1）~式（7.3）只包括了气候变化变量的一次项，而未包括二次项，因此无法考察气候因素是否对粮食全要素生产率存在非线性影响。为了更加准确地揭示气候因素对粮食全要素生产率的影响，我们在式（7.1）~式（7.3）的基础上加入了平均气温、累计降水量和累计日照的二次项。因此，粮食全要素生产率模型可以进一步扩展为如下形式：

$$RTFP_{it} = \alpha_0 + \alpha_1 Temp_{it} + \alpha_2 \ln Prec_{it} + \alpha_3 \ln Suns_{it} + \alpha\alpha_1 (Temp_{it})^2$$
$$+ \alpha\alpha_2 (\ln Prec_{it})^2 + \alpha\alpha_3 (\ln Suns_{it})^2 + \alpha_4 Flood_{it}$$
$$+ \alpha_5 Drought_{it} + \alpha_6 \ln RArea_{it} + \alpha_7 Middle_{it} + \alpha_8 Late_{it}$$
$$+ \alpha_9 Jap_{it} + \alpha_{10} Trend_t + \sum_{i=2}^{N} \alpha_i' D_i + u_{it} \qquad (7.4)$$

$$
\begin{aligned}
CTFP_{it} = {} & \beta_0 + \beta_1 Temp_{it} + \beta_2 \ln Prec_{it} + \beta_3 \ln Suns_{it} + \beta\beta_1 (Temp_{it})^2 \\
& + \beta\beta_2 (\ln Prec_{it})^2 + \beta\beta_3 (\ln Suns_{it})^2 + \beta_4 Flood_{it} \\
& + \beta_5 Drought_{it} + \beta_6 \ln CArea_{it} + \beta_7 South_{it} \\
& + \beta_8 Trend_t + \sum_{i=2}^{N} \beta_i' D_i + v_{it}
\end{aligned}
\tag{7.5}
$$

$$
\begin{aligned}
WTFP_{it} = {} & \gamma_0 + \gamma_1 Temp_{it} + \gamma_2 \ln Prec_{it} + \gamma_3 \ln Suns_{it} + \gamma\gamma_1 (Temp_{it})^2 \\
& + \gamma\gamma_2 (\ln Prec_{it})^2 + \gamma\gamma_3 (\ln Suns_{it})^2 + \gamma_4 Flood_{it} \\
& + \gamma_5 Drought_{it} + \gamma_6 \ln WArea_{it} + \gamma_7 Spring_{it} \\
& + \gamma_8 Win\_Spr_{it} + \gamma_9 Trend_t + \sum_{i=2}^{N} \gamma_i' D_i + w_{it}
\end{aligned}
\tag{7.6}
$$

其中，$\alpha\alpha$、$\beta\beta$ 和 $\gamma\gamma$ 表示待估系数。

判断气候因素对粮食全要素生产率的影响需要结合气候因素变量一次项和二次项系数的符号和大小。

7.3 变量和数据来源

本章的研究数据为 1980～2018 年河北、山西、内蒙古、辽宁、吉林、黑龙江、江苏、浙江、安徽、福建、江西、山东、河南、湖北、湖南、广东、广西、四川、贵州、云南、陕西、甘肃、宁夏和新疆 24 个省份的水稻、玉米和小麦投入产出以及其他相关数据。北京、上海、天津、海南、重庆、西藏和青海因为部分数据不可获得而未计入研究区域。因此，本章的研究数据涵盖了三大主粮作物的全部主产区，具有高度的全国代表性。具体而言，水稻分为早籼稻、中籼稻、晚籼稻和粳稻，大部分省份生产两季及以上的水稻。具体而言，早籼稻和晚籼稻生产地区包括浙江、安徽、福建、江西、湖北、湖南、广东和广西，中籼稻生产地区包括江苏、安徽、福建、河南、湖北、四川、贵州、云南和陕西，粳稻生产地区包括河北、辽宁、吉林、黑龙江、江苏、浙江、安徽、山东、河南、湖北、云南和宁夏。因此，本章研究包括水稻观察值 1443 个，其中早籼稻观察值 312 个、中籼稻观察值 351 个、晚籼稻观察值 312 个以及粳稻观察值 468 个。玉米生产地区包括河北、山西、内蒙古、辽宁、吉林、黑龙江、江苏、安徽、山东、河南、湖北、广西、四川、贵州、云南、陕西、甘肃、宁夏和新疆，共计观察值 741 个。小麦生产地区包括河北、山西、内蒙古、黑龙江、江苏、安徽、山东、河南、湖北、四川、云南、陕西、甘肃、宁夏和新疆，共计观察值 585 个。

本章的研究变量分为两类：第一类是用于测算三大主粮全要素生产率指数的投入产出变量；第二类是用于分析气候变化及其他因素对粮食全要素生产率影响的解释变量。其中，用于测算全要素生产率指数的投入产出变量包括三大主粮的单位面积产量、劳动投入、化肥投入、农药投入以及机械投入；而全要素生产率的影响因素变量包括气候因素、洪涝和干旱灾害等。

（1）单位面积产量。本章采用的是历年《全国农产品成本收益资料汇编》中水稻、玉米和小麦单位面积主产品产量。在《全国农产品成本收益资料汇编》中，主产品产量是实际收获的农作物主要产品的数量，其中粮食作物按原粮（标准水分）计算，且玉米是指脱粒后的粒子。

（2）单位面积劳动、化肥、农药和机械投入。其中，劳动投入为单位面积用工数量（包括雇工和自投工），其衡量单位是标准劳动日（1 个正常劳动力的 1 个标准劳动日为 8 小时）。化肥投入、农药投入和机械投入分别为单位面积化肥、农药费和机械作业费，三者的衡量单位均为元/公顷。为了剔除价格波动因素，保证不同年份数据具有可比性，我们采用各省份历年化肥、农药和机械化农具价格指数把化肥、农药和机械投入折算为 2018 年不变价格。其中，劳动、化肥、农药和机械投入原始数据来自历年《全国农产品成本收益资料汇编》，而化肥、农药和机械化农具价格指数来自历年《中国农村统计年鉴》。

（3）气候因素变量。气候因素是本章研究的核心解释变量，包括各省份的平均气温、累计降水量和累计日照。本章同时考虑生长期和全年气候因素变量。具体而言，早籼稻生长期为当年 4～7 月，中籼稻和粳稻生长期为当年 5～9 月，晚籼稻生长期为当年 7～10 月；南方玉米生长期为当年 3～9 月，北方玉米生长期为当年 4～10 月；冬小麦生长期为前一年 9 月～当年 6 月，春小麦生长期为当年 3～8 月，而冬春两季小麦生长期为前一年 9 月～当年 8 月。其中，气候因素数据来自中国气象局国家气候科学数据中心地面资料数据库的中国地面国际交换站气候资料月值数据集。

（4）洪涝和干旱受灾面积比例。洪涝和干旱灾害发生可能影响粮食生产。本章研究将在实证研究模型中加入各省份的洪涝和干旱受灾面积除以农作物播种总面积得到的比例。其中，各省份的洪涝和干旱受灾面积以及农作物播种总面积的数据来自国家统计局。

（5）粮食播种面积比例。本章采用各省份的水稻、玉米和小麦播种面积占粮食播种面积的比例来衡量各省份的水稻、玉米和小麦生产的相对规模。用于计算该指标的各省份的粮食播种面积和农作物播种总面积数据均来自国家统计局。

本章在实证研究模型中加入了一组反映粮食作物种类的虚拟变量。具体而言，我们在水稻全要素生产率模型中加入了中籼稻、晚籼稻和粳稻虚拟变量（以早籼稻虚拟变量为对照）；在玉米全要素生产率模型中加入了南方玉米虚拟变量（以北方玉米虚拟变量为对照）；在小麦全要素生产率模型中加入了春小麦和冬春两季小麦虚拟变量（以冬小麦虚拟变量为对照）。需要特别说明的是，南方玉米包括江苏、安徽、湖北、广西、四川、贵州和云南，而北方玉米包括河北、山西、内蒙古、辽宁、吉林、黑龙江、山东、河南、陕西、甘肃、宁夏和新疆。冬小麦包括河北、山西、江苏、安徽、山东、河南、湖北、四川、云南和陕西，春小麦包括内蒙古和黑龙江，而冬春两季小麦包括甘肃、宁夏和新疆。

除了上述重要解释变量以外，本章在计量经济模型中也加入了时间趋势项和省级虚拟变量分别控制各省份技术进步等随时间变化的因素和不随时间变化的个体效应对粮食全要素生产率的影响。

表7.1 显示了本章主要研究变量的描述性统计分析结果。

表7.1　　　　　　主要变量的描述性统计

变量	水稻		玉米		小麦	
	均值	标准差	均值	标准差	均值	标准差
单位面积产量（公斤/公顷）	6477.17	1233.09	5764.09	1653.47	4159.62	1268.42
劳动投入（日/公顷）	237.54	127.27	201.40	105.91	160.54	96.38
化肥投入（元/公顷）	1646.57	585.03	1489.75	576.58	1486.57	617.77
农药投入（元/公顷）	402.27	360.51	98.79	95.05	114.03	102.25
机械投入（元/公顷）	836.22	993.03	461.75	607.52	731.57	699.78
生长期平均气温（摄氏度）	23.46	2.56	18.76	2.88	11.21	2.25
生长期累计降水量（千毫米）	0.66	0.23	0.63	0.32	0.43	0.22
生长期累计日照（千小时）	0.83	0.21	1.41	0.31	1.89	0.49
全年平均气温（摄氏度）	15.79	4.21	11.71	4.52	11.42	4.05

变量	水稻		玉米		小麦	
	均值	标准差	均值	标准差	均值	标准差
全年累计降水量（千毫米）	1.15	0.44	0.73	0.39	0.66	0.35
全年累计日照（千小时）	1.89	0.39	2.22	0.48	2.29	0.41
洪涝受灾面积比例（10%）	0.82	0.82	0.64	0.74	0.61	0.69
干旱受灾面积比例（10%）	1.12	1.11	1.71	1.44	1.70	1.39
水稻播种面积比例（10%）	3.00	1.81				
玉米播种面积比例（10%）			2.15	1.43		
小麦播种面积比例（10%）					2.40	1.03
早籼稻（1=是，0=否）	0.22	0.41				
中籼稻（1=是，0=否）	0.24	0.43				
晚籼稻（1=是，0=否）	0.22	0.41				
粳稻（1=是，0=否）	0.32	0.47				
北方玉米（1=是，0=否）			0.63	0.48		
南方玉米（1=是，0=否）			0.37	0.48		
冬小麦（1=是，0=否）					0.67	0.47
春小麦（1=是，0=否）					0.13	0.34
冬春两季小麦（1=是，0=否）					0.20	0.40
观察值	1443		741		585	

注：化肥、农药和机械投入均按照 2018 年不变价格计算。

7.4　粮食全要素生产率的变化趋势

7.4.1　水稻全要素生产率的变化趋势

图 7.1 显示了 1980~2018 年早籼稻全要素生产率指数的变化趋势。1980~2018 年，早籼稻全要素生产率的变化大致分为两个阶段：第一个阶段为 1980~1987 年，全要素生产率总体上呈现一个大幅度增长的趋势。其中，1987 年，早籼稻全要素生产率指数为 1.543，较 1980 年增长了 54.3%。第二阶段是 1988~2018 年，这一阶段的早籼稻全要素生产率在波动中持续负增长。2018 年，早籼稻全要素生产率指数仅为 1.078，较 1987 年水平下降了接近 1/3。

进一步分析可以发现，第一阶段早籼稻全要素生产率的提高主要归因于技术进步和规模效率改善，而第二阶段变化则和技术进步的下滑存在密切关系。

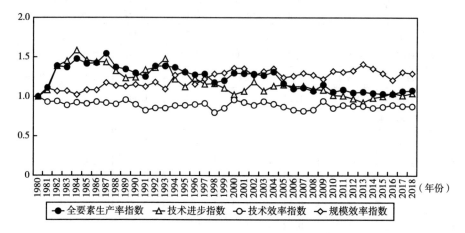

图 7.1 1980～2018 年早籼稻全要素生产率指数分解

注：各年全要素生产率、技术进步、技术效率和规模效率指数均以 1980 年为基年，且取当年全部早籼稻生产省份相应指数的算术平均数。

中籼稻全要素生产率指数变化如图 7.2 所示。总体而言，中籼稻全要素生产率在 1980～2018 年呈现"M"型变化趋势。1993 年，全要素生产率指数达到 1.962，此后持续下降。2001 年，全要素生产率指数增长到 1.890，此后除了 2004 年有所反弹以外持续下降。2018 年，中籼稻全要素生产率指数下降到 1.427，比 1993 年和 2002 年分别下降 27.3% 和 24.5%。不过，与 1980 年相比仍然增长 42.7%。我们发现 1980～1993 年全要素生产率增长主要是技术进步、技术效率以及规模效率提高作用的结果。此后全要素生产率变化则主要是技术进步下降导致的。

图 7.3 显示了 1980～2018 年晚籼稻全要素生产率变化趋势。晚籼稻和早籼稻全要素生产率呈现先提高后下降的趋势。全要素生产率指数在 1986 年达到最大值 1.643，较 1980 年增长了 64.3%。尽管此后存在一些小波动，但是总体上持续下降。2018 年，全要素生产率指数下降到 1.118，虽然仍比 1980 年增长了 11.8%，但却比 1986 年水平下降了 32%。1980～1986 年，晚籼稻全要素生产率大幅度增长是技术进步、技术效率和规模效率改善的结果，其中技术进步的贡献最大。但是，此后全要素生产率持续下滑主要是由技术进步恶化导致的。

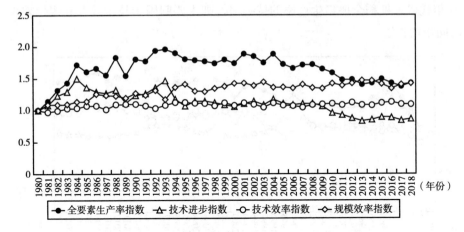

图 7.2　1980～2018 年中籼稻全要素生产率指数分解

注：各年全要素生产率、技术进步、技术效率和规模效率指数均以 1980 年为基年，且取当年全部中籼稻生产省份相应指数的算术平均数。

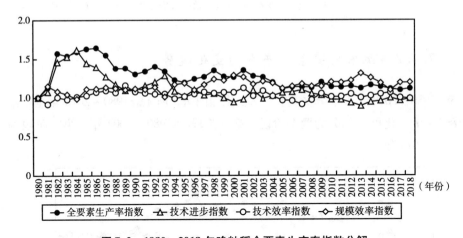

图 7.3　1980～2018 年晚籼稻全要素生产率指数分解

注：各年全要素生产率、技术进步、技术效率和规模效率指数均以 1980 年为基年，且取当年全部晚籼稻生产省份相应指数的算术平均数。

图 7.4 显示了粳稻全要素生产率的变化趋势。显而易见，粳稻全要素生产率的变化与早籼稻、中籼稻和晚籼稻全要素生产率的变化有所不同。总体上看，粳稻全要素生产率除了在 1984 年之后有一个比较明显的下滑之后呈现出持续增长的趋势。截至 2018 年，粳稻全要素生产率指数已经达 1.676，尽管并不是历史最大值，但是仍然比 1980 年增长了 67.6%。从分解的角度看，粳稻全要素生产率前期的变化几乎和技术进步的变化保持同步。但是 20 世纪

90 年代以来粳稻全要素生产率的持续增长则主要归因于技术效率和规模效率的同步增长。

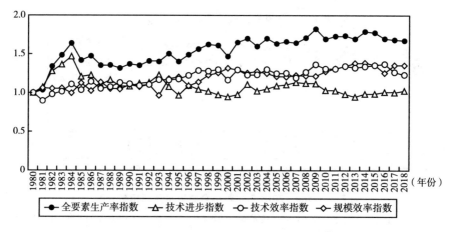

图 7.4 1980~2018 年粳稻全要素生产率指数分解

注：各年全要素生产率、技术进步、技术效率和规模效率指数均以 1980 年为基年，且取当年全部粳稻生产省份相应指数的算术平均数。

7.4.2 玉米全要素生产率的变化趋势

1980~2018 年玉米全要素生产率变化如图 7.5 所示。1980~2018 年全要素生产率的变化可以划分为两个阶段：第一阶段为 1980~2004 年，第二阶段为 2005~2018 年。

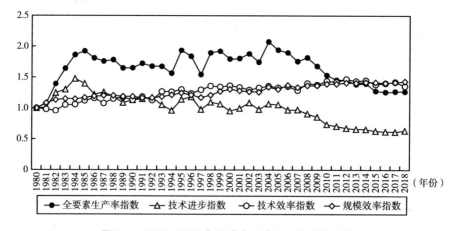

图 7.5 1980~2018 年玉米全要素生产率指数分解

注：各年全要素生产率、技术进步、技术效率和规模效率指数均以 1980 年为基年，且取当年全部玉米生产省份相应指数的算术平均数。

在第一阶段，玉米全要素生产率在震荡中增长（见图7.5）。玉米全要素生产率指数从1980年的1.000增长到1985年的1.923。1986～2004年，玉米全要素生产率多次波动，2004年达到最大值2.078。2004年以后玉米全要素生产率出现快速下滑。2018年，玉米全要素生产率指数下降到1.269，比1982年水平低10%。进一步分析可以发现，1980～1985年玉米全要素生产率的快速增长主要是技术进步引起的，同时技术效率和规模效率改善也做出了较大贡献。但是1985年以后，玉米生产的技术效率和规模效率基本上呈现持续增长的趋势，而全要素生产率的变化尤其是2004年之后的迅速下滑主要归因于技术进步的变化。

7.4.3　小麦全要素生产率的变化趋势

图7.6显示了小麦全要素生产的变化趋势。通过观察图7.6，我们发现小麦全要素生产率的变化呈现出和水稻、玉米全要素生产率截然不同的变化趋势，其最主要特点是小麦全要素生产率呈现出一种十分突出的持续快速增长趋势，在任一阶段都没有表现出明显的下降趋势。

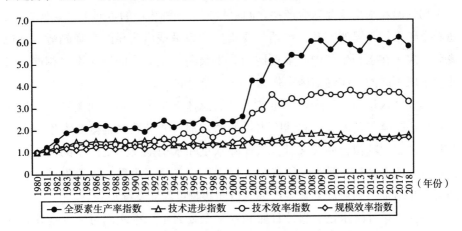

图7.6　1980～2018年小麦全要素生产率指数分解

注：各年全要素生产率、技术进步、技术效率和规模效率指数均以1980年为基年，且取当年全部小麦生产省份相应指数的算术平均数。

总体来看，小麦全要素生产率变化也分为两个阶段：第一阶段是1980～2001年，玉米全要素生产率温和增长，从1980年的1.000增长到2001年的2.614，增长幅度高达161.4%。小麦全要素生产率在这一阶段的增长是技术进步以及技术效率和规模效率改善共同的结果，其中技术效率改善的贡献最大。第二阶段是 2002~2018 年，小麦全要素生产率爆炸式增长，其最大值为 2017 年的 6.202，是 2001 年的 2.4 倍。虽然 2018 年略有下降，但是仍保持在 5.799 的水平。通过分解可以看出，技术效率的改善对第二阶段小麦全要素生产率的大幅度增长的贡献率最大，而技术进步和规模效率的贡献相对较小。

7.5 气候变化和粮食全要素生产率关系的描述性分析

7.5.1 气候变化和水稻全要素生产率关系的描述性分析

图 7.7 是气候变化和水稻全要素生产率关系的散点图。生长期平均气温和水稻全要素生产率之间存在一种倒"U"型曲线关系，即随着生长期平均气温的上升，水稻全要素生产率表现出先增长后下降的趋势。与此不同，全年平均气温和水稻全要素生产率之间更接近于一种线性的负向关系。换言之，随着全年平均气温的上升，水稻全要素生产率呈现出明显的下降趋势。这也说明，农民在水稻生产中对生长期和非生长期气温变化的反映不尽相同，可能会采取不同的适应性措施来作为对气温变化的应对。

累计降水量和水稻全要素生产率之间总体上呈现一种负向关系。无论从生长期还是全年角度看，累计降水量的增加都可能导致水稻全要素生产率的下降。从二次项拟合曲线来看，累计降水量和水稻全要素生产率的关系具有一定程度的倒"U"型曲线特点，但是这种特点并不明显。随着累计降水量的进一步增加，其对全要素生产率的负向影响可能会继续加强。

不同于累计降水量，累计日照和水稻全要素生产率之间可能存在比较明显的正向关系。尽管生长期以及全年累计日照和水稻全要素生产率之间呈现的是一种"U"型曲线关系，但是这种非线性的特点并不明显。总体而言，随着生长期和全年累计日照的增加，水稻全要素生产率也表现出增长的趋势。其中，随着累计日照的进一步增加，水稻全要素生产率的增长趋势将更加明显。

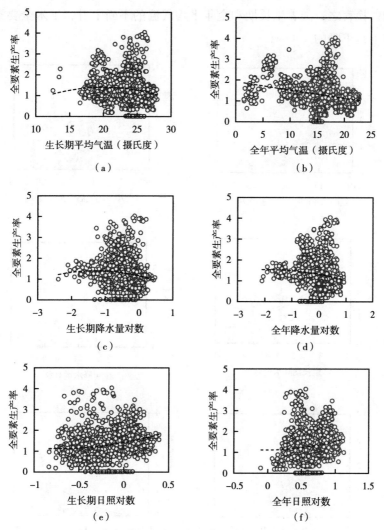

图7.7　气候变化和水稻全要素生产率关系的散点图

7.5.2　气候变化和玉米全要素生产率关系的描述性分析

图7.8是气候变化和玉米全要素生产率关系的散点图。对于平均气温而言，我们发现无论从生长期还是全年角度考察，平均气温和玉米全要素生产率之间都存在倒"U"型曲线的关系，表明随着平均气温的上升，玉米全要素生产率表现为先增长后下降的特点。但是通过二次项拟合曲线来看，在本书的数据范围内，生长期和全年平均气温对玉米全要素生产率的影响更接近

于负向。换言之，随着生长期和全年平均气温的不断上升，玉米全要素生产率总体上是下降的。

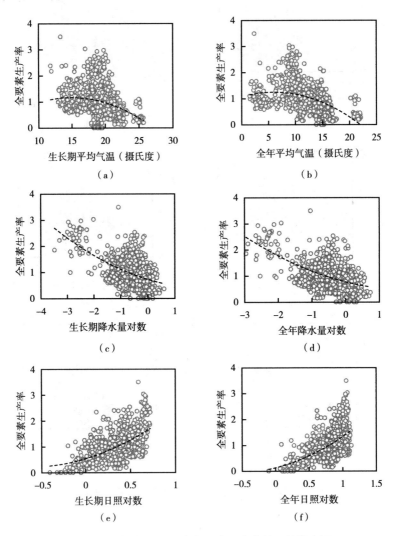

图7.8　气候变化和玉米全要素生产率关系的散点图

累计降水量和玉米全要素生产率之间存在非常明显的负向关系。从散点图不难发现，随着生长期和全年降水量的增加，玉米全要素生产率表现出非常明显的下降趋势。这也就表明，无论是生长期还是全年累计降水量的增加都会对玉米全要素生产率造成明显的负向影响。

与累计降水量截然不同，累计日照和玉米全要素生产率之间的关系明显具有正向特点。无论是从生长期角度来看，还是从全年角度来看，累计日照的增加都伴随着玉米全要素生产的明显增长。这也就表明，累计日照有利于玉米全要素生产率增长。

7.5.3 气候变化和小麦全要素生产率关系的描述性分析

图 7.9 反映的是气温、降水量和日照等气候变化因素和小麦全要素生产率关系的散点图。其中，生长期和全年平均气温的上升可能导致小麦全要素

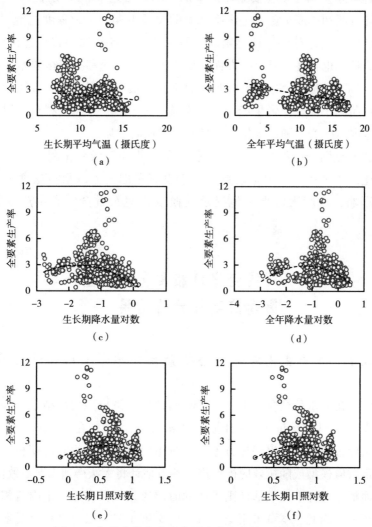

图 7.9 气候变化和小麦全要素生产率关系的散点图

生产率的下降。与此同时，散点图中的二次项拟合曲线并没有表现出明显的非线性特点，说明无论是生长期平均气温还是全年平均气温都和小麦全要素生产率之间的关系更加接近于线性的负向特点。

不同于平均气温和小麦全要素生产率的负向关系，累计降水量和小麦全要素生产率之间呈现出比较明显的倒"U"型曲线关系。无论是从生长期还是全年角度，累计降水量的增加都伴随着小麦全要素生产率先增长后下降的趋势。这不同于平均气温对小麦全要素生产率接近于线性负向的影响，累计降水量对小麦全要素生产率的影响更接近于非线性特点。

累计日照和小麦全要素生产率之间的关系也存在一定程度的倒"U"型曲线特点。但是，对于生长期累计日照和全年累计日照而言，这种倒"U"型曲线的特点也存在差异。一方面，生长期累计日照和小麦全要素生产率之间的倒"U"型曲线没有表现出明显的正向或负向特点；另一方面，尽管全年累计日照和小麦全要素生产率的关系具有倒"U"型曲线特点，但是总体上小麦全要素生产率随着全年累计日照的增加而增加。

上述散点图分析的是气温、降水量和日照等气候变化因素和三大主粮全要素生产率的关系，但是散点图由于没有考虑其他因素对粮食全要素生产率的影响，也就无法准确地揭示气候变化对粮食全要素生产率的真实影响。

7.6 气候变化对粮食全要素生产率影响的实证分析结果

7.6.1 气候变化对水稻全要素生产率影响的估计结果

气候变化对水稻全要素生产率影响的计量经济模型估计结果如表7.2所示。其中，Wald统计量、F统计量和Pesaran统计量均在1%的水平上显著，表明该长面板数据存在组间异方差、一阶组内自相关和组间同期相关。如果采用固定效应模型或随机效应模型进行参数估计将无法得到无偏一致估计量，而采用面板校正标准误差估计则不能同时解决组间异方差、组内自相关和组间同期相关。因此，本章采用全面可行广义最小二乘法对水稻全要素生产率模型进行估计是合理的。

表 7.2 气候变化对水稻全要素生产率的影响

变量	生长期气候变化		全年气候变化	
	系数	标准误	系数	标准误
平均气温（摄氏度）	0.070***	0.002	0.103***	0.002
平均气温平方	−0.001***	0.000	−0.003***	0.000
累计降水量对数	−0.083***	0.002	−0.035***	0.001
累计降水量对数平方	−0.036***	0.002	−0.032***	0.001
累计日照对数	0.042***	0.004	0.107***	0.004
累计日照对数平方	0.001	0.004	−0.109***	0.004
洪涝受灾面积比例（10%）	−0.003***	0.000	−0.007***	0.000
干旱受灾面积比例（10%）	−0.009***	0.000	−0.008***	0.000
水稻播种面积比例（10%）	0.083***	0.002	0.093***	0.002
中籼稻（1＝是，0＝否）	−0.106**	0.045	−0.147***	0.051
晚籼稻（1＝是，0＝否）	−0.072***	0.018	−0.049*	0.026
粳稻（1＝是，0＝否）	−0.711***	0.059	−0.534***	0.062
时间趋势项	−0.005***	0.000	−0.005***	0.000
省级虚拟变量	是		是	
常数项	0.757***	0.068	0.559***	0.067
组间异方差（Wald 统计量）	32376.990***		29260.670***	
一阶组内自相关（F 统计量）	11.054***		10.533***	
组间同期相关（Pesaran 统计量）	21.057***		19.368***	
观察值	1443		1443	

注：上述模型采用全面可行广义最小二乘法进行估计。*、** 和 *** 分别表示在 10%、5% 和 1% 的统计水平上显著。

从估计结果来看，无论是水稻生长期平均气温还是全年平均气温都会对水稻全要素生产率产生显著的倒"U"型曲线影响。其中，水稻生长期平均气温的一次项系数在 1% 的水平上显著，而二次项系数也在 1% 的水平上显著，表明水稻全要素生产率将随着生长期平均气温的升高而首先增长而后下降。根据生长期平均气温一次项和二次项系数的大小，可以计算得到该生长期气温倒"U"型曲线的拐点值为 24.21 摄氏度。1980~2018 年全部水稻观察值的生长期平均气温均值为 23.46 摄氏度，意味着整体上实际的生长期平均气温已经十分接近该拐点值。换言之，随着水稻生长期平均气温的进一步升高，水稻全要素生产率将可能不断下降。同时，全年平均气温一次项系数在 1% 的水平上显著等于 0.103，而二次项系数在 1% 的水平上显著等于 -0.003，计算可得倒 "U" 型曲线的拐点值为 18.57 摄氏度。但是，1980 ~ 2018 年全部水稻观察值的全年平均气温均值仅为 15.79 摄氏度，比拐点值低 2.78 摄氏度。这意味着全年平均气温对水稻全要素生产率的影响仍然是正向的。

不同于平均气温，生长期和全年累计降水量对水稻全要素生产率存在显著的负向影响。从估计结果来看，累计降水量的一次项和二次项系数均在 1% 的水平上显著为负，表明水稻全要素生产率将因为生长期和全年累计降水量的增加而加速下降。总体而言，这和第 6 章的研究结果比较一致。过多的降水不仅不利于农民在生长期的稻田管理，而且容易导致水稻病虫害的发生和繁殖。

总体而言，累计日照对水稻全要素生产率具有正向影响。其中，生长期累计日照的一次项系数在 1% 的水平上显著为正。在其他因素不变的条件下，水稻生长期累计日照每增加 10%，将促使水稻全要素生产率提高 0.4%。全年累计日照的一次项系数在 1% 的水平上显著为正，而二次项系数在 1% 的水平上显著为负，表明水稻全要素生产率和全年累计日照之间呈现倒 "U" 型曲线关系。基于一次项和二次项系数，可以计算得到拐点值为 1.63 千小时。因此，实际全年累计日照为 1.89 千小时，已经超过拐点值，意味着总体上全年累计日照对水稻全要素生产率也具有显著的正向影响。

洪涝和干旱灾害发生程度对水稻全要素生产率具有显著的负向影响。估计结果显示，无论是洪涝受灾面积占农作物播种总面积的比例，还是干旱受灾面积占农作物播种总面积的比例，其系数均在 1% 的水平上显著为负。这意味着如果洪涝和干旱受灾面积比例越大，将导致水稻全要素生产率显著下降。以生长期洪涝和干旱受灾面积比例为例，其系数分别等于 -0.003 和 -0.009，因此表明洪涝和干旱受灾面积比例每增加 10 个百分点，将导致水稻全要素生产率分别下降 0.3% 和 0.9%。

表 7.2 的估计结果还表明水稻生产存在显著的规模效应。一省份水稻播种面积占粮食播种面积的比例反映了水稻在粮食作物中的相对生产规模。估计结果显示，水稻播种面积比例均在 1% 的水平上显著为正，意味着其对水稻全要素生产率具有显著的正向影响。在其他因素不变的条件下，水稻播种面积比例每增加 10 个百分点，将促使水稻全要素生产率提高 8% ~ 10%。

7.6.2 气候变化对玉米全要素生产率影响的估计结果

表 7.3 显示了气候变化对玉米全要素生产率影响的估计结果。从组间异方差、组内自相关和组间同期相关的检验结果看，Wald 统计量、F 统计量和 Pesaran 统计量均在 1% 的水平上是显著的，因此拒绝不存在组间异方差、一阶组内自相关以及组间同期相关的原假设。这也就意味着采用固定效应模型或随机效应模型估计方法会降低估计效率，且无法得到无偏一致估计量。因此，我们采用全面可行广义最小二乘法对玉米全要素生产率模型进行估计是合理的。

表 7.3 气候变化对玉米全要素生产率的影响

变量	生长期气候变化		全年气候变化	
	系数	标准误	系数	标准误
平均气温（摄氏度）	− 0.043	0.042	− 0.026	0.026
平均气温平方	0.000	0.001	− 0.000	0.001
累计降水量对数	0.031	0.029	− 0.009	0.030
累计降水量对数平方	− 0.018	0.017	− 0.045 **	0.019
累计日照对数	0.160 **	0.074	0.544 ***	0.192
累计日照对数平方	− 0.556 ***	0.127	− 0.466 ***	0.150
洪涝受灾面积比例（10%）	− 0.030 ***	0.006	− 0.023 ***	0.006
干旱受灾面积比例（10%）	− 0.024 ***	0.004	− 0.025 ***	0.004
玉米播种面积比例（10%）	− 0.097 ***	0.018	− 0.103 ***	0.018
南方玉米（1 = 是，0 = 否）	− 0.597 ***	0.079	− 0.405 ***	0.096
时间趋势项	− 0.021 ***	0.001	− 0.021 ***	0.001
省级虚拟变量	是		是	
常数项	2.766 ***	0.440	2.234 ***	0.208
组间异方差（Wald 统计量）	629.940 ***		556.840 ***	
一阶组内自相关（F 统计量）	12.653 ***		13.665 ***	
组间同期相关（Pesaran 统计量）	14.105 ***		13.939 ***	
观察值	741		741	

注：上述模型采用全面可行广义最小二乘法进行估计。** 和 *** 分别表示在 5% 和 1% 的统计水平上显著。

不同于水稻全要素生产率，玉米全要素生产率和平均气温的关系并不显著。估计结果显示，无论是生长期还是全年平均气温，其一次项和二次项系数均不显著，说明生长期和全年平均气温对玉米全要素生产不具有显著影响。

总体而言，生长期累计降水量对玉米全要素生产率的影响不明显，而全年累计降水量将导致玉米全要素生产率下降。估计结果显示，生长期累计降水量的一次项和二次项系数均不显著，意味着玉米生长期累计降水量对玉米全要素生产率不具有显著影响。相比较而言，全年累计降水量的一次项系数不显著，而二次项系数在5%的水平上显著为负。这表明，随着全年累计降水量增多，玉米全要素生产率将加速下降。

累计日照对玉米全要素生产率具有显著的倒"U"型曲线影响。结果显示，玉米生长期累计日照和全年累计日照的一次项系数均显著为正，而二次项系数均显著为负。这说明在生长期和全年累计日照不断增加的条件下，玉米全要素生产率将首先增长而后下降。例如，生长期累计日照的一次项系数等于0.160，而二次项系数等于 −0.556，可以计算倒"U"型曲线的拐点值为1.15千小时。同理，可以计算全年累计日照倒"U"型曲线的拐点值为1.79千小时。结合表7.1的描述性统计结果，我们发现实际生长期累计日照和全年累计日照均已经分别超过了各自的拐点值，从而表明无论是生长期累计日照还是全年累计日照都将对玉米全要素生产率产生显著的负向影响。

洪涝和干旱灾害的发生将导致玉米全要素生产率的下降。估计结果显示，洪涝和干旱受灾面积占农作物播种总面积比例的系数均在1%的水平上显著为负，说明洪涝和干旱灾害发生程度越高对玉米全要素生产率的负面影响越大。在其他因素不变的条件下，洪涝受灾面积比例每增加10个百分点，将导致玉米全要素生产率下降0.023 ~ 0.030；而干旱受灾面积比例每增加10个百分点，将导致玉米全要素生产率下降2.4% ~2.5%。

表7.3还表明玉米生产可能不存在规模效应。具体而言，玉米播种面积占粮食播种面积比例的系数在1%的水平上显著为负，表明某一省份的玉米相对生产规模越大，其全要素生产率将越低。在其他因素不变的条件下，玉米播种面积比例每增加10个百分点，将导致玉米全要素生产率显著下降10%左右。

7.6.3　气候变化对小麦全要素生产率影响的估计结果

气候变化对小麦全要素生产率影响的估计结果如表 7.4 所示。Wald 统计量均在 6000 以上，且在 1% 的水平上是显著的，说明应该拒绝面板数据不存在组间异方差的原假设。用于检验组内自相关的 F 统计量也在 1% 的水平上显著，从而拒绝了不存在一阶组内自相关的原假设。类似地，Pesaran 统计量也在 1% 的水平上拒绝了不存在组间同期相关的原假设。因此，我们应该采用全面可行广义最小二乘法而不是固定效应模型或随机效应模型对小麦全要素生产率模型进行估计。

表 7.4　　　　气候变化对小麦全要素生产率的影响

变量	生长期气候变化		全年气候变化	
	系数	标准误	系数	标准误
平均气温（摄氏度）	0.159 *	0.093	0.085	0.076
平均气温平方	− 0.006	0.004	− 0.004	0.003
累计降水量对数	− 0.119	0.095	− 0.175 *	0.093
累计降水量对数平方	− 0.068	0.042	− 0.090 **	0.041
累计日照对数	0.896 ***	0.258	0.690	0.596
累计日照对数平方	− 1.217 ***	0.270	− 0.455	0.436
洪涝受灾面积比例（10%）	− 0.063 ***	0.013	− 0.045 ***	0.017
干旱受灾面积比例（10%）	− 0.050 ***	0.008	− 0.053 ***	0.009
小麦播种面积比例（10%）	0.001	0.030	0.088 **	0.036
春小麦（1 = 是，0 = 否）	2.772	2.195	2.539	1.806
冬春两季小麦（1 = 是，0 = 否）	− 0.948 ***	0.293	− 1.275 ***	0.257
时间趋势项	0.039 ***	0.003	0.042 ***	0.003
省级虚拟变量	是		是	
常数项	2.353 ***	0.572	2.282 ***	0.614
组间异方差（Wald 统计量）	10188.460 ***		6731.010 ***	
一阶组内自相关（F 统计量）	5.431 **		5.734 **	
组间同期相关（Pesaran 统计量）	7.751 ***		6.324 ***	
观察值	585		585	

注：上述模型采用全面可行广义最小二乘法进行估计。*、** 和 *** 分别表示在 10%、5% 和 1% 的统计水平上显著。

小麦生长期平均气温对小麦全要素生产率具有显著的正向影响。根据估计结果，我们发现生长期平均气温一次项估计系数等于 0.159，且在 10% 的水平上是显著的。这意味着，生长期平均气温的上升将导致小麦全要素生产率增长。在其他因素不变的条件下，小麦生长期平均气温每提高 1 摄氏度，将促使小麦全要素生产率增长 0.159。但是，生长期平均气温二次项系数并不显著，也就说明生长期平均气温对小麦全要素生产率的影响是线性的。同时，我们发现全年平均气温一次项和二次项系数均不显著，表明小麦全要素生产率并不受全年平均气温的显著影响。

生长期累计降水量对小麦全要素生产率不具有显著影响，而全年累计降水量对小麦全要素生产率具有显著的负向影响。如估计结果所示，生长期累计降水量的一次项和二次项系数均不显著，表明小麦生长期累计降水量不会显著影响其全要素生产率。但是，全年累计降水量的一次项和二次项系数均显著为负，意味着其对小麦全要素生产率具有显著且加速的负向影响。

表 7.4 的结果也表明生长期累计日照对小麦全要素生产率具有倒 "U" 型曲线影响，而全年累计日照对小麦全要素生产率不存在显著影响。其中，生长期累计日照的一次项等于 0.896，且在 1% 的水平上显著；而二次项等于 −1.217，也在 1% 的水平上显著。因此，小麦全要素生产率将随着其生长期累计日照的增加而呈现倒 "U" 型曲线的变化趋势。结合上述估计系数，可以计算得到倒 "U" 型曲线的拐点值为 1.45 千小时。结合表 7.1 描述性统计结果来看，这表明实际小麦生长期累计日照已经超过了倒 "U" 型曲线的拐点值，即生长期累计日照增加实际上会对小麦全要素生产率造成显著的负向影响。然而，全年累计日照的一次项和二次项系数均不显著，也就说明其对小麦全要素生产率不会造成显著影响。

洪涝和干旱受灾程度对小麦全要素生产率的影响也是负向的。估计结果显示，洪涝受灾面积比例和干旱受灾面积比例的系数均在 1% 的水平上显著为负，这与表 7.2 和表 7.3 的估计结果高度一致，从而再次说明，洪涝和干旱灾害发生程度越严重，将对小麦全要素生产率造成越大的负向影响。

表 7.4 的估计结果还发现，小麦播种面积比例越大，小麦的全要素生产率显著更高。在考虑全年气候变化的模型中，小麦播种面积比例的估计系数等于 0.088，且在 5% 的水平上是显著的。这意味着在其他因素不变的条件下，小麦播种面积比例每增加 10 个百分点，将促使小麦全要素生产率增长 8.8%。

第8章　气候变化对粮食生产要素投入的影响
——以化肥和农药为例

在考察气候变化对粮食单位面积产量的影响时，不可避免地需要分析气候变化对粮食生产要素投入的影响，而以往的研究中较少涉及这一问题，因此本章以化肥和农药为例，着重探讨气候变化背景下化学品这一生产要素投入情况的变动状况，实证分析气温、降水量和日照等气候因素对中国粮食生产中化肥和农药投入的影响。本章分别建立了化肥和农药投入的实证研究模型。由于化肥和农药投入模型的随机误差项可能存在内在相关性，从而使得普通最小二乘法无法得到无偏一致估计量。本章采用似不相关回归方法对化肥和农药投入模型进行系统估计。

8.1　研究概述

除了全要素生产率以外，要素投入是粮食单位面积产量的最主要决定因素。改革开放以来，中国粮食单位面积产量从 1980 年的仅 2.73 吨/公顷大幅度增长到 2018 年的 5.62 吨/公顷，增长了一倍以上。[1] 其中，要素投入对粮食单位面积产量增长做出了重要贡献。改革开放初期的 1978~1984 年，要素投入对农作物产出增长的贡献率达到了将近 20%（林毅夫，1992）。陈苏和张利国（2019）的研究表明，尽管要素投入对中国粮食产量增长的贡献经历了一个变化的过程，但是仍然是促进粮食增长的主要原因。

以化肥和农药为代表的农业化学品投入对改革开放以来中国粮食生产做

---

[1]　历年《中国统计年鉴》。

出了重要贡献。在全部粮食生产要素投入中，化肥投入对粮食产量增长的贡献不可小觑（林毅夫，1992）。例如，黄季焜等（1994）分析了湖南、浙江和四川的 202 个水稻农户在 1986～1991 年的化肥投入对水稻单位面积产量的影响，结果发现单位面积化肥施用量每增加 10% 将促使水稻单位面积产量提高 1.8%。在后续研究中，王祖力和肖海峰（2008）、房丽萍和孟军（2013）、田甜等（2015）以及陈苏和张利国（2019）的实证分析也得到了类似结论。与化肥投入类似，农药投入也对促进粮食产量增长做出了重要贡献。例如，张超等（2015）、孙艺夺等（2019）的研究发现农药投入可以有效促进粮食产量增长。2016 年农药投入通过有效控制病虫草害使得中国的粮食产量损失减少了 8686 万吨左右，占当年中国粮食总产量的比例高达 14.1%。[①]

近年来，化肥和农药过量施用及其环境负外部性引发了广泛关注。尽管以往的研究认为化肥和农药投入对于促进粮食增长和保障粮食安全做出了重要贡献，但是作为农业化学品，化肥和农药的不合理投入也导致了一系列的环境问题（胡宏祥等，2005；刘新社，2010；连煜阳等，2019）。中国化肥和农药总施用量从 1990 年的 2590 万吨和 73 万吨分别增加到 2016 年的 5984 万吨和 174 万吨，双双位居世界第一（张超和胡瑞法，2019）。在过去几十年间，由于各种主客观因素的存在，中国农民对化肥和农药投入的依赖性持续加强，从而导致了严重的化肥和农药过量施用问题（孙艺夺，2019；仇焕广等，2014；张超等，2015）。例如，黄季焜等（1994）的研究指出，当时中国水稻生产中的单位面积化肥施用量已经接近甚至略微超过了最佳经济施用量，并且单位面积氮肥施用量已经远超最佳经济施用量。类似地，仇焕广等（2014）对 585 个玉米农民的研究表明，玉米生产中最佳化肥施用量为每亩 16.6 公斤，而实际单位面积化肥施用量则已经达到了 27 公斤/亩。农药过量施用问题也引起了众多学者的关注。其中，张超等（2015）的研究也发现中国农民在水稻和玉米生产中实际施用的农药分别有 57% 和 17% 是过量的。大量研究表明，化肥和农药等农业化学品的过量投入造成了非常严重的环境负外部性，包括农业面源污染、温室气体排放、农业生态失衡、土壤板结、水体富营养化以及农产品质量安全问题等（全为民和严力蛟，2004）。

围绕化肥和农药施用的影响因素，国内外学者开展了大量有价值的研究。其中，大量研究指出农民的化肥和农药投入行为与其性别、年龄、教育、家

---

① 农业部. 中国农业年鉴［M］. 北京：中国农业出版社，2017.

庭收入等个人和家庭特征存在密切关系（纪月清等，2016）。同时，部分研究发现农民的技术和知识水平也是影响其化肥和农药投入的重要因素。例如，陈瑞剑等（2013）分析了病虫害和转基因生物技术知识水平对农药施用的影响，发现知识水平较高的农民在农业生产中的农药施用水平显著更低。潘周聃等（2017）指出中国农民的知识匮乏是导致农民过量施用化肥的关键因素，并采用实验经济学方法分析了知识培训对农民化肥施用的影响，结果发现无论是传统的一次性知识培训还是田间指导都有利于促进小麦农民显著降低化肥施用水平。除此以外，部分研究还分析了农民的风险偏好、农业相关政策、市场价格因素等对化肥和农药施用的影响（仇焕广等，2014）。

以往文献较少研究气候因素对化肥和农药施用的影响。在为数不多的研究中，曹大宇和朱红根（2017）利用中国 26 个省份 2001～2012 年省级面板数据实证考察了气温和降水量对种植业生产中的化肥施用的影响，结果发现全年平均气温升高会降低化肥施用强度，而全年降水量增加会显著提高化肥施用强度，但是上述影响也因地而异。周洁红等（2017）基于 1063 个农民的调查发现，农民关于气候变化对水稻影响的感知越强烈，其化肥和农药施用量就越多。

8.2　计量经济模型

本章分别建立水稻、玉米和小麦的化肥和农药投入模型，其核心解释变量为气温、降水量和日照。除此以外，化肥和农药投入模型中还将包括其他变量，包括化肥和农药价格、洪涝和干旱灾害、粮食播种面积比例等。水稻、玉米和小麦的化肥和农药投入模型的具体表达形式如下：

$$
\begin{aligned}
\ln RFert_{it} =\ & \alpha_0 + \alpha_1 Temp_{it} + \alpha_2 \ln Prec_{it} + \alpha_3 \ln Suns_{it} + \alpha_4 PFert_{it} \\
& + \alpha_5 PPest_{it} + \alpha_6 Flood_{it} + \alpha_7 Drought_{it} + \alpha_8 \ln RArea_{it} \\
& + \alpha_9 Middle_{it} + \alpha_{10} Late_{it} + \alpha_{11} Jap_{it} + \alpha_{12} Trend_t \\
& + \sum_{i=2}^{N} \alpha_i' D_i + u_{it}
\end{aligned}
\tag{8.1}
$$

$$
\begin{aligned}
\ln RPest_{it} =\ & \beta_0 + \beta_1 Temp_{it} + \beta_2 \ln Prec_{it} + \beta_3 \ln Suns_{it} + \beta_4 PFert_{it} \\
& + \beta_5 PPest_{it} + \beta_6 Flood_{it} + \beta_7 Drought_{it} + \beta_8 \ln RArea_{it} \\
& + \beta_9 Middle_{it} + \beta_{10} Late_{it} + \beta_{11} Jap_{it} + \beta_{12} Trend_t \\
& + \sum_{i=2}^{N} \beta_i' D_i + v_{it}
\end{aligned}
\tag{8.2}
$$

$$
\begin{aligned}
\ln CFert_{it} = {} & \gamma_0 + \gamma_1 Temp_{it} + \gamma_2 \ln Prec_{it} + \gamma_3 \ln Suns_{it} + \gamma_4 PFert_{it} \\
& + \gamma_5 PPest_{it} + \gamma_6 Flood_{it} + \gamma_7 Drought_{it} + \gamma_8 \ln CArea_{it} \\
& + \gamma_9 South_{it} + \gamma_{10} Trend_t + \sum_{i=2}^{N} \gamma_i' D_i + u_{it}'
\end{aligned}
\tag{8.3}
$$

$$
\begin{aligned}
\ln CPest_{it} = {} & \delta_0 + \delta_1 Temp_{it} + \delta_2 \ln Prec_{it} + \delta_3 \ln Suns_{it} + \delta_4 PFert_{it} \\
& + \delta_5 PPest_{it} + \delta_6 Flood_{it} + \delta_7 Drought_{it} + \delta_8 \ln CArea_{it} \\
& + \delta_9 South_{it} + \delta_{10} Trend_t + \sum_{i=2}^{N} \delta_i' D_i + v_{it}'
\end{aligned}
\tag{8.4}
$$

$$
\begin{aligned}
\ln WFert_{it} = {} & \xi_0 + \xi_1 Temp_{it} + \xi_2 \ln Prec_{it} + \xi_3 \ln Suns_{it} + \xi_4 PFert_{it} \\
& + \xi_5 PPest_{it} + \xi_6 Flood_{it} + \xi_7 Drought_{it} + \xi_8 \ln WArea_{it} \\
& + \xi_9 Spring_{it} + \xi_{10} Win\_Spr_{it} + \xi_{11} Trend_t \\
& + \sum_{i=2}^{N} \xi_i' D_i + u_{it}''
\end{aligned}
\tag{8.5}
$$

$$
\begin{aligned}
\ln WPest_{it} = {} & \eta_0 + \eta_1 Temp_{it} + \eta_2 \ln Prec_{it} + \eta_3 \ln Suns_{it} + \eta_4 PFert_{it} \\
& + \eta_5 PPest_{it} + \eta_6 Flood_{it} + \eta_7 Drought_{it} + \eta_8 \ln WArea_{it} \\
& + \eta_9 Spring_{it} + \eta_{10} Win\_Spr_{it} + \eta_{11} Trend_t \\
& + \sum_{i=2}^{N} \eta_i' D_i + v_{it}''
\end{aligned}
\tag{8.6}
$$

其中，下标 i 表示第 i 个省份，t 表示第 t 年，*RFert*、*CFert* 和 *WFert* 分别表示水稻、玉米和小麦的化肥投入，*RPest*、*CPest* 和 *WPest* 分别表示水稻、玉米和小麦的农药投入，*Temp* 表示平均气温，*Prec* 表示累计降水量，*Suns* 表示累计日照，*PFert* 表示化肥价格，*PPest* 表示农药价格，*Flood* 表示洪涝受灾面积比例，*Drought* 表示干旱受灾面积比例，*RArea*、*CArea* 和 *WArea* 分别表示水稻、玉米和小麦的粮食播种面积，*Middle*、*Late* 和 *Jap* 分别表示中籼稻、晚籼稻和粳稻的虚拟变量（以早籼稻虚拟变量为对照），*South* 表示南方玉米虚拟变量（以北方玉米虚拟变量为对照），*Spring* 和 *Win_Spr* 分别表示春小麦和冬春两季小麦（以冬小麦虚拟变量为对照），*Trend* 表示时间趋势项，*D* 表示省份虚拟变量，α、α'、β、β'、γ、γ'、δ、δ'、ξ、ξ'、η 和 η' 表示待估系数，u、u'、u''、v、v' 和 v'' 表示随机误差项。

式（8.1）~式（8.6）只包括了气候变化变量的一次项，无法考察气候因素对水稻、玉米和小麦生产化肥和农药投入的非线性影响。我们在式（8.1）~式（8.6）的基础上加入了平均气温、累计降水量和累计日照的二次项。因此，水稻、玉米和小麦生产中的水稻和农药投入模型可以进一步扩展为以下形式：

$$
\begin{aligned}
\ln RFert_{it} = {} & \alpha_0 + \alpha_1 Temp_{it} + \alpha_2 \ln Prec_{it} + \alpha_3 \ln Suns_{it} + \alpha\alpha_1 (Temp_{it})^2 \\
& + \alpha\alpha_2 (\ln Prec_{it})^2 + \alpha\alpha_3 (\ln Suns_{it})^2 + \alpha_4 PFert_{it} + \alpha_5 PPest_{it} \\
& + \alpha_6 Flood_{it} + \alpha_7 Drought_{it} + \alpha_8 \ln RArea_{it} + \alpha_9 Middle_{it} \\
& + \alpha_{10} Late_{it} + \alpha_{11} Jap_{it} + \alpha_{12} Trend_t + \sum_{i=2}^{N} \alpha_i' D_i + u_{it}
\end{aligned} \tag{8.7}
$$

$$
\begin{aligned}
\ln RPest_{it} = {} & \beta_0 + \beta_1 Temp_{it} + \beta_2 \ln Prec_{it} + \beta_3 \ln Suns_{it} + \beta\beta_1 (Temp_{it})^2 \\
& + \beta\beta_2 (\ln Prec_{it})^2 + \beta\beta_3 (\ln Suns_{it})^2 + \beta_4 PFert_{it} + \beta_5 PPest_{it} \\
& + \beta_6 Flood_{it} + \beta_7 Drought_{it} + \beta_8 \ln RArea_{it} + \beta_9 Middle_{it} \\
& + \beta_{10} Late_{it} + \beta_{11} Jap_{it} + \beta_{12} Trend_t + \sum_{i=2}^{N} \beta_i' D_i + v_{it}
\end{aligned} \tag{8.8}
$$

$$
\begin{aligned}
\ln CFert_{it} = {} & \gamma_0 + \gamma_1 Temp_{it} + \gamma_2 \ln Prec_{it} + \gamma_3 \ln Suns_{it} + \gamma\gamma_1 (Temp_{it})^2 \\
& + \gamma\gamma_2 (\ln Prec_{it})^2 + \gamma\gamma_3 (\ln Suns_{it})^2 + \gamma_4 PFert_{it} + \gamma_5 PPest_{it} \\
& + \gamma_6 Flood_{it} + \gamma_7 Drought_{it} + \gamma_8 \ln CArea_{it} + \gamma_9 South_{it} \\
& + \gamma_{10} Trend_t + \sum_{i=2}^{N} \gamma_i' D_i + u_{it}'
\end{aligned} \tag{8.9}
$$

$$
\begin{aligned}
\ln CPest_{it} = {} & \delta_0 + \delta_1 Temp_{it} + \delta_2 \ln Prec_{it} + \delta_3 \ln Suns_{it} + \delta\delta_1 (Temp_{it})^2 \\
& + \delta\delta_2 (\ln Prec_{it})^2 + \delta\delta_3 (\ln Suns_{it})^2 + \delta_4 PFert_{it} + \delta_5 PPest_{it} \\
& + \delta_6 Flood_{it} + \delta_7 Drought_{it} + \delta_8 \ln CArea_{it} \\
& + \delta_9 South_{it} + \delta_{10} Trend_t + \sum_{i=2}^{N} \delta_i' D_i + v_{it}'
\end{aligned} \tag{8.10}
$$

$$
\begin{aligned}
\ln WFert_{it} = {} & \xi_0 + \xi_1 Temp_{it} + \xi_2 \ln Prec_{it} + \xi_3 \ln Suns_{it} + \xi\xi_1 (Temp_{it})^2 \\
& + \xi\xi_2 (\ln Prec_{it})^2 + \xi\xi_3 (\ln Suns_{it})^2 + \xi_4 PFert_{it} + \xi_5 PPest_{it} \\
& + \xi_6 Flood_{it} + \xi_7 Drought_{it} + \xi_8 \ln WArea_{it} + \xi_9 Spring_{it} \\
& + \xi_{10} Win\_Spr_{it} + \xi_{11} Trend_t + \sum_{i=2}^{N} \xi_i' D_i + u_{it}''
\end{aligned} \tag{8.11}
$$

$$
\begin{aligned}
\ln WPest_{it} = {} & \eta_0 + \eta_1 Temp_{it} + \eta_2 \ln Prec_{it} + \eta_3 \ln Suns_{it} + \eta\eta_1 (Temp_{it})^2 \\
& + \eta\eta_2 (\ln Prec_{it})^2 + \eta\eta_3 (\ln Suns_{it})^2 + \eta_4 PFert_{it} + \eta_5 PPest_{it} \\
& + \eta_6 Flood_{it} + \eta_7 Drought_{it} + \eta_8 \ln WArea_{it} + \eta_9 Spring_{it} \\
& + \eta_{10} Win\_Spr_{it} + \eta_{11} Trend_t + \sum_{i=2}^{N} \eta_i' D_i + v_{it}''
\end{aligned} \tag{8.12}
$$

其中，$\alpha\alpha$、$\beta\beta$、$\gamma\gamma$、$\delta\delta$、$\xi\xi$ 和 $\eta\eta$ 表示气候因素变量二次项的待估系数。因

此，判断气候因素对水稻、玉米和小麦生产中的化肥和农药投入的影响需要结合气候因素变量一次项和二次项系数的符号和大小来分析。

8.3　变量和数据来源

　　本章采用的研究数据为 1980～2018 年河北、山西、内蒙古、辽宁、吉林、黑龙江、江苏、浙江、安徽、福建、江西、山东、河南、湖北、湖南、广东、广西、四川、贵州、云南、陕西、甘肃、宁夏和新疆 24 个省份的水稻、玉米和小麦投入产出、气候变化和其他相关数据。此外，北京、上海、天津、海南、重庆、西藏和青海因为部分数据不可获得而未计入研究区域。因此，本章的研究数据涵盖了三大主粮作物的全部主产区，具有高度的全国代表性。具体而言，水稻分为早籼稻、中籼稻、晚籼稻和粳稻，大部分省份生产两季及以上的水稻。其中，早籼稻和晚籼稻生产地区包括浙江、安徽、福建、江西、湖北、湖南、广东和广西；中籼稻生产地区包括江苏、安徽、福建、河南、湖北、四川、贵州、云南和陕西；粳稻生产地区包括河北、辽宁、吉林、黑龙江、江苏、浙江、安徽、山东、河南、湖北、云南和宁夏。因此，研究内容包括水稻观察值 1443 个，其中早籼稻观察值 312 个、中籼稻观察值 351 个、晚籼稻观察值 312 个以及粳稻观察值 468 个。玉米生产地区包括河北、山西、内蒙古、辽宁、吉林、黑龙江、江苏、安徽、山东、河南、湖北、广西、四川、贵州、云南、陕西、甘肃、宁夏和新疆，共计观察值 741 个，其中江苏、安徽、湖北、广西、四川、贵州和云南生产南方玉米；河北、山西、内蒙古、辽宁、吉林、黑龙江、山东、河南、陕西、甘肃、宁夏和新疆生产北方玉米。小麦生产地区包括河北、山西、内蒙古、黑龙江、江苏、安徽、山东、河南、湖北、四川、云南、陕西、甘肃、宁夏和新疆，共计观察值 585 个，其中河北、山西、江苏、安徽、山东、河南、湖北、四川、云南和陕西生产冬小麦；内蒙古和黑龙江生产春小麦，而甘肃、宁夏和新疆生产冬春两季小麦。

　　本章被解释变量包括水稻、玉米和小麦生产中的化肥和农药投入。我们采用每公顷水稻、玉米和小麦播种面积的化肥和农药支出作为化肥和农药投入的衡量指标，其衡量单位为元/公顷。为了保证剔除价格波动因素的干扰，保证不同年份的化肥和农药支出数据具有可比性，我们采用各省份历年的化肥价格指数和农药价格指数把不同年份的化肥和农药支出换算成 2018 年不变价格水平。其中，化肥和农药支出的原始数据来自历年《全国农产品成本收益资料汇编》，而化肥和农药价格指数来自历年《中国农村统计年鉴》。

（1）气候因素变量。气候因素是本章研究的核心解释变量，包括各省份的平均气温、累计降水量和累计日照。本章同时考虑生长期和全年气候因素变量。具体而言，早籼稻生长期为当年 4 ~ 7 月，中籼稻和粳稻生长期为当年 5 ~ 9 月，晚籼稻生长期为当年 7 ~ 10 月；南方玉米生长期为当年 3 ~ 9 月，北方玉米生长期为当年 4 ~ 10 月；冬小麦生长期为前一年 9 月 ~ 当年 6 月，春小麦生长期为当年 3 ~ 8 月，而冬春两季小麦生长期为前一年 9 月 ~ 当年 8 月。其中，气候因素数据来自中国气象局国家气候科学数据中心地面资料数据库的中国地面国际交换站气候资料月值数据集。

（2）化肥和农药价格指数。尽管上述化肥和农药投入均通过化肥和农药价格指数换算为 2018 年不变价格，但是经济学理论认为价格是影响农业生产资料需求量的重要变量。由于国家统计部门并未公布各省份历年的化肥和农药价格，本章采用各省份历年的化肥和农药价格指数作为替代指标。同时，我们把各省份历年的化肥和农药价格指数均换算成以 1980 年定基的水平（即 1980 年为 100）。这样的处理方式可以使得不同年份的化肥和农药价格指数差异准确地反映相应年份间的化肥和农药价格差异。如前所述，化肥和农药价格指数来自历年《中国农村统计年鉴》。

（3）洪涝和干旱受灾面积比例。一般而言，洪涝和干旱等自然灾害的发生有可能会影响粮食生产。为了应对洪涝和干旱灾害发生对粮食生产的负面影响，农民可能会相应地通过调整化肥和农药施用来减弱由此导致的不利影响。因此，本章将在实证研究模型中加入各省份的洪涝和干旱受灾面积除以农作物播种总面积得到的比例。其中，各省份的洪涝和干旱受灾面积以及农作物播种总面积的数据来自国家统计局。

（4）粮食播种面积比例。本章采用各省份的水稻、玉米和小麦播种面积占粮食播种面积的比例来衡量各省份的水稻、玉米和小麦生产的相对规模。以往文献认为，对于农业生产而言，生产规模往往是影响要素投入的重要因素。一方面，较大的粮食生产规模可能促进化肥和农药等农业化学品对劳动力投入的替代效应，即大规模粮食生产需要更多的劳动力投入，而当劳动力投入不足时，增加化肥和农药等农业化学品的投入可以作为弥补劳动力投入不足的重要手段；另一方面，粮食的规模生产可以通过发挥规模效应而促使农民在粮食生产中减少化肥和农药等农业化学品的投入。因此，粮食播种面积比例对化肥和农药投入的影响到底如何取决于上述替代效应和规模效应。用于计算该指标的各省份的粮食播种面积和农作物播种总面积数据均来自国家统计局。

为了控制不同种类粮食作物生产中的化肥和农药投入差异，本章在实证研究模型中加入了一组反映粮食作物种类的虚拟变量。具体而言，我们在水稻化肥和农药投入模型中加入了中籼稻、晚籼稻和粳稻虚拟变量（以早籼稻虚拟变量为对照）；在玉米化肥和农药投入模型中加入了南方玉米虚拟变量（以北方玉米虚拟变量为对照）；在小麦化肥和农药投入模型中加入了春小麦和冬春两季小麦虚拟变量（以冬小麦虚拟变量为对照）。

除了上述重要解释变量以外，本章在计量经济模型中也加入了时间趋势项和省级虚拟变量分别控制各省份技术进步等随时间变化的因素和不随时间变化的个体效应对粮食生产中单位面积化肥和农药投入的影响。

表 8.1 显示了本章主要研究变量的描述性统计分析结果。

表 8.1   **主要变量的描述性统计**

变量	水稻		玉米		小麦	
	均值	标准差	均值	标准差	均值	标准差
化肥投入（元/公顷）	1646.57	585.03	1489.75	576.58	1486.57	617.77
农药投入（元/公顷）	402.27	360.51	98.79	95.05	114.03	102.25
生长期平均气温（摄氏度）	23.46	2.56	18.76	2.88	11.21	2.25
生长期累计降水量（千毫米）	0.66	0.23	0.63	0.32	0.43	0.22
生长期累计日照（千小时）	0.83	0.21	1.41	0.31	1.89	0.49
全年平均气温（摄氏度）	15.79	4.21	11.71	4.52	11.42	4.05
全年累计降水量（千毫米）	1.15	0.44	0.73	0.39	0.66	0.35
全年累计日照（千小时）	1.89	0.39	2.22	0.48	2.29	0.41
化肥价格指数（1980年为100）	342.41	180.77	339.87	177.69	340.48	180.53
农药价格指数（1980年为100）	228.72	74.71	233.87	83.35	239.84	86.79
洪涝受灾面积比例（10%）	0.82	0.82	0.64	0.74	0.61	0.69
干旱受灾面积比例（10%）	1.12	1.11	1.71	1.44	1.70	1.39
水稻播种面积比例（10%）	3.00	1.81				

续表

变量	水稻		玉米		小麦	
	均值	标准差	均值	标准差	均值	标准差
玉米播种面积比例（10%）			2.15	1.43		
小麦播种面积比例（10%）					2.40	1.03
早籼稻（1＝是，0＝否）	0.22	0.41				
中籼稻（1＝是，0＝否）	0.24	0.43				
晚籼稻（1＝是，0＝否）	0.22	0.41				
粳稻（1＝是，0＝否）	0.32	0.47				
北方玉米（1＝是，0＝否）			0.63	0.48		
南方玉米（1＝是，0＝否）			0.37	0.48		
冬小麦（1＝是，0＝否）					0.67	0.47
春小麦（1＝是，0＝否）					0.13	0.34
冬春两季小麦（1＝是，0＝否）					0.20	0.40
观察值	1443		741		585	

注：化肥和农药投入均按照 2018 年不变价格计算。

8.4　化肥和农药投入的影响因素分析

8.4.1　气候变化和水稻生产的化肥和农药投入关系的描述性分析

图 8.1 是气候变化和水稻生长中单位面积化肥投入关系的散点图。可以看出，随着生长期和全年平均气温的上升，水稻生产单位面积化肥投入总体上会增加。但是，降水量以及日照和水稻生产单位面积化肥投入之间的关系呈现较弱的"U"型曲线特点，即意味着累计降水量和累计日照的增加，水稻生产单位面积化肥投入表现为先减少后增加。与此同时，累计降水量和水稻生产单位面积化肥投入的关系还具有一定程度的负向特征。

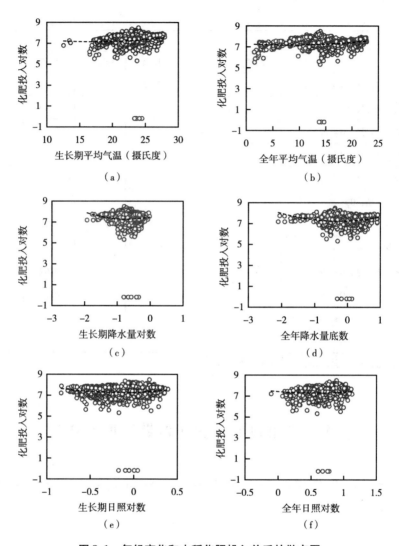

图8.1 气候变化和水稻化肥投入关系的散点图

图8.2是气候变化和水稻生长中单位面积农药投入关系的散点图。无论是生长期平均气温还是全年平均气温，都和水稻生产的单位面积农药投入之间存在比较明显的"U"型曲线特点，即随着生长期和全年平均气温的上升，水稻生产的单位面积农药投入先降低后增加，且总体上具有一定程度的正向特征。换言之，随着生长期和全年平均气温的进一步上升，水稻生产的单位面积农药投入会不断增加。

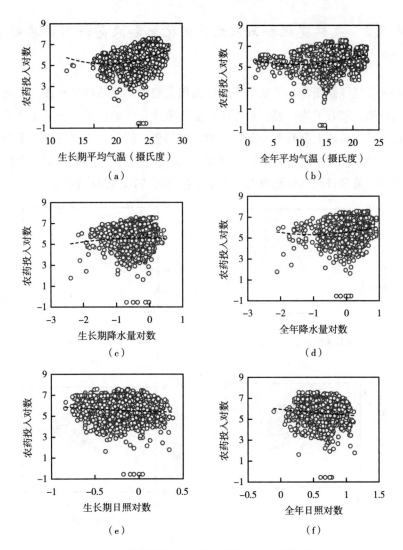

图8.2 气候变化和水稻农药投入关系的散点图

　　累计降水量和累计日照同水稻生产的单位面积农药投入之间的关系截然相反。一方面，生长期累计降水量和水稻生产单位面积农药投入之间的关系存在一定程度的倒"U"型曲线特点，而全年累计降水量和水稻生产单位面积农药投入之间的关系则存在着一定程度的"U"型曲线特点。但是，无论是生长期累计降水量还是全年累计降水量，都和水稻生产的单位面积农药投入之间存在比较明显的正向关系。另一方面，生长期以及全年累计日照的增加则会带来水稻生产的单位面积农药投入的明显降低。

8.4.2 气候变化和玉米生产的化肥和农药投入关系的描述性分析

图8.3是气候变化和玉米生产单位面积化肥投入关系的散点图。通过观察散点图可知，随着平均气温、累计降水量和累计日照的增加，玉米生产的单位面积化肥投入总体上都具有一定程度的增加趋势。但是，不同气候因素和玉米生产化肥投入的关系也略有不同。例如，气温和化肥投入的关系更符合线性特点，而降水量和日照同化肥投入的关系更符合倒"U"型曲线特点。

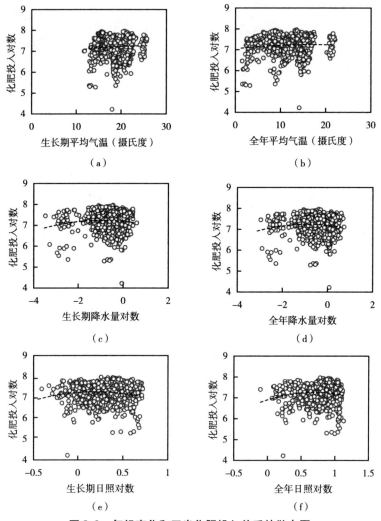

图8.3 气候变化和玉米化肥投入关系的散点图

图 8.4 是气候变化和玉米生产的单位面积农药投入关系的散点图。其中，不同气候因素和玉米生产单位面积农药投入的关系不尽相同。其中，平均气温以及累计日照同玉米生产单位面积农药投入之间存在不同程度的倒 "U" 型曲线特点的关系，并且玉米生产单位面积农药投入在总体上随着平均气温和累计日照的增加而增加。但是，累计降水量和玉米生产单位面积农药投入的关系更具有比较明显的负向特点，这表明无论是生长期的累计降水量还是全年累计降水量，都可能导致玉米生产的单位面积农药投入下降。

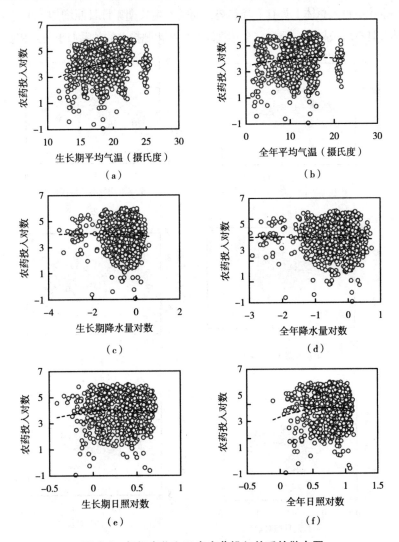

图 8.4　气候变化和玉米农药投入关系的散点图

8.4.3 气候变化和小麦生产的化肥和农药投入关系的描述性分析

气候变化和小麦化肥投入的关系如图 8.5 所示。无论从生长期角度，还是全年角度看，气温、降水量和日照同小麦生产单位面积化肥投入的关系都呈现倒 "U" 型曲线特点。但是观察二次项拟合曲线可知，随着生长期平均气温和累计降水量增加，小麦化肥投入总体上具有下降趋势；而随着生长期累计日照增加，小麦化肥投入总体上具有增长趋势。但是，全年气候变化和化肥投入的关系似乎与此相反。

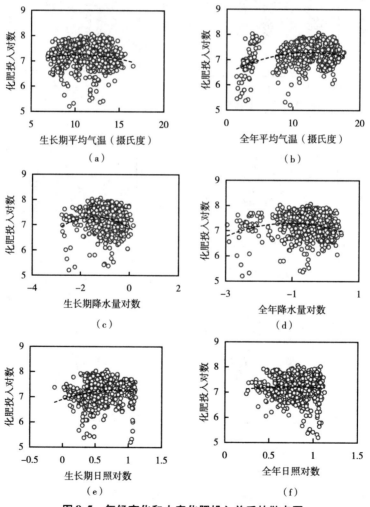

图 8.5　气候变化和小麦化肥投入关系的散点图

　　图 8.6 是气候变化和小麦生产单位面积农药投入关系的散点图。其中，生长期和全年平均气温的上升可能会导致小麦生产单位面积农药投入的增加，而且不具有明显的非线性特点。类似地，随着生长期和全年累计降水量的增加，小麦生产的单位面积农药投入也呈现出增长的趋势。但是，累计日照和小麦生产单位面积农药投入的关系与气温以及降水量同农药投入的关系存在较大差异。具体表现为，生长期和全年累计日照的增加，明显地伴随着小麦生产的单位面积农药投入的下降。

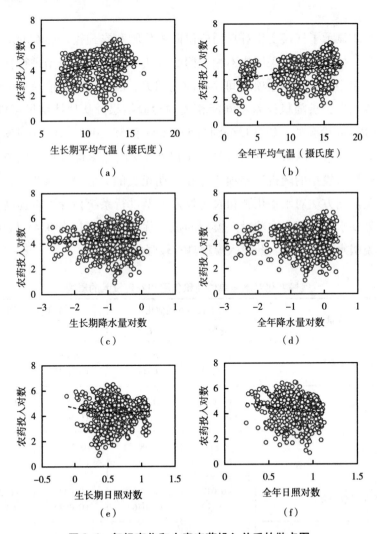

图 8.6　气候变化和小麦农药投入关系的散点图

8.5 气候变化对粮食生产中的化肥和农药投入影响的实证分析结果

8.5.1 气候变化对水稻生产的化肥和农药投入影响的估计结果

表 8.2 显示了气候变化对水稻单位面积化肥和农药投入影响的似不相关回归结果。如前所述，采用似不相关回归方法对计量经济模型进行估计的前提是各个模型的随机误差项之间存在同期相关。因此，在解读模型估计结果之前，我们先分析随机误差项同期相关的检验结果。从估计结果可以看出，Breusch-Pagan 检验的 χ^2 统计量分别为 579.696 和 582.069，且均在 1% 的水平上是显著的。这意味着，该检验结果可以在 1% 的显著性水平上拒绝水稻化肥和农药投入模型的随机误差项不存在同期相关的原假设。因此，我们采用似不相关回归方法对水稻化肥和农药投入模型进行系统估计可以提高估计效率。此外，水稻化肥和农药投入模型的拟合优度分别保持在 0.45 和 0.80 左右，这说明水稻化肥和农药投入模型具有较强的解释力。

表 8.2 气候变化对水稻单位面积化肥和农药投入的影响

变量	生长期气候变化		全年气候变化	
	化肥	农药	化肥	农药
平均气温（摄氏度）	-0.170 (0.112)	-0.297 ** (0.119)	-0.064 (0.079)	-0.179 ** (0.084)
平均气温平方	0.004 (0.003)	0.007 *** (0.003)	0.002 (0.003)	0.007 ** (0.003)
累计降水量对数	-0.193 * (0.111)	-0.389 *** (0.118)	-0.314 *** (0.097)	-0.362 *** (0.104)
累计降水量对数平方	-0.017 (0.071)	-0.236 *** (0.076)	0.040 (0.069)	-0.260 *** (0.074)
累计日照对数	-0.567 ** (0.227)	-1.161 *** (0.241)	-0.222 (0.561)	-0.299 (0.600)

续表

变量	生长期气候变化		全年气候变化	
	化肥	农药	化肥	农药
累计日照对数平方	-0.173 (0.272)	-0.069 (0.289)	-0.224 (0.478)	-0.675 (0.511)
化肥价格指数对数	-0.269 *** (0.088)	0.277 *** (0.094)	-0.298 *** (0.091)	0.306 *** (0.097)
农药价格指数水稻	0.706 *** (0.087)	-0.288 *** (0.092)	0.726 *** (0.091)	-0.328 *** (0.097)
洪涝受灾面积比例（10%）	-0.027 (0.018)	0.014 (0.019)	-0.013 (0.018)	0.045 ** (0.020)
干旱受灾面积比例（10%）	-0.002 (0.015)	0.014 (0.016)	-0.016 (0.015)	-0.010 (0.016)
水稻播种面积比例（10%）	0.108 *** (0.026)	0.011 (0.027)	0.110 *** (0.028)	0.021 (0.030)
中籼稻（1=是，0=否）	0.161 ** (0.076)	0.515 *** (0.081)	0.020 (0.047)	0.254 *** (0.050)
晚籼稻（1=是，0=否）	-0.009 (0.050)	0.500 *** (0.053)	0.008 (0.035)	0.474 *** (0.037)
粳稻（1=是，0=否）	0.156 ** (0.076)	0.890 *** (0.081)	0.015 (0.047)	0.627 *** (0.050)
时间趋势项	0.019 *** (0.003)	0.062 *** (0.004)	0.021 *** (0.004)	0.063 *** (0.004)
省级虚拟变量	是	是	是	是
常数项	8.655 *** (1.275)	6.763 *** (1.353)	7.641 *** (0.620)	5.937 *** (0.663)
χ^2 统计量	1172.947	5652.887	1172.492	5549.187
R^2	0.448	0.797	0.448	0.794
Breusch-Pagan 检验（χ^2 统计量）	579.696 ***		582.069 ***	
观察值	1443		1443	

注：化肥和农药分别表示取自然对数的单位面积化肥和农药投入。括号内是标准误。* 、** 和 *** 分别表示在 10% 、5% 和 1% 的统计水平上显著。

平均气温对水稻单位面积化肥投入不存在显著影响，而对水稻单位面积农药投入存在"U"型曲线影响。在水稻化肥投入模型中，生长期和全年平均气温的一次项和二次项均不显著，这意味着气温变化不是影响水稻单位面积化肥投入的因素。在水稻农药投入模型中，无论是生长期平均气温还是全年平均气温，一次项系数均在5%的水平上显著为负，而二次项系数分别在1%和5%的水平上显著为正。这意味着，水稻单位面积农药投入将随着平均气温的持续提高而呈现先减少而后增加的"U"型曲线特点。根据一次项和二次项系数，我们可以计算出"U"型曲线的拐点值。其中，生长期平均气温的拐点值是21.21摄氏度，而全年平均气温的拐点值是12.79摄氏度。结合1980~2018年24个省份水稻生长期和全年平均气温数据，我们发现实际生长期和全年平均气温均高于相应的拐点值，表明随着生长期和全年平均气温上升，总体上可能导致水稻单位面积农药投入提高。其中，辽宁、吉林、黑龙江、四川、贵州、云南和宁夏的水稻生长期平均气温低于21.21摄氏度，处于"U"型曲线拐点的左侧；而其他13个水稻生产省份在生长期的平均气温高于21.21摄氏度，处于"U"型曲线拐点的右侧。从全年平均气温角度来看，河北、辽宁、吉林、黑龙江、四川、陕西和宁夏的水稻全年平均气温低于12.79摄氏度，处于"U"型曲线拐点的左侧；而其他13个水稻生产省份的全年平均气温高度12.79摄氏度，处于"U"型曲线拐点的右侧。上述结果说明，处于拐点右侧的水稻生产省份，随着生长期平均气温和全年平均气温的提高，水稻单位面积农药投入将显著增加。事实上，气温升高将促进粮食作物的病虫害高发频发（孙智辉和王春乙，2010；艾治勇等，2014；陈冰等，2015），从而导致农民不得不增加农药投入以控制病虫害给粮食产量带来的损失。

累计降水量对水稻单位面积化肥和农药投入均呈现显著的负向影响。其中，无论是生长期累计降水量还是全年累计降水量的系数均显著为负，说明随着累计降水量的增加，水稻单位面积的化肥投入将显著减少。在其他因素不变的条件下，水稻生长期累计降水量每增加1%，则单位面积化肥投入将减少0.193%；而全年累计降水量每增加1%，则单位面积化肥投入将减少0.314%。对于单位面积农药投入而言，生长期累计降水量和全年累计降水量的一次项和二次项系数均在1%的水平上显著为负，这意味着随着生长期降水量和全年累计降水量的增加，水稻单位面积农药投入将加速减少。降水量对水稻单位面积化肥和农药造成负向影响，可能存在两个方面的原因：一方面，农民倾向于选择在晴天对水稻进行施肥和施药，而较高的降水频次和单次降水量不利于农民开展化肥和农药施用活动；另一方面，较高的累计降水量会降低化肥和农药施用效果，即农民在水稻生产中施用的化肥和农药可能因为降水浸入土壤从而流失，从而导致化肥和农药施用效率偏低。对于理性的农民而言，与其使得所施用的化肥和农药因降水而流失，不如选择减少化肥和农药施用水平。

生长期累计日照对水稻单位面积化肥和农药投入存在显著的负向影响，而全年累计日照未显示出对水稻单位面积化肥和农药投入的显著影响。在水稻化肥和农药投入模型中，生产期累计日照的一次项系数分别在 5% 和 1% 的水平上显著为负，而二次项系数均不显著。这意味着，在其他因素不变的条件下，生长期日照时长每增加 1% 将导致水稻单位面积化肥和农药投入分别减少 0.567% 和 1.161%。相比较而言，全年累计日照的估计系数均不显著，说明全年累计日照对水稻单位面积化肥和农药投入不存在显著影响。

除了上述气候因素以外，化肥和农药价格变化也是水稻单位面积化肥和农药投入的重要影响因素。其中，化肥价格指数的估计系数在水稻化肥投入模型中均在 1% 的水平上显著为负，而在水稻农药投入模型中均在 1% 的水平上显著为正。与此相反，农药价格指数的估计系数在水稻化肥投入模型中均在 1% 的水平上显著为正，而在水稻农药投入模型中均在 1% 的水平上显著为负。这说明在水稻生产中，化肥和农药存在显著的替代关系。具体而言，化肥价格每提高 1%，则会导致水稻单位面积化肥投入减少 0.2% ~ 0.3%，同时导致水稻单位面积农药投入相应地增加 0.3% 左右。反过来，农药价格每提高 1%，将会导致水稻单位面积农药投入减少 0.3% 左右，同时导致水稻单位面积化肥投入相应地增加 0.7% 以上。上述结果符合要素需求理论和农业生产实际。一方面，化肥和农药作为最常用的农业生产要素，其单位面积需求量和价格之间存在负向关系。例如，更高的化肥价格将增加农民施用化肥的成本，因此农民可能会通过减少化肥投入的方式减少水稻生产成本。另一方面，较高的化肥投入水平有助于水稻提高病虫害抵抗能力，从而减少农药投入；而更高的农药投入会有效控制水稻病虫害，使得水稻生产有效改善，从而减少对化肥养分的需求。

水稻播种面积比例对水稻单位面积化肥投入存在显著影响，而对单位面积农药投入不存在显著影响。在水稻化肥投入模型中，水稻播种面积比例的估计系数分别等于 0.108 和 0.110，且在 1% 的水平上是显著的。这说明水稻播种面积占粮食播种面积的比例每增加 10 个百分点，将使得水稻单位面积化肥投入增加 11% 左右。一个重要原因是水稻播种面积扩大将形成较大的劳动力需求，在大量青壮年劳动力向城镇转移导致粮食生产劳动力供给有限的条件下，增加化肥投入水平将有效地弥补劳动力不足。在水稻农药投入模型中，水稻播种面积比例的系数并不显著，说明其对水稻单位面积农药投入不存在显著影响。

8.5.2 气候变化对玉米生产的化肥和农药投入影响的估计结果

表 8.3 显示了气候因素对玉米单位面积化肥和农药投入影响的似不相关回归结果。从估计结果可以看出，Breusch-Pagan 检验的 χ^2 统计量分别为 18.292 和 18.702，且均在 1% 的水平上是显著的。这表明可以在 1% 的显著性水平上拒绝玉米化肥和农药投入模型的随机误差项不存在同期相关的原假设。因此，我们采用似不相关回归方法对玉米化肥和农药投入模型进行系统估计可以提高估计效率。此外，玉米化肥和农药投入模型的拟合优度均保持在 0.8 左右，从而说明玉米化肥和农药投入模型具有较强的解释力。

表 8.3　　　　　　　气候变化对玉米单位面积化肥和农药投入的影响

变量	生长期气候变化		全年气候变化	
	化肥	农药	化肥	农药
平均气温（摄氏度）	-0.064 (0.078)	0.264 (0.214)	0.047 (0.037)	0.058 (0.102)
平均气温平方	0.002 (0.002)	-0.006 (0.006)	-0.002 (0.002)	0.001 (0.004)
累计降水量对数	-0.046 (0.080)	-0.243 (0.220)	-0.084 (0.077)	-0.086 (0.212)
累计降水量对数平方	-0.040 (0.027)	-0.099 (0.075)	-0.071 ** (0.030)	-0.074 (0.084)
累计日照对数	-0.382 ** (0.181)	-1.209 ** (0.497)	-0.874 ** (0.375)	-1.485 (1.036)

续表

变量	生长期气候变化		全年气候变化	
	化肥	农药	化肥	农药
累计日照对数平方	0.386 (0.281)	1.351 * (0.769)	0.401 (0.274)	0.984 (0.758)
化肥价格指数对数	− 0.087 (0.057)	0.782 *** (0.156)	− 0.089 (0.058)	0.786 *** (0.161)
农药价格指数对数	0.449 *** (0.059)	− 0.483 *** (0.162)	0.433 *** (0.062)	− 0.483 *** (0.170)
洪涝受灾面积比例（10%）	− 0.015 (0.014)	− 0.071 * (0.039)	− 0.013 (0.013)	− 0.079 ** (0.037)
干旱受灾面积比例（10%）	− 0.015 * (0.008)	− 0.027 (0.022)	− 0.016 ** (0.008)	− 0.023 (0.022)
玉米播种面积比例（10%）	− 0.055 *** (0.015)	0.053 (0.041)	− 0.061 *** (0.015)	0.062 (0.042)
南方玉米（1 = 是, 0 = 否）	0.041 (0.177)	− 0.546 (0.485)	− 0.384 ** (0.156)	− 1.187 (0.786)
时间趋势项	0.024 *** (0.002)	0.066 *** (0.006)	0.024 *** (0.002)	0.066 *** (0.007)
省级虚拟变量	是	是	是	是
常数项	7.040 *** (0.738)	− 0.447 (2.022)	6.641 *** (0.283)	2.121 *** (0.781)
χ^2 统计量	3086.452	2973.584	3129.867	2949.402
R^2	0.806	0.801	0.809	0.799
Breusch-Pagan 检验（χ^2 统计量）	18.292 ***		18.702 ***	
观察值	741		741	

注：化肥和农药分别表示取自然对数的单位面积化肥和农药投入。括号内是标准误。*、** 和 *** 分别表示在 10%、5% 和 1% 的统计水平上显著。

除了累计降水量和累计日照以外，平均气温对玉米单位面积化肥和农药投入均不存在显著影响。在玉米化肥投入模型中，全年累计降水量的二次项估计系数在 5% 的水平上显著为负。这表明随着全年累计降水量增加，玉米单位面积化肥投入将加速减少。生长期累计日照对玉米单位面积化肥和农药投入均存在显著的负向影响。在玉米化肥投入模型中，生产期累计日照的一次项系数在5%的水平上显著为负，而二次项系数均不显著。这意味着，在其他因素不变的条件下，生长期日照时长每增加1%将导致玉米单位面积化肥投入减少0.382%。但是在玉米农药投入模型中，生长期累计日照的一次项估计系数在5%的水平上显著为负，而二次项估计系数在10%的水平上显著为正。这说明生长期累计日照对玉米单位面积化肥投入存在显著的"U"型曲线影响。通过表8.3得到的生长期累计日照的一次项和二次项系数，可以计算得到该"U"型曲线的拐点值为1.56千小时。结合1980～2018年19个省份的玉米生长期累计日照数据，可以发现仅有河北、内蒙古、辽宁、黑龙江、宁夏和新疆的平均生长期累计日照少于1.56千小时，位于"U"型曲线拐点的左侧，而其他省份的平均生长期累计日照均多于1.56千小时，位于"U"型曲线拐点的右侧。但是就全年累计日照而言，其一次项在5%的水平上显著为负而二次项不显著，表明全年累计日照对玉米单位面积化肥投入存在显著的负向影响。在其他因素不变的条件下，全年累计日照每增加1%，则玉米单位面积化肥投入将减少0.874%。

化肥和农药价格变化也是玉米单位面积化肥和农药投入的重要影响因素。其中，化肥价格指数的估计系数在水稻化肥投入模型中均不显著，而在玉米农药投入模型中均在1%的水平上显著为正。与此同时，农药价格指数的估计系数在玉米化肥投入模型中均在1%的水平上显著为正，而在玉米农药投入模型中均在1%的水平上显著为负。这说明在玉米生产中，化肥和农药也存在一定的替代关系。具体而言，化肥价格每提高1%，则会导致玉米单位面积农药投入增加0.7%～0.8%左右。反过来，农药价格每提高1%，将会导致玉米单位面积农药投入减少0.483%，同时导致玉米单位面积化肥投入相应地增加0.4%～0.45%。

洪涝受灾程度会显著降低玉米单位面积农药投入，而干旱受灾程度会显著降低玉米单位面积化肥投入。在玉米农药投入模型中，洪涝受灾面积比例的估计系数分别为 -0.071 和 -0.079，且分别在10%和5%的水平上是显著的。这表明，在其他因素不变的条件下，洪涝受灾面积比例每增加10个百分点，则会使得玉米单位面积农药投入减少7%～8%。在化肥投入模型中，干旱受灾面积比例的估计系数分别为 -0.015 和 -0.016，且分别在10%和5%的水平上是显著的。在其他因素不变的条件下，干旱受灾面积比例每增加10个百分点，将导致玉米单位面积化肥投入减少1.5%～1.6%。

　　玉米播种面积比例对玉米单位面积化肥投入存在显著影响，而对单位面积农药投入不存在显著影响。在玉米化肥投入模型中，玉米播种面积比例的估计系数分别等于 -0.055 和 -0.061，且均在 1% 的水平上是显著的。这说明，玉米播种面积占粮食播种面积的比例每增加 10 个百分点，将使得玉米单位面积化肥投入减少 6% 左右。

8.5.3　气候变化对小麦生产的化肥和农药投入影响的估计结果

　　表 8.4 显示了气候因素对小麦单位面积化肥和农药投入影响的似不相关回归结果。从估计结果可以看出，Breusch-Pagan 检验的 χ^2 统计量分别为 8.653 和 14.190，且均在 1% 的水平上是显著的。这表明我们可以在 1% 的显著性水平上拒绝小麦化肥和农药投入模型的随机误差项不存在同期相关的原假设。因此，我们采用似不相关回归方法对小麦化肥和农药投入模型进行系统估计可以提高估计效率。此外，小麦化肥和农药投入模型的拟合优度均保持在 0.8 以上，这说明小麦化肥和农药投入模型具有较强的解释力。

表 8.4　　　　　气候变化对小麦单位面积化肥和农药投入的影响

变量	生长期气候变化		全年气候变化	
	化肥	农药	化肥	农药
平均气温（摄氏度）	-0.091 (0.067)	-0.200* (0.119)	0.147*** (0.041)	-0.181** (0.073)
平均气温平方	0.003 (0.003)	0.011** (0.005)	-0.007*** (0.002)	0.012*** (0.003)
累计降水量对数	-0.059 (0.104)	-0.165 (0.184)	-0.061 (0.091)	-0.259 (0.162)
累计降水量对数平方	-0.032 (0.039)	-0.027 (0.069)	-0.011 (0.033)	-0.051 (0.059)
累计日照对数	-0.116 (0.347)	-1.171* (0.613)	0.147 (0.607)	-1.859* (1.075)
累计日照对数平方	0.072 (0.318)	0.213 (0.561)	-0.099 (0.410)	0.731 (0.728)

续表

变量	生长期气候变化		全年气候变化	
	化肥	农药	化肥	农药
化肥价格指数对数	-0.321 *** (0.067)	0.356 *** (0.119)	-0.293 *** (0.065)	0.358 *** (0.115)
农药价格指数对数	0.720 *** (0.069)	0.250 ** (0.121)	0.658 *** (0.067)	0.257 ** (0.120)
洪涝受灾面积比例（10%）	-0.005 (0.015)	-0.034 (0.027)	0.000 (0.016)	-0.024 (0.029)
干旱受灾面积比例（10%）	0.016 * (0.009)	0.007 (0.016)	0.008 (0.009)	0.002 (0.016)
小麦播种面积比例（10%）	-0.028 (0.017)	0.145 *** (0.030)	-0.012 (0.017)	0.115 *** (0.031)
春小麦（1 = 是，0 = 否）	-0.830 *** (0.128)	-0.595 *** (0.203)	-0.550 *** (0.203)	-0.793 ** (0.359)
冬春两季小麦（1 = 是，0 = 否）	-0.387 *** (0.109)	0.049 (0.192)	-0.536 *** (0.139)	-0.112 (0.246)
时间趋势项	0.021 *** (0.003)	0.051 *** (0.005)	0.022 *** (0.003)	0.049 *** (0.005)
省级虚拟变量	是	是	是	是
常数项	5.670 *** (0.418)	1.086 *** (0.737)	4.380 *** (0.391)	1.153 *** (0.694)
χ^2统计量	2618.791	4131.003	2695.252	4200.619
R^2	0.817	0.876	0.822	0.878
Breusch-Pagan 检验（χ^2统计量）	8.653 ***		14.190 ***	
观察值	585		585	

注：化肥和农药分别表示取自然对数的单位面积化肥和农药投入。括号内是标准误。 * 、 ** 和 *** 分别表示在10%、5%和1%的统计水平上显著。

  小麦生长期和全年平均气温对小麦单位面积化肥和农药投入的影响存在明显差异。其中，全年平均气温在小麦化肥投入模型中的一次项系数在1%的水平上显著为正，而二次项在1%的水平上显著为负。这说明，全年平均气温对小麦单位面积化肥投入具有显著的倒"U"型曲线影响。通过计算可知，倒"U"型曲线的拐点值是 10.5 摄氏度。结合 1980 ~ 2018 年 15 个小麦生产省份的全年平均气温数据可知，实际全年平均气温超过了该拐点值，所以总体上全年平均气温升高可能导致小麦化肥投入减少。其中，山西、内蒙古、黑龙江、甘肃、宁夏和新疆的全年平均气温低于 10.5 摄氏度，位于倒"U"型曲线的左侧。在这些省份，随着全年平均气温的升高，小麦单位面积化肥投入可能仍将进一步增加。与此同时，河北、江苏、安徽、山东、河南、湖北、四川、云南和陕西的全年平均气温高于 10.5 摄氏度，这意味着在这些省份，全年平均气温的升高有助于减少小麦生产的单位面积化肥投入。但是，小麦化肥投入模型中的生长期平均气温估计系数均不显著，表明生产期平均气温对小麦单位面积化肥投入不具有显著影响。除了单位面积化肥投入以外，表 8.4 还表明无论是生长期平均气温还是全年平均气温均对小麦生产中的单位面积农药投入具有"U"型曲线影响。其中，生长期平均气温在小麦农药投入模型中的一次项系数在 10% 的水平上显著等于 - 0.200，而二次项系数则在 5% 的水平上显著等于 0.011，因此可以计算出该"U"型曲线的拐点值为 9.09 摄氏度。同时，全年平均气温在小麦农药投入模型中的一次项系数和二次项系数分别在 5% 的水平上显著等于 - 0.181 和在 1% 的水平上显著等于 0.012，从而可以计算出"U"型曲线的拐点值为 7.54 摄氏度。表 8.1 显示，小麦生产的实际生长期和全年平均气温分别为 11.42 摄氏度和 11.21 摄氏度，均高于对应的拐点值。换言之，总体上生长期和全年平均气温的升高均可能导致小麦生产的单位面积农药投入增加。

生长期和全年累计日照对小麦单位面积化肥投入不存在显著影响，而对单位面积农药投入存在显著的负向影响。在小麦农药投入模型中，生产期累计日照的一次项系数在 10% 的水平上显著为负，且全年累计日照的一次项系数也在 10% 的水平上显著为负。这意味着，在其他因素不变的条件下，生长期累计日照时长每增加 1% 将导致小麦单位面积农药投入减少 1.171%；而全年累计日照时长每增加 1% 将导致小麦单位面积农药投入减少 1.859%。

化肥和农药价格变化是小麦单位面积化肥和农药投入的重要影响因素。其中，化肥价格指数的估计系数在小麦化肥投入模型中均在 1% 的水平上显著为负，而在小麦农药投入模型中均在 1% 的水平上显著为正。与此同时，农药价格指数的估计系数在小麦化肥投入模型中均在 1% 的水平上显著为正，而在小麦农药投入模型中均在 5% 的水平上也显著为正。这说明在小麦生产中，化肥价格每提高 1%，则会导致小麦单位面积化肥投入减少 0.3% 左右，

同时导致小麦单位面积农药投入相应地增加 0.3% ~ 0.4%。农药价格每提高
1%，将会导致小麦单位面积农药投入增加 0.25% 左右。我们认为，这种情
况的出现可能和中国农药市场的混乱有关（欧阳仁根，1996；张庆江和李学
玲，2002）。以往研究表明，中国农药品种繁杂并且良莠不齐，部分农药质
量差而价格便宜（张庆江和李学玲，2002）。因此，农药价格的提高可能在
某种程度上反映了农药质量的改善。在这种情况下，农民可能更愿意增加购买
价格虽高但是质量更好的农药来加强小麦病虫害防治效果。表 8.4 的结果也发
现，农药价格每提高 1% 会使得小麦单位面积化肥投入相应地增加 0.6% ~
0.8%。上述结果印证了化肥和农药的替代关系，即化肥价格的提高会减少化
肥投入，但同时会增加农药投入。

小麦播种面积比例对水稻的单位面积农药投入存在显著影响，而对单位
面积化肥投入不存在显著影响。在小麦农药投入模型中，小麦播种面积比例
的估计系数分别等于 0.145 和 0.115，且均在 1% 的水平上是显著的。这说
明，小麦播种面积占粮食播种面积的比例每增加 10 个百分点，将使得小麦单
位面积农药投入增加 11.5% ~ 14.5%。

第9章　气候变化背景下农业收入
对粮食播种面积的影响

本章研究的主要目的是在气候变化影响粮食总产量的前提下，验证气候变化对粮食生产的第二条影响路径，即粮食总产量是否会影响粮食的播种面积，进而再次影响粮食总产量。

一个基本的研究假设是，上一年粮食总产量一方面是在上一年气候因素影响下得到的结果，另一方面也是当年农民的农业收入的主要影响因素。更进一步，农民的农业收入变化会影响其后续粮食播种面积的决策。因此，这意味着存在一条"上一年粮食总产量—上一年农民农业收入—当年粮食播种面积"的传导路径。为了验证这条传导路径是否存在，本章基于省级面板数据建立粮食总产量、农业收入和粮食播种面积的联立方程组模型，并采用三阶段最小二乘法和迭代三阶段最小二乘法对联立方程组模型进行参数估计。为了检验研究结果的稳健性，本章还采用农业收入占农民人均收入的比例作为农业收入的替代变量，再次对联立方程组模型进行参数估计，从而揭示气候变化背景下粮食总产量、农民的农业收入和粮食播种面积之间的因果关系。

9.1　研究概述

改革开放以来，中国粮食播种面积在波动中呈现下降趋势。一般而言，粮食总产量增长的来源包括粮食单位面积产量的提高和粮食播种面积的扩大。1980～2018 年，中国粮食总产量从 3.21 亿吨增长到 6.58 亿吨，年均增长将近2%。[①] 同一时期，粮食单位面积产量从 1980 年的 2.73 吨/公顷提高到

---

① 历年《中国统计年鉴》。

2018 年的 5.62 吨/公顷；但是，粮食播种面积却从 1980 年的 11723.4 万公顷缩小至 2018 年的 11703.8 万公顷。[①] 显而易见，改革开放以来中国粮食总产量的大幅度增长基本上是由单位面积产量提高而非播种面积扩大所致。

粮食播种面积的下降可能对中国粮食生产和粮食安全造成不利影响。改革开放以来，以家庭联产承包责任制为主要内容的制度改革、农业科技进步、要素投入等因素都为保障中国的粮食生产和粮食安全做出了重要贡献（黄季焜和斯·罗泽尔，1998）。尽管粮食单位面积产量的提高对于粮食总产量的增加具有重要意义，但是粮食播种面积的下降对国家粮食安全形成了一定的挑战。伴随着大量农村青壮年劳动力向城镇非农部门转移、农业劳动力老龄化趋势不断加强、以规模经营为主要特点的新型农业经营主体尚未发展壮大，以及农业社会化服务体系有待进一步完善（孔祥智等，2012），中国农村地区的耕地抛荒和弃耕现象时有发生，从而不利于粮食播种面积的扩大。以往少数研究从不同角度分析了中国粮食播种面积变化的影响因素。其中，易小兰和颜琰（2019）利用 2001～2017 年省级面板数据实证分析了农村劳动力价格变化对粮食播种面积的影响，结果发现农村劳动力价格上涨导致粮食播种面积及其占农作物播种总面积的比例显著降低，从而对粮食生产造成不利影响。杨进等（2018）利用农村固定观察点的农户数据分析了农业机械化对粮食播种面积的影响，结果表明农业机械作业费用的上涨将会导致农户的粮食播种面积及其占农作物播种总面积的比例显著降低。部分研究认为农业劳动力老龄化是影响粮食播种面积的重要因素。例如，魏君英和夏旺（2018）、李俊鹏等（2018）认为农业劳动力老龄化程度的加强强化了粮食播种面积缩小，在此条件下通过推动农业机械化能够显著扩大粮食播种面积。陈俊聪等（2016）利用 2005～2014 年省级面板数据分析了气候变化和农业保险对粮食播种面积的影响，结果发现降水量和气温等气候因素对不同地区的粮食播种面积影响存在差异，而农业保险对于农户扩大粮食播种面积起到了促进作用。

尽管部分学者试图分析气候变化对粮食播种面积的影响，但是却未能深入揭示其影响路径和机理。从理性农户假设角度出发，农民的粮食播种面积决策是以其对于粮食生产是否带来经济利润的预期为基础的。换言之，如果农民意识到扩大粮食播种面积能够带来更高的经济利润，则倾向于扩

---

① 历年《中国统计年鉴》。

大粮食播种面积；反之，农民可能会缩小粮食播种面积，甚至从粮食生产转向经济作物或非农工作。从这个角度看，粮食生产如何影响农民的农业收入对于农民调整粮食播种面积的决策具有重要参考价值。但是，以往研究未能分析气候变化背景下粮食总产量对农民的农业收入以及粮食播种面积变化的影响。

9.2　计量经济模型

根据气候变化对粮食安全的影响机理，本章的实证研究主要解决的问题是在已知气候变化影响粮食总产量的前提下，粮食总产量对农民的农业收入，以及农业收入对粮食播种面积的影响。因此，本章的计量经济模型包括两个部分：第一部分立足于揭示粮食总产量的变化对农民农业收入的影响，第二部分则主要试图揭示农民的农业收入对粮食播种面积的影响。本章计量经济模型的基本思路是，上一年的粮食总产量影响上一年的农民农业收入水平，而上一年的农业收入水平将影响农民当年的粮食播种面积的决策。

首先，建立粮食总产量对农业收入影响的计量经济模型。需要说明的是，除了粮食总产量以外，影响农民农业收入的因素是多元的。为了尽可能地控制其他因素对农民农业收入的影响，本章建立一个多元回归模型，其具体形式如下：

$$\ln Inc_{i,t-1} = \alpha_0 + \alpha_1 \ln Output_{i,t-1} + \alpha_2 \ln PGrain_{i,t-1} + \alpha_3 \ln PFactor_{i,t-1}$$
$$+ \alpha_4 Nfarm_{i,t-1} + \alpha_5 Trend_{t-1} + \sum_{i=2}^{N} \beta_i D_i + u_{i,t-1} \qquad (9.1)$$

其中，下标 i 表示第 i 个省份，t 表示第 t 年，Inc 表示各省份农民的人均农业收入，$Output$ 表示粮食总产量，$PGrain$ 表示粮食零售价格指数，$PFactor$ 表示农业生产资料价格指数，$Nfarm$ 表示经济非农化，$Trend$ 表示时间趋势项，D 表示省份虚拟变量，α、β 表示待估系数，u 表示随机误差项。

其中，农民的人均农业收入、粮食总产量、粮食零售价格指数以及农业生产资料价格指数均取其自然对数形式以减弱异方差性。由于农民的农业收入、粮食总产量等均为上一年的指标，因此所有随时间变化的变量均滞后一期。

其次，建立农业收入对粮食播种面积影响的计量经济模型。在该模型中除了农业收入以外，还包括其他影响粮食播种面积的重要因素。具体模型如下：

$$\ln Area_{it} = \gamma_0 + \gamma_1 \ln Inc_{i,t-1} + \gamma_2 \ln PGrain_{i,t-1} + \gamma_3 Gap_{it} + \gamma_4 Nfarm_{it}$$
$$+ \gamma_5 Flood_{it} + \gamma_6 Drought_{it} + \gamma_7 Mach_{it} + \gamma_8 Trend_t$$
$$+ \sum_{i=2}^{N} \delta_i D_i + v_{it} \qquad (9.2)$$

其中，$Area$ 表示各省份的粮食播种面积，Gap 表示城乡收入比，$Flood$ 表示洪涝受灾面积比例，$Drought$ 表示干旱受灾面积比例，$Mach$ 表示单位播种面积机械动力，Inc、$PGrain$、$Nfarm$、$Trend$ 以及 D 的定义如前所示，γ 以及 δ 表示待估系数，v 表示随机误差项。

其中，粮食播种面积、农民的人均农业收入以及粮食零售价格指数均取其自然对数形式以减弱异方差性。

9.3 变量和数据来源

本章研究区域为中国 25 个省份，包括河北、山西、内蒙古、辽宁、吉林、黑龙江、江苏、浙江、安徽、福建、江西、山东、河南、湖北、湖南、广东、广西、四川、贵州、云南、陕西、甘肃、青海、宁夏和新疆。北京、上海、天津和西藏因为部分数据不可获得而未计入研究区域，海南和重庆的数据分别计入广东和四川以保证数据的一致性。本章研究的年份区间为1988 ~ 2018 年。因此，本章研究所采用的是 775 个观察值的省级面板数据。

本章两个模型的被解释变量分别为粮食播种面积和农民人均农业收入，核心解释变量为粮食总产量。此外，在实证研究模型中加入了粮食零售价格指数、农业生产资料价格指数、城乡收入比、经济非农化、洪涝受灾面积比例、干旱受灾面积比例、单位播种面积机械动力、省级虚拟变量和时间趋势项等控制变量。

（1）粮食播种面积。本章以 1988 ~ 2018 年各省份的粮食播种面积来衡量。这部分数据来自国家统计局。

（2）农民的农业收入。本章第二个被解释变量是农民的农业收入。由于国家统计部门从未公布各省份历年的农业收入数据，而农业收入在家庭经营性收入中占有较大比例，因此本书采用农民人均家庭经营性收入作为替代指标。农民人均可支配（纯）收入共分为四个部分，分别是工资性收入、家庭经营性收入、财产性收入和转移性收入。其中，经营性收入是指农民从事生产经营获得的收入。对于农民家庭而言，家庭经营性收入的主体部分是从事农业生产经营活动所得到的家庭收入。但是，国家统计局在 2013 年对城乡住户调查实施了一体化改革，并使用农民家庭人均可支配收入替代了原来的人均纯收入，但是并未公布两者的具体换算方法。事实上，两者差异较小且变化趋势保持高度一致。因此，本章对两者不做区分，以下部分统称为人均可支配收入。同时，本章采用各省份的农村居民消费价格指数对家庭经营性收入进行了不变价格处理。具体而言，本章把每年各省份的农村居民家庭经营性收入均换算成 2015 年不变价格。这部分数据来自《新中国六十年统计资料汇编》和相关年份《中国统计年鉴》。

（3）农民的人均农业收入比例。为了开展稳健性检验，本章采用农村居民家庭经营性收入占可支配收入的比例替代家庭经营性收入。其中，农村居民家庭人均可支配收入和经营性收入均相应地折算成 2015 年不变价格。相关研究数据也来自《新中国六十年统计资料汇编》和相关年份《中国统计年鉴》。

（4）粮食总产量。本章以 1987～2017 年（滞后一期）各省份的粮食总产量来衡量，主要包括谷物（主要是水稻、玉米、小麦等）、豆类和薯类。相关研究数据来自国家统计局。

（5）粮食零售价格指数。该变量用来控制粮食价格对于家庭经营性收入和农民粮食播种面积的影响。一般而言，粮食价格上涨幅度越大，一方面可能会促进农村居民家庭经营性收入的增长；另一方面，也可能吸引农村居民放弃生产其他更高附加值农产品的生产或降低非农经营性活动的强度，从而导致家庭经营性收入的下降。同时，当农村居民意识到生产粮食能够获得更高的销售价格从而得到更高的经营性收入时，则很可能扩大粮食播种面积。为了使不同年份之间的粮食零售价格指数具有可比性，本章以 1980 年的粮食零售价格指数为 100，对其他年份的粮食零售价格指数进行相应换算。相关研究数据来自《中国物价及城镇居民家庭收支调查统计年鉴》《中国价格及城镇居民家庭收支调查统计年鉴》《中国农产品价格调查年鉴》以及国家统计局。

（6）农业生产资料价格指数。该变量用来控制农业生产资料价格变化对农村居民家庭经营性收入的影响。农业生产资料价格上涨，意味着粮食生产成本提高，从而对家庭经营性收入产生负面影响。为了使得不同年份之间的农业生产资料价格指数具有可比性，本章以1980年农业生产资料价格指数为100，对其他年份的农业生产资料价格指数进行相应换算。相关研究数据来自《中国物价及城镇居民家庭收支调查统计年鉴》《中国价格及城镇居民家庭收支调查统计年鉴》《中国农产品价格调查年鉴》以及国家统计局。

（7）城乡收入比。该变量用来衡量农村居民的非农工作潜在收益。一方面，当城乡收入比较大时，则农村居民可能通过非农工作获得的收入会更高，从而有可能吸引农村居民放弃农业生产而从事非农工作，从而其对粮食播种面积的影响可能为负。但是另一方面，更大的城乡收入比会促使农村居民想方设法提高收入水平，而粮食生产并不是劳动密集的，农村居民基本上可能在从事非农工作的同时扩大粮食生产规模，从而获得更高的家庭经营性收入。这意味着，更大的城乡收入比可能会有利于粮食播种面积的扩大。本章采用1988~2018年各省份的城镇居民可支配收入和农村居民可支配收入的比来衡量城乡收入差距。其中，城镇居民可支配收入数据来自相应年份的《中国统计年鉴》。

（8）经济非农化。本章采用第二产业和第三产业增加值之和占地区生产总值的比例作为经济非农化的衡量指标。一个省份的经济非农化指标越高，意味着该地区的农业生产重要性越低，从而粮食播种面积会越低。但是，粮食生产在农业生产中的比例较低，这种影响可能并不明显。相关研究数据来自相应年份的《中国统计年鉴》和各省份的地方统计年鉴（由于数量较多，不一一列举）。

（9）洪涝和干旱受灾面积比例。洪涝和干旱等自然灾害的发生会导致粮食播种面积下降。但是，上述灾害发生时有可能农村居民已经完成了当年农作物尤其是粮食播种面积的决策。在这种情况下，洪涝或干旱等自然灾害的发生并不一定会对粮食播种面积产生显著影响。本章研究将在实证研究模型中加入各省份的洪涝和干旱受灾面积除以农作物播种总面积得到的比例。洪涝和干旱受灾面积以及农作物播种总面积的数据来自国家统计局。

（10）单位播种面积机械动力。本章采用单位播种面积机械动力衡量各省份的农业现代化程度。农业现代化程度越高，越可能促使农村居民放弃生产粮食转而生产附加值更高的其他经济作物。因此，单位播种面积机械动力对粮食播种面积的影响可能显著为负。本章采用农业机械总动力除以农作物播种总面积得到单位播种面积机械动力。数据来自国家统计局。

除了上述重要解释变量以外，本章在计量经济模型中也加入了时间趋势项和省级虚拟变量分别控制各省份技术进步等随时间变化的因素和不随时间变化的个体效应对粮食播种面积的影响。

表9.1显示了本章主要研究变量的描述性统计分析结果。

表9.1		主要变量的描述性统计			
变量	观察值	均值	标准差	最小值	最大值
粮食播种面积（万公顷）	775	439.4	267.6	24.1	1428.3
上一年家庭经营性收入（元）	775	2650.5	1238.1	1066.7	7878.1
上一年家庭经营性收入比例（%）	775	63.9	17.8	23.5	95.1
上一年粮食总产量（万吨）	775	2010.7	1371.5	82.7	7615.8
上一年粮食零售价格指数	775	706.1	401.1	113.1	2015.2
上一年农业生产资料价格指数	775	429.9	187.5	121.6	869.6
城乡收入比	775	2.8	0.6	1.5	4.8
经济非农化（%）	775	82.6	8.4	59.0	96.5
上一年经济非农化（%）	775	81.9	8.7	58.6	96.3
洪涝受灾面积比例（%）	775	6.8	7.2	0.0	61.3
干旱受灾面积比例（%）	775	15.1	14.4	0.0	76.9
单位播种面积机械动力（千瓦/公顷）	775	4.1	2.5	0.7	13.1

注：上一年家庭经营性收入和家庭经营性收入比例均换算成2015年不变价格。上一年粮食零售价格指数和农业生产资料价格指数均以1980年水平为100。

9.4 粮食总产量、农业收入和粮食播种面积关系的描述性分析

图9.1显示了1988～2018年中国粮食总产量、农村居民家庭人均经营性收入和粮食播种面积指数的变化趋势。从中可以看出，1988～2018年，中国粮食播种面积累计增长了6.3%。这也就意味着中国的粮食播种面积在这30年间虽然总体上略有增长，但是这种增长非常不明显。与此形成鲜明对比的是，中国的粮食总产量和农村居民家庭人均经营性收入均呈现出明显增长的

趋势。其中，2017 年（2018 年的上一年）的粮食总产量相比于 1987 年
（1988 年的上一年）的水平累计增长了 63.5% 。更为明显的是，农村居民家
庭人均经营性收入却增长了 242.5% 。上述分析表明，中国粮食总产量、农
村居民家庭人均经营性收入和粮食播种面积均呈现出增长趋势，三者之间表
现出某种程度的正向关系。换言之，粮食总产量的增长有助于农村居民家庭
人均经营性收入的增加，而农村居民家庭人均经营性收入的增加会进一步促
使下一年粮食播种面积的扩大。

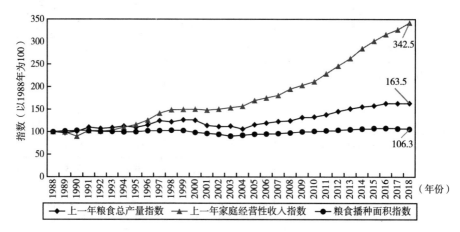

图 9.1 1988 ~ 2018 年中国粮食总产量、家庭经营性收入和粮食播种面积

资料来源：国家统计局，https：//data. stats. gov. cn/ 。

　　图 9.2 是粮食总产量、农业收入和粮食播种面积关系的散点图。从图中
可知，粮食总产量和农民家庭经营性收入之间存在明显的正向特点。换言之，
随着粮食总产量的增长，农民的家庭经营性收入也明显地增长。改革开放以
来，大量农村剩余劳动力转移到城镇非农部门，使得农业生产在农民增收过
程中的贡献率不断降低，而其中粮食生产的贡献率则更低。但是图 9.2 的散
点图及其一次项拟合曲线表明，粮食生产对农民家庭经营性收入增长仍然具
有比较明显的促进作用。同时，农业收入在农民家庭经营性收入的比例仍然
较高，因此上述结果也就意味着粮食生产有利于农民的农业收入增长。

　　农民家庭经营性收入的增长也有利于粮食播种面积的增加（见图 9.2）。
如前所述，农业收入在农民家庭经营性收入中仍然占有较大比例。因此家庭
经营性收入和粮食播种面积之间的正向关系，某种程度上意味着农民的农业
收入和粮食播种面积之间也存在正向关系。换言之，随着农民的农业收入增
长，粮食播种面积也会增加。

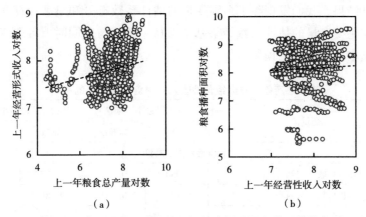

图9.2 粮食总产量、农业收入和粮食播种面积关系的散点图

综合上述结果可知,气候变化背景下,粮食总产量会受到气候变化的影响。与此同时,粮食总产量增长会通过促进农民的农业收入增长而最终促进粮食播种面积的增加。在这种情况下,我们可以合理假设气候变化不仅会通过直接影响粮食全要素生产率、要素投入、单位面积产量以及总产量来影响粮食安全,也会通过粮食总产量影响农业收入以及粮食播种面积来影响粮食安全。但需要注意的是,上述分析仅描述了三个变量之间的相关关系,并没有控制气候变化背景下其他因素对农民的农业收入和粮食播种面积的影响。因此,也就不能准确地反映三者之间的定量关系。换言之,粮食总产量、农民的农业收入和粮食播种面积之间的关系仍需要通过计量经济模型来确定。

9.5 粮食总产量、农业收入对粮食播种面积影响的实证分析结果

9.5.1 粮食总产量、农业收入对粮食播种面积影响的估计结果

表9.2显示了粮食总产量、家庭经营性收入对粮食播种面积影响的三阶段最小二乘估计法和迭代三阶段最小二乘法的估计结果。从估计结果来看,两个方程的拟合优度均为0.9左右,这说明联立方程组模型的拟合效果较好,具有良好的解释力。通过比较三阶段最小二乘估计法和迭代三阶段最小二乘

法的估计结果，我们发现除了个别变量的估计系数符号和显著性存在一些差异以外，主要变量的估计系数结果基本保持一致。与此同时，各个变量的估计系数基本上符合理论预期。

表9.2　　　　粮食总产量、家庭经营性收入对粮食播种面积的影响

变量	三阶段最小二乘法		迭代三阶段最小二乘法	
	系数	标准误	系数	标准误
粮食播种面积对数				
上一年家庭经营性收入对数	1.960***	0.124	1.737***	0.114
上一年粮食零售价格指数对数	0.172***	0.030	0.188***	0.032
城乡收入比（%）	0.083***	0.030	−0.024	0.023
经济非农化（%）	0.004*	0.003	−0.001	0.002
洪涝受灾面积比例（%）	−0.001	0.001	−0.001***	0.000
干旱受灾面积比例（%）	−0.001**	0.000	−0.001***	0.000
单位播种面积机械动力（千瓦/公顷）	−0.037***	0.007	−0.016***	0.005
时间趋势项	−0.087***	0.006	−0.079***	0.005
省级虚拟变量	是		是	
常数项	−5.538***	0.927	−3.563***	0.788
χ^2统计量	9283.002		9931.499	
R^2	0.898		0.903	
上一年家庭经营性收入对数				
上一年粮食总产量对数	0.326***	0.021	0.391***	0.018
上一年粮食零售价格指数对数	−0.082***	0.023	−0.103***	0.019
上一年农业生产资料价格指数对数	−0.055	0.037	−0.039**	0.020
上一年经济非农化（%）	−0.004***	0.001	0.001	0.001
时间趋势项	0.046***	0.002	0.042***	0.002
省级虚拟变量	是		是	
常数项	5.204***	0.199	4.395***	0.130
χ^2统计量	7876.384		7576.236	
R^2	0.905		0.899	
观察值	775		775	

注：*、**和***分别表示在10%、5%和1%的统计水平上显著。

我们关注的是上一年粮食总产量对上一年家庭经营性收入的影响，以及上一年家庭经营性收入对当年粮食播种面积的影响。首先，如表9.2所示，无论是三阶段最小二乘法还是迭代三阶段最小二乘法，第一阶段模型中上一年粮食总产量的系数均在 1% 的水平上显著为正，且系数大小没有明显差异。以迭代三阶段最小二乘法估计结果为例，上一年粮食总产量每增加 1%，则上一年家庭经营性收入相应地增长 0.391%。这和本书第 3 章的机理分析相一致。其次，第二阶段模型中上一年家庭经营性收入的系数也均为正且在 1% 的水平上是显著的。以迭代三阶段最小二乘法估计结果为例，在其他因素不变的条件下，上一年家庭经营性收入每增加 1%，会使得粮食播种面积扩大 1.737%。结合两部分结果，我们不难得出，在其他因素不变的条件下，上一年粮食总产量每增加 1%，会最终使得当年的粮食播种面积扩大 0.679%（ = 0.391 × 1.737%），验证了"上一年粮食总产量影响上一年农民的农业收入，而上一年农民的农业收入则会进一步影响当年粮食播种面积"的传导路径。这和以往部分文献的研究结果是高度一致的（张贝倍等，2020）。需要强调的是，粮食增产并不一定等于农民增收（高帆，2005；肖卫和肖琳子，2013）。作为理性农民，如果粮食产量增加伴随着粮食价格下滑或者粮食生产对收入增长贡献下降，则不一定带来农民收入增加，甚至可能导致农民收入下降。在这种情况下，粮食总产量增长可能会导致农民缩小粮食播种面积。

在第一阶段模型中，上一年粮食零售价格指数、上一年农业生产资料价格指数等变量将对上一年家庭经营性收入产生显著影响。在迭代三阶段最小二乘法估计结果中，上一年粮食零售价格指数的估计系数等于 −0.103，且在 1% 的水平上是显著的。这表明，在其他因素不变的条件下，粮食零售价格增长 1%，则农村居民人均家庭经营性收入将下降 0.103%。从中可知，粮食价格上涨并未带来农村居民人均家庭经营性收入的增长。如前所述，粮食价格上涨会带来农民粮食生产收入的提高。但是，粮食价格上涨也会吸引农民从其他高利润空间的经济作物生产或非农经营活动转向粮食生产，反而使得家庭经营性收入出现下降趋势。这种结果似乎不合乎理性经济人的选择，但是如果把粮食生产、经济作物生产和非农经营活动的劳动投入综合考虑进来，则也是合理的。具体而言，粮食生产的劳动力需求较少，而经济作物以及非农经营活动可能需要农民投入大量劳动力，从而无法享受足够的闲暇。当粮食价格上涨时，农民减少经济作物生产或非农经营活动而增加粮食作物生产，虽然一定程度上会减少经营性收入，但是却可以增加农民享受闲暇的时间。

农业生产资料价格变化也会影响家庭经营性收入。第一阶段模型中，迭代三阶段最小二乘法估计结果显示，上一年农业生产资料价格指数的系数等

于 -0.039，且在5%的水平上显著。这表明在其他因素不变的条件下，农业生产资料价格每上涨1%，会导致农村居民人均家庭经营性收入下降0.039%。显而易见，农业生产资料价格的上涨，意味着农业生产成本上升和利润空间下降。三阶段最小二乘法的估计结果也发现农业生产资料价格指数的系数也为负，不过并不显著。

经济非农化也可能影响农村居民人均家庭经营性收入。三阶段最小二乘法估计结果显示，经济非农化的估计系数等于 -0.004，且在1%的水平上是显著的。这说明在其他因素不变的条件下，一省份的第二产业和第三产业占国民经济的比例每增加1个百分点，则农村居民人均家庭经营性收入下降0.4%。非农产业的扩张，会吸引大量农村居民转移到城镇非农部分工作，从而降低农业生产尤其是粮食生产强度，这很可能会导致经营性收入的下降。不过，迭代三阶段最小二乘法的估计结果却显示经济非农化的系数并不显著。

第二阶段模型中，上一年粮食零售价格指数、城乡收入比、经济非农化、洪涝和干旱受灾程度以及单位播种面积机械动力显著影响粮食播种面积。其中，上一年粮食零售价格指数的估计系数在1%的水平上显著为正，以迭代三阶段最小二乘法估计结果为例，在其他因素不变的条件下，上一年粮食零售价格每上涨1%，则粮食播种面积会扩大0.188%。三阶段最小二乘法的估计结果与此类似。这说明更高的粮食零售价格会形成农民扩大粮食生产规模的正向激励。

城乡收入比可能扩大粮食播种面积。三阶段最小二乘法的估计结果显示，城乡收入比的系数在1%的水平上显著为正，表明城乡收入差距扩大会显著扩大粮食播种面积。在其他因素不变的条件下，城乡收入比每增加1，则粮食播种面积将扩大8.3%。这有可能是因为较大的城乡收入差距会促使农村居民通过扩大粮食生产规模来提高自身收入水平从而缩小与城镇居民的收入差距。

经济非农化也可能显著扩大粮食播种面积。在三阶段最小二乘法估计结果中，经济非农化的估计系数在10%的水平上显著为正。这意味着，在其他因素不变的条件下，第二产业和第三产业占国民经济的比例每增加1个百分点，则粮食播种面积将扩大0.4%。不过，迭代三阶段最小二乘法并未产生类似的结果。因此，经济非农化对粮食播种面积的影响有待进一步研究。

表9.2估计结果还显示，洪涝和干旱受灾程度将导致粮食播种面积显著缩小。在迭代三阶段最小二乘法估计结果显示，洪涝和干旱受灾面积比例的

估计系数均等于 - 0.001，且在 1% 的水平上是显著的。在其他因素不变的条件下，这意味着洪涝和干旱受灾面积比例每增加 1 个百分点，则粮食播种面积将相应地缩小 0.1%。

单位播种面积机械动力和粮食播种面积之间存在显著的负相关关系。根据迭代三阶段最小二乘法估计结果，单位播种面积机械动力每增加 1 千瓦/公顷，则粮食播种面积将缩小 1.6%。在本章中，单位播种面积机械动力被用来衡量一省份的农业现代化程度。因此，该结果表明农业现代化程度越高，则会导致粮食播种面积的萎缩。可能的原因是，农业现代化程度的不断提高，会导致农业非粮化程度提高，即农民将不断从粮食生产转向高附加值和高利润的经济作物生产，因此会减少粮食生产规模。

9.5.2 粮食总产量、农业收入比例对粮食播种面积影响的估计结果

为了检验上述结果的稳健性，本章采用上一年家庭经营性收入占可支配收入的比例替代家庭经营性收入代入联立方程组模型，并在此进行参数估计，结果如表 9.3 所示。结果显示，无论采用三阶段最小二乘法还是迭代三阶段最小二乘法，联立方程组模型中两个方程的拟合优度均保持在 0.8 以上，这再次说明本章建立的联立方程组模型的拟合程度较好，具有很好的解释力。

表 9.3　　粮食产量、家庭经营性收入比例对粮食播种面积的影响

变量	三阶段最小二乘法		迭代三阶段最小二乘法	
	系数	标准误	系数	标准误
粮食播种面积对数				
上一年家庭经营性收入比例（%）	0.067 ***	0.008	0.058 ***	0.006
上一年粮食零售价格指数对数	- 0.032	0.048	- 0.013	0.036
城乡收入比	0.015	0.031	- 0.020	0.021
经济非农化（%）	0.001	0.003	- 0.003 *	0.002
洪涝受灾面积比例（%）	- 0.002 **	0.001	- 0.001 ***	0.001
干旱受灾面积比例（%）	- 0.001 **	0.000	- 0.001 ***	0.000
单位播种面积机械动力（千瓦/公顷）	- 0.020 ***	0.006	- 0.019 ***	0.003
时间趋势项	0.113 ***	0.014	0.101 ***	0.011
省级虚拟变量	是		是	

变量	三阶段最小二乘法		迭代三阶段最小二乘法	
	系数	标准误	系数	标准误
常数项	2.464 ***	0.847	3.607 ***	0.576
χ^2 统计量	3657.044		6290.365	
R^2	0.835		0.870	
上一年家庭经营性收入比例（%）				
上一年粮食总产量对数	8.714 ***	0.479	11.514 ***	0.445
上一年粮食零售价格指数对数	-0.194	0.669	-0.120	0.663
上一年农业生产资料价格指数对数	0.969	0.816	-0.193	0.665
上一年经济非农化（%）	-0.054	0.043	0.082 *	0.043
时间趋势项	-1.767 ***	0.052	-1.852 ***	0.052
省级虚拟变量	是		是	
常数项	30.800 ***	5.119	5.720	4.459
χ^2 统计量	12429.703		11741.307	
R^2	0.936		0.931	
观察值	775		775	

注：*、** 和 *** 分别表示在10%、5%和1%的统计水平上显著。

表9.3的计量经济模型估计结果显示，在第一阶段模型中，上一年粮食总产量的系数显著为正，且在1%的水平上是显著的。以迭代三阶段最小二乘法为例，粮食总产量每增加1%，则家庭经营性收入的比例将提高0.115%。尽管三阶段最小二乘法的估计系数略低于迭代三阶段最小二乘法的系数，但是两者差异不算太大，且均在1%的水平上是显著的。在第二阶段模型中，上一年家庭经营性收入比例的系数也均为正，且在1%的水平上显著。根据迭代三阶段最小二乘法估计结果，这表明上一年家庭经营性收入比例每提高1个百分点，则粮食播种面积将相应地扩大5.8%。结合两部分结果我们不难得出，上一年粮食总产量每增加1%，将最终导致粮食播种面积扩大0.667%（=0.115%×5.8%）。这与采用家庭经营性收入作为核心解释变量计算出来的结果高度一致。因此，这充分说明本章的研究结果具有高度的稳健性。

第 10 章　气候变化对粮食价格的影响

——兼论粮食总产量和生产成本的中介作用

从理论上说,粮食价格的变化既取决于粮食生产成本的变化,也取决于粮食供给和需求关系的变化。更高的粮食生产成本将导致粮食价格上涨,而粮食供给增加或粮食需求减少将促使粮食价格下降。因此,气候变化很可能通过粮食总产量和生产成本造成粮食价格的变化。

为进一步验证上面提出的粮食供给价格视角下的影响机制,一方面要实证考察气候变化对粮食价格影响的综合效应,另一方面也要检验粮食总产量和生产成本在气候变化对粮食价格影响的中介效应。为此,我们在收集 1980 ~ 2018 年中国 25 个省份面板数据的基础上建立了一组中介效应模型,并采用全面可行广义最小二乘法对中介效应模型进行参数估计以解决可能存在的组间异方差、组内自相关和组间同期相关问题。

10.1　研究概述

改革开放以来,中国粮食产量总体上持续增长,从粮食供给角度较好地保障了国家粮食安全。但是,中国粮食价格也经历了较大幅度的增长过程。如图 10.1 所示,以 1983 年为基期,2018 年中国商品零售价格指数等于403.7,而食品零售价格指数则高达952.0%。1983 ~ 2018 年,中国食品价格上涨幅度大约为商品零售价格上涨幅度的 2.4 倍,这说明改革开放以来中国食品价格比其他非食品价格价格上涨得更快。

进一步观察发现,中国食品价格上涨的原因可能主要和粮食价格的过快增长有关。如图 10.1 所示,无论是 2018 年的粮食零售价格指数还是粮食消

费价格指数，均为 1983 年水平的 11 ~ 12 倍。在高于食品零售价格上涨幅度
的同时，远高于一般商品零售价格的上涨幅度。从这个角度看，与其他非粮
食消费相比，粮食零售和消费的价格上涨过快，因此对国家粮食安全仍然存
在一定程度的损害。

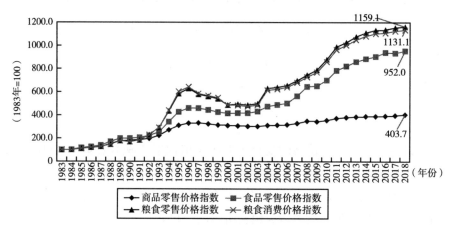

图 10.1　1983 ~ 2018 年中国部分价格指数变化

资料来源：国家统计局，https：//data. stats. gov. cn/。

　　根据本书第 3 章对粮食安全的界定可知，粮食安全既包括人们是否可以
得到足够的粮食，也包括人们是否可以通过合理的价格获取足够的粮食。前
述章节从粮食生产角度系统地分析了气候变化以及气候变化背景下农民的农
业收入对粮食生产的影响。一方面，气候变化对粮食总产量具有显著影响，
而且不同地区的影响存在较大差异。这说明气候变化会对粮食供给造成不同
程度的影响。另一方面，气候变化也会显著影响粮食生产的要素投入，从而
对粮食生产成本造成影响。根据经济学理论，在粮食需求不变的条件下，粮
食供给的变化必然导致粮食市场均衡价格的变化。但是，粮食生产成本也是
影响粮食价格的一个基础性因素。从这两个角度综合来看，气候变化在理论
上是可能对粮食价格造成显著影响的。但是，以往文献尚未对此问题进行过
有价值的实证研究。

10.2　计 量 经 济 模 型

　　本章根据第 3 章建立的粮食价格波动实证研究模型进一步细化建立一个

气温、降水量和日照对粮食价格波动影响的计量经济模型。为了控制其他因素对粮食价格波动的影响，计量经济模型中也加入了部分其他控制变量。因此，具体模型形式如下所示：

$$
\begin{aligned}
\ln Price_{it} = {} & \alpha_0 + \alpha_1 Temp_{it} + \alpha_2 \ln Prec_{it} + \alpha_3 \ln Suns_{it} + \alpha_4 \ln Pop_{it} \\
& + \alpha_5 Flood_{it} + \alpha_6 Drought_{it} + \alpha_7 Trend_t \\
& + \sum_{i=2}^{N} \alpha_i' D_i + e_{it}
\end{aligned}
\tag{10.1}
$$

其中，下标 i 表示第 i 个省份，t 表示第 t 年，$Price$ 表示各省份农民的粮食价格波动指标，$Temp$ 表示平均气温，$Prec$ 表示累计降水量，$Suns$ 表示累计日照，Pop 表示总人口，$Flood$ 表示洪涝受灾面积比例，$Drought$ 表示干旱受灾面积比例，$Trend$ 表示时间趋势项，D 表示省份虚拟变量，α、α' 表示待估系数，e 表示随机误差项。

式（10.1）中气候因素的估计系数直接反映了其对粮食价格波动影响的综合效应。如前所述，气候变化可能通过粮食总产量和生产成本两个中介变量影响粮食价格的波动。因此，本章将通过建立一个中介效应模型来检验中介效应是否存在。参考巴伦和肯尼（1986）、温忠麟等（2004）、温忠麟和叶宝娟（2014）提出和中介效应检验模型，本章在式（10.1）的基础上构建的检验粮食总产量和生产成本对粮食价格波动影响的中介效应的实证研究模型如下：

$$
\begin{aligned}
\ln Output_{it} = {} & \beta_0 + \beta_1 Temp_{it} + \beta_2 \ln Prec_{it} + \beta_3 \ln Suns_{it} + \beta_4 \ln Pop_{it} \\
& + \beta_5 Flood_{it} + \beta_6 Drought_{it} + \beta_7 Trend_t \\
& + \sum_{i=2}^{N} \beta_i' D_i + u_{it}
\end{aligned}
\tag{10.2}
$$

$$
\begin{aligned}
\ln Cost_{it} = {} & \gamma_0 + \gamma_1 Temp_{it} + \gamma_2 \ln Prec_{it} + \gamma_3 \ln Suns_{it} + \gamma_4 \ln Pop_{it} \\
& + \gamma_5 Flood_{it} + \gamma_6 Drought_{it} + \gamma_7 Trend_t \\
& + \sum_{i=2}^{N} \gamma_i' D_i + v_{it}
\end{aligned}
\tag{10.3}
$$

$$
\begin{aligned}
\ln Price_{it} = {} & \delta_0 + \eta_1 \ln Output_{it} + \eta_2 \ln Cost_{it} + \delta_1 Temp_{it} + \delta_2 \ln Prec_{it} \\
& + \delta_3 \ln Suns_{it} + \delta_4 \ln Pop_{it} + \delta_5 Flood_{it} + \delta_6 Drought_{it} \\
& + \delta_7 Trend_t + \sum_{i=2}^{N} \delta_i' D_i + w_{it}
\end{aligned}
\tag{10.4}
$$

其中，$Output$ 表示各省份的粮食总产量，$Cost$ 表示粮食生产成本，β、β'、γ、γ'、δ、δ' 和 η 表示待估系数，u、v 和 w 表示随机误差项。

10.3 变量和数据来源

研究区域为中国 25 个省份,包括河北、山西、内蒙古、辽宁、吉林、黑龙江、江苏、浙江、安徽、福建、江西、山东、河南、湖北、湖南、广东、广西、四川、贵州、云南、陕西、甘肃、青海、宁夏和新疆。北京、上海、天津和西藏因为部分数据不可获得而未计入研究区域,海南和重庆的数据分别计入广东和四川以保证数据的一致性。本章研究的年份区间为 1980~2018年。因此,本章研究所采用的是 975 个观察值的省级面板数据。

本章的被解释变量是粮食价格波动指标,而解释变量包括了气温、降水量和日照等气候因素以及粮食总产量、粮食生产成本、总人口和自然灾害等。

(1)粮食零售价格指数。由于国家统计部门未公布过粮食价格的具体数据,因此本章采用各省份历年的粮食零售价格指数作为粮食价格的替代变量。由于粮食零售价格指数在实证研究模型中取自然对数形式,因此相关估计系数也被解释为粮食零售价格指数的百分比变化。同时,各省份历年的粮食零售价格指数均换算成以 1980 年为基期的水平,因此粮食零售价格指数的变化趋势和粮食零售价格的变化趋势是一致的。在这种情况下,粮食零售价格指数的百分比变化等价于粮食零售价格的百分比变化。相关研究数据来自《中国物价及城镇居民家庭收支调查统计年鉴》《中国价格及城镇居民家庭收支调查统计年鉴》《中国农产品价格调查年鉴》,以及国家统计局。

(2)气候因素变量。气候因素是核心解释变量,包括平均气温、累计降水量和累计日照。本章数据是各省份各种粮食作物数据的加总。尽管以往部分研究认为只有农作物生长期内的气候因素会对农作物生产造成影响,因而在实证研究模型中应考虑农作物生长期内的气候因素(麻吉亮等,2012),但是部分研究也指出生长期外的气候因素也会对农作物生产造成影响(尹朝静等,2016)。综合上述两方面原因,本章研究的气候因素不区分粮食作物的生长期差异,而采用全年气候因素作为解释变量。气候因素数据来自中国气象局国家气候科学数据中心地面资料数据库的中国地面国际交换站气候资料月值数据集。

（3）粮食总产量。本章研究中采用粮食总产量作为粮食供给的一个替代变量，也是本章研究的一个重要中介变量。需要说明的是，一省份的粮食总产量不能完全代表其粮食供给。但是，当一省份粮食总产量偏低时，将不得不从其他省份购入粮食以满足该省份的粮食需求；反之，当一省份粮食总产量较高时，将可能有富余粮食向其他省份输出。这两种情况将分别导致一省份的粮食价格上涨和下跌。从这个角度来看，粮食总产量可以作为粮食供给的替代变量来考察后者对粮食价格波动的影响。本章以 1980～2018 年各省份的粮食总产量来衡量，主要包括谷物（主要是水稻、玉米、小麦等）、豆类和薯类。相关研究数据来自国家统计局。

（4）农业生产资料价格指数。这是本章另一中介变量。由于国家统计部门未公布粮食生产成本数据，本章采用农业生产资料价格指数作为替代变量。该指数反映了包括农用工具、机械化农具、化肥、农药以及农业生产服务等项目在内的农业生产资料的价格变化。本章立足于分析粮食生产成本变化对粮食价格波动的影响，在粮食生产成本指标和粮食价格指标同时取自然对数形式时，生产资料价格指数和单位面积生产成本可以看作等价的。本章把各省份历年的农业生产资料价格指数换算为以 1980 年为基期的水平。相关研究数据也来自《中国物价及城镇居民家庭收支调查统计年鉴》《中国价格及城镇居民家庭收支调查统计年鉴》《中国农产品价格调查年鉴》以及国家统计局。

（5）总人口。根据供给需求理论，供给和需求决定均衡价格。因此，本章采用一省份总人口来衡量其粮食需求。相关数据来自历年《中国统计年鉴》。

（6）洪涝和干旱受灾面积比例。洪涝和干旱的发生会影响一省份的粮食供给，同时也可能影响粮食需求。在居民意识到粮食供给发生变化时，可能会在一定程度上调整粮食消费量。因此，本章在实证研究模型中加入各省份的洪涝和干旱受灾面积除以农作物播种总面积得到的比例。洪涝和干旱受灾面积以及农作物播种总面积的数据来自国家统计局。

本章在计量经济模型中也加入了时间趋势项和省级虚拟变量分别控制技术进步等随时间变化的因素和不随时间变化的个体效应对粮食价格波动的影响。

表 10.1 显示了本章主要研究变量的描述性统计分析结果。

表 10.1   主要变量的描述性统计

变量	观察值	均值	标准差	最小值	最大值
粮食零售价格指数	975	614.8	442.6	100.0	2033.4
平均气温（摄氏度）	975	12.8	5.5	0.2	22.8
累计降水量（千毫米）	975	0.9	0.5	0.1	2.5
累计日照（千小时）	975	2.1	0.5	0.9	3.1
粮食总产量（万吨）	975	1924.1	1343.5	80.0	7615.8
农业生产资料价格指数	975	379.9	215.2	100.0	900.9
总人口（万人）	975	4698.6	2701.2	374.0	12280.0
洪涝受灾面积比例（10%）	975	0.7	0.7	0.0	6.1
干旱受灾面积比例（10%）	975	1.5	1.4	0.0	7.7

注：粮食零售价格指数和农业生产资料价格指数均以 1980 年为 100。

10.4 气候变化和粮食价格关系的描述性分析

图 10.2 描述了平均气温和粮食零售价格指数之间的关系。通过观察散点图发现，平均气温和粮食零售价格指数之间似乎并不存在显著的相关关系。我们主要有两个方面的发现：一方面，对散点图进行二次项拟合的结果表明，平均气温和粮食零售价格指数之间虽然存在一定程度的正向关系，但是这个正向关系并不明显。换言之，随着平均气温的不断上升，粮食零售价格指数尽管也存在一定程度增长，但是这种增长并不明显。另一方面，平均气温和粮食零售价格指数之间似乎也不存在明显的非线性关系。尽管图 10.2 中二次项拟合曲线具有"U"型变化趋势，但是这种趋势并不明显。相比较而言，二次项拟合曲线更接近于线性的特点。因此，平均气温对粮食零售价格指数的影响也更接近于线性趋势。

图 10.3 描述了累计降水量和粮食零售价格指数的关系。其中，累计降水量和粮食零售价格指数之间存在正向关系，意味着累计降水量增加可能导致粮食零售价格指数增长。但是，累计降水量和粮食零售价格指数的正向关系倾向于线性特点。换言之，随着累计降水量增加，粮食零售价格指数的增长趋势没有发生明显的波动，而是表现出一种比较明显的线性变化特点。前述章节已经表明，累计降水量对粮食总产量的影响呈现倒"U"型曲线特点，

虽然实际累计降水量尚未跨越倒"U"曲线的拐点,但是也已经非常接近。换言之,随着累计降水量的进一步增加,其对粮食总产量具有的微弱的正向影响将转变为不断加强的负向影响。在这种情况下,粮食总产量的降低将通过减少粮食供给而提高粮食价格。

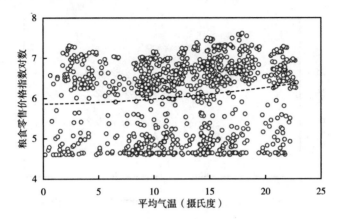

图 10.2 平均气温和粮食零售价格指数关系的散点图

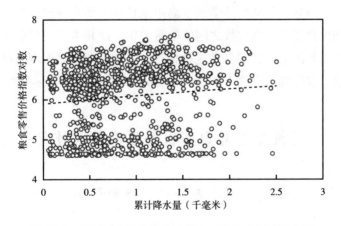

图 10.3 累计降水量和粮食零售价格指数关系的散点图

累计日照和粮食零售价格指数之间的关系表现出明显的负向特征(见图 10.4)。这就意味着,随着累计日照的不断增加,粮食零售价格指数呈现出明显的下降趋势。一方面,尽管第 5 章的研究结果表明实际累计日照已经跨越了其倒"U"型曲线的拐点,但是在相当一部分的省份中,累计日照增加仍然会促进粮食总产量的增长;另一方面,第 8 章的研究结果表明,累计日照对三大主粮生产中的化肥和农药投入均呈现出显著的负向影响。这也就意味着，累计日照可以通过减少粮食生产中的要素投入来降低粮食生产成本，而粮食生产成本的下降最终会导致粮食零售价格的降低。综合两方面结果看，累计日照和粮食零售价格指数之间的负向关系和前述章节的研究结果存在较高的一致性。

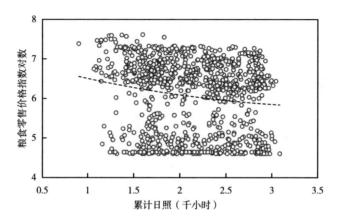

图10.4　累计日照和粮食零售价格指数关系的散点图

上述散点图分析仅从统计学角度简单地描述了平均气温、累计降水量和累计日照和粮食零售价格指数之间的数量关系，而并未控制其他可能影响粮食零售价格指数因素的作用。在这种情况下，散点图难以客观、准确地揭示粮食总产量、农民的农业收入和粮食零售价格指数之间的实际关系。

10.5　气候变化对粮食价格影响的实证分析结果

10.5.1　气候变化对粮食价格波动的影响

气候变化对粮食价格波动影响的计量经济模型估计结果如表10.2所示。模型Ⅰ显示了不加入两个中介变量（即粮食总产量和农业生产资料价格指数）的估计结果，模型Ⅱ显示了加入两个中介变量的结果。如前所述，我们采用全面可行广义最小二乘法对计量经济模型进行参数估计以解决可能存在的组间异方差、组内自相关和组间同期相关问题。为了检验全面可行广义最小二乘法的合理性，我们对组间异方差、组内自相关以及组间同期相关三个问题分别进行了检验。在两个模型估计结果中，Wald统计量分别等于71.020

和 231.670，且均在 1% 的水平上是显著的，因此可以拒绝不存在组间异方差的原假设。对于一阶组内自相关检验，F 统计量分别等于 4232.802 和 806.421，也均在 1% 的水平上显著，从而拒绝了不存在一阶组内自相关的原假设。同时，检验组间同期相关的 Pesaran 统计量分别等于 87.951 和 55.402，均在 1% 的水平上显著，表明拒绝不存在组间同期相关的原假设。综合上述三个检验，我们得知本章研究中基于长面板数据建立的计量经济模型的确存在组间异方差、组内自相关和组间同期相关三个问题。在这种情况下，如果采用固定效应模型或随机效应模型估计方法对计量经济模型进行参数估计，会导致估计效率损失且无法得到无偏一致估计量，因此，采用全面可行广义最小二乘法对模型进行估计是合理的。

表 10.2　　　　　　　　　　气候变化对粮食价格波动的影响

变量	模型 I		模型 II	
	系数	标准误	系数	标准误
平均气温（摄氏度）	0.000	0.001	0.015 ***	0.002
累计降水量对数	-0.013 ***	0.003	-0.010 ***	0.003
累计日照对数	0.025 ***	0.004	0.003	0.005
粮食总产量对数			-0.037 ***	0.007
农业生产资料价格指数对数			0.952 ***	0.023
总人口对数	0.721 ***	0.053	0.118 ***	0.033
洪涝受灾面积比例（10%）	0.000	0.001	0.002 **	0.001
干旱受灾面积比例（10%）	-0.000	0.000	0.000	0.001
时间趋势项	0.067 ***	0.002	0.019 ***	0.001
省级虚拟变量	是		是	
常数项	-1.801 ***	0.463	-0.856 ***	0.316
组间异方差（Wald 统计量）	71.020 ***		231.670 ***	
一阶组内自相关（F 统计量）	4232.802 ****		806.421 ***	
组间同期相关（Pesaran 统计量）	87.951 ***		55.402 ***	
观察值	975		975	

　　注：上述模型采用全面可行广义最小二乘法进行估计。** 和 *** 分别表示在 5% 和 1% 的统计水平上显著。

　　表 10.2 的结果中模型 I 显示的是气候变化对粮食价格波动的综合影响，

即包括了直接效应和间接效应，而模型 Ⅱ 显示的是气候变化对粮食价格波动影响的直接效应。从中我们发现，模型 Ⅰ 中平均气温的估计系数不显著，表明平均气温对粮食价格波动不存在显著影响。但是，模型 Ⅱ 中平均气温的估计系数在 1% 的水平上显著为 0.015，表明在其他因素不变的条件下，平均气温每上升 1 摄氏度会直接导致粮食价格提高 1.5%。结合两方面结果可以发现，平均气温总体上对粮食价格不存在显著影响，导致这个结果的原因可能是其对粮食价格存在正向的直接影响时还存在负向的间接影响。

在模型 Ⅰ 中，累计降水量的估计系数等于 −0.013，且在 1% 的水平上显著（见表 10.2）。因此，在其他因素不变的条件下，累计降水量每增加 1%，总体上将导致粮食价格下降 0.013%。但是在模型 Ⅱ 中，累计降水量的估计系数在 1% 的水平上等于 −0.010，意味着累计降水量每增加 1%，将直接导致粮食价格下降 0.010%。不难看出，累计降水量的增加不仅会直接促使粮食价格下跌，而且还可能通过中介变量产生额外的粮食价格下跌。

累计日照在模型 Ⅰ 中的估计系数在 1% 的水平上显著为正，在其他因素不变的条件下，累计日照每增加 1% 将导致粮食价格上涨 0.025%。但是，模型 Ⅱ 中累计日照的估计系数不显著，表明累计日照对粮食价格不存在直接影响。总体而言，日照增加会提高粮食价格，但是其对粮食价格不存在直接的影响，其对粮食价格的正向影响可能是间接的。

粮食总产量增长会促使粮食价格显著下降。在模型 Ⅱ 中，粮食总产量的估计系数等于 −0.037，且在 1% 的水平上是显著的。这表明在其他因素不变的条件下，粮食总产量每增加 1% 会导致粮食价格显著地下降 0.037%。这个结果是符合理论分析的。粮食总产量的增加在很大程度上代表着粮食供给的增加，根据供给需求理论，粮食供给增加会导致粮食的均衡价格下降。

农业生产资料价格指数对粮食价格变化具有显著的正向影响。根据模型 Ⅱ 的估计结果，农业生产资料价格指数的估计系数等于 0.952，且在 1% 的水平上显著。这就说明，在其他因素不变的条件下，农业生产资料价格指数每增长 1% 将导致粮食价格上涨 0.952%。一般而言，生产成本是决定产品定价的基础。农业生产资料价格指数的增加代表着粮食生产成本的提高。在这种情况下，粮食生产成本的提高最终将体现为粮食价格的上涨。因此，这一结果与经济学理论是相一致的。

除了上述影响因素以外，总人口的增加可能会导致粮食价格的上涨。无论是在模型 Ⅰ 还是模型 Ⅱ 中，总人口的估计系数均在 1% 的水平上是显著的。

这表明，在不加入中介变量时，总人口每增加 1% 将导致粮食价格上涨
0.721%；而加入中介变量后，总人口每增加 1% 将导致粮食价格上涨
0.118%。一个可能的解释是，粮食需求增加将导致粮食价格的上涨，但是粮
食价格上涨也会诱导农民在粮食生产中提高化肥、农药等要素投入的方式获
取更高的粮食产量，因此在控制了粮食总产量和农业生产资料价格指数后，
总人口代表的粮食需求对粮食价格的影响将会在一定程度上回落。无论如何，
这一部分的结论，即"总人口增加意味着粮食需求增加，而粮食需求增加导
致了粮食价格上涨"，从经济学角度而言是成立的。

　　洪涝灾害发生也可能导致粮食价格上涨。在控制了粮食总产量和总人口
的条件下，洪涝受灾面积比例的估计系数在 5% 的水平上显著为正。这说明
如果一省份的洪涝受灾面积比例每增加 10 个百分点，将导致粮食价格上涨
0.2%。一般而言，洪涝灾害发生将导致粮食总产量下降，从而减少粮食供
给，最终对粮食价格形成正向影响。但是模型 II 中已经控制了粮食总产量，
因此洪涝灾害发生有可能还会通过另一条途径对粮食价格产生影响。一个合
理的解释是，严重的洪涝灾害可能促使人们在短期内增加粮食囤积量，而这
种偶发性的粮食需求增加无法由总人口来描述。因此，即使控制了总人口，
洪涝受灾面积比例的增加仍会导致粮食价格显著上涨。不过，需要说明的是，
洪涝灾害对粮食价格的这种影响并不大。

10.5.2　气候变化对中介变量的影响

　　表 10.3 显示了平均气温、累计降水量和累计日照等气候因素对粮食总产
量和农业生产资料价格指数这两个中介变量的影响。其中，平均气温的估计
系数等于 0.007，且在 1% 的水平上显著；累计降水量的估计系数等于 -0.023，
且在 1% 的水平上显著；累计日照的估计系数等于 -0.014，且在 10% 的水平
上显著。这些结果和第 5 章的计量经济模型估计结果高度一致。在其他因素
不变的条件下，平均气温每上升 1 摄氏度，粮食总产量将可能增加 0.7%；
累计降水量每增加 1 千毫米，粮食总产量将下降 2.3%；而累计日照每增加 1
千小时，粮食总产量将下降 1.4%。与此同时，平均气温、累计降水量和累
计日照也显著地影响着农业生产资料价格指数的变化。在其他因素不变的条
件下，平均气温每上升 1 摄氏度、累计降水量每增加 1 千毫米和累计日照每
增加 1 千小时，将导致农业生产资料价格指数分别下降 1.1%、下降 0.7% 和

上升 1.6% 。这些结果和第 8 章的研究结果总体上是一致的。

表 10.3 气候变化对中介变量的影响

变量	粮食总产量对数		农业生产资料价格指数对数	
	系数	标准误	系数	标准误
平均气温（摄氏度）	0.007 ***	0.002	−0.011 ***	0.001
累计降水量对数	−0.023 ***	0.004	−0.007 ***	0.003
累计日照对数	−0.014 *	0.007	0.016 ***	0.004
总人口对数	0.176 ***	0.062	0.910 ***	0.043
洪涝受灾面积比例（10%）	−0.030 ***	0.001	0.000	0.001
干旱受灾面积比例（10%）	−0.035 ***	0.001	−0.002 ***	0.000
时间趋势项	0.016 ***	0.001	0.048 ***	0.001
省级虚拟变量	是		是	
常数项	6.019 ***	0.537	−3.160 ***	0.367
组间异方差（Wald 统计量）	4.7e+07 ***		102.540 ***	
一阶组内自相关（F 统计量）	42.708 ***		5969.249 ****	
组间同期相关（Pesaran 统计量）	13.436 ***		83.355 ***	
观察值	975		975	

注：上述模型采用全面可行广义最小二乘法进行估计。 * 和 *** 分别表示在 10% 和 1% 的统计水平上显著。

除了气候因素以外，总人口、洪涝和干旱受灾面积比例也会显著影响粮食总产量和农业生产资料价格指数。其中，总人口每增加 1% ，将导致粮食总产量增加 0.176% ，同时导致农业生产资料价格指数增加 0.910% 。一省份的总人口增加，意味着一省份粮食需求的增加。在这种情况下，总人口的增加会反过来拉动粮食生产以满足增加的粮食需求。为了满足增加的粮食需求，农民可能会通过增加要素投入来提高粮食产量，因此也就不难理解总人口会对农业生产资料价格指数造成显著的正向影响。洪涝和干旱发生程度的提高会导致粮食总产量下降，这和第 5 章的结果也是一致的；而干旱发生程度的提高则会造成农业生产资料价格指数的下降。

10.5.3 气候变化对粮食价格波动的中介效应分析

从以上分析我们可以发现，气候变化对粮食价格波动的中介效应的确存在。为了进一步分析粮食产量和生产成本是否在气候变化对粮食价格波动的影响过程中发挥了中介效应，我们在上述计量经济估计结果的基础上进行了检验，结果如表 10.4 所示。其中，平均气温对粮食价格波动影响的综合效应不显著，而直接效应显著为正。因此，这可能意味着粮食产量和生产成本在平均气温对粮食价格波动的影响过程中发挥了遮掩效应，抵消了平均气温对粮食价格波动影响的直接效应。在表 10.4 中，粮食总产量在平均气温对粮食价格波动影响过程中的产量效应（$\beta_j\eta_1$）在 1% 的水平上显著为负，而农业生产资料价格指数在平均气温对粮食价格波动影响过程中的成本效应（$\gamma_j\eta_1$）在 1% 的水平上显著为负，这表明两个中介变量同时产生了遮掩效应。

表 10.4　气候变化对粮食价格波动的中介效应

效应	平均气温	累计降水量	累计日照
1. 综合效应（α）	0.000 (0.001)	− 0.013 *** (0.003)	0.025 *** (0.004)
2. 直接效应（δ）	0.015 *** (0.002)	− 0.010 *** (0.003)	0.003 (0.005)
3.1 产量效应（$\beta_j\eta_1$）	− 0.0003 *** (0.000)	0.001 *** (0.000)	0.001 ** (0.000)
β_j	0.007 *** (0.002)	− 0.023 *** (0.004)	− 0.014 * (0.007)
η_1	− 0.037 *** (0.007)	− 0.037 *** (0.007)	− 0.037 *** (0.007)
类别	遮掩效应	遮掩效应	中介效应
3.2 成本效应（$\gamma_j\eta_1$）	− 0.011 *** (0.001)	− 0.007 *** (0.003)	0.015 *** (0.004)
γ_j	− 0.011 *** (0.001)	− 0.007 *** (0.003)	0.016 *** (0.004)
η_1	0.952 *** (0.023)	0.952 *** (0.023)	0.952 *** (0.023)
类别	遮掩效应	中介效应	中介效应

注：$j=1$ 表示平均气温，$j=2$ 表示累计降水量，$j=3$ 表示累计日照。系数和标准误来自表 10.2 和表 10.3 的估计结果。*、** 和 *** 分别表示在 10%、5% 和 1% 的水平上显著。

如表 10.4 所示，降水量对粮食价格影响的综合效应显著为负，而直接效应也显著为负。考虑到直接效应小于综合效应，因此意味着粮食产量和生产成本在降水量对粮食价格的影响过程中也发挥了负向中介效应以加强降水量对粮食价格影响的负向效应。但是，粮食总产量在累计降水量对粮食价格波动影响过程中的产量效应（$\beta_2 \eta_1$）在 1% 的水平上显著为正，因此体现为遮掩效应；而农业生产资料价格指数在累计降水量对粮食价格波动影响过程中的成本效应（$\gamma_2 \eta_1$）在 1% 的水平上显著为负，体现为中介效应。但是，农业生产资料价格指数的中介效应大于粮食总产量的遮掩效应，因此总体上仍然体现为中介效应。

累计日照对粮食价格波动影响的综合效应显著为正，而直接效应并不显著。因此，粮食产量和生产成本在累计日照对粮食价格波动的影响过程中可能存在显著正向的中介效应。其中，粮食总产量在累计日照对粮食价格波动影响过程中的产量效应（$\beta_2 \eta_1$）在 1% 的水平上显著为正，而农业生产资料价格指数在累计日照对粮食价格波动影响过程中的成本效应（$\gamma_2 \eta_1$）也在 1% 的水平上显著为正，因此两者均体现为正向的中介效应。

第11章 气候变化背景下中国
粮食安全的新挑战

民以食为天，粮食始终是人民群众最根本的生存资料，其他的一切发展都要建立在吃饱肚子的基础之上。改革开放 40 多年以来，中国农业飞速发展，基本上完成了中国人把饭碗端在自己手里的目标，让中国人感受到了"手中有粮，心中不慌"，让我们这样一个人口大国成功解决了吃饭难题，我们不仅做到了"碗里有粮"，更做到了"碗里有中国粮"，牢牢把握国家粮食安全的主动权，从而掌控国家经济发展的大局，以独立自主的姿态屹立于世界民族之林，也为世界上人口众多的国家改善粮食供给问题提供了新思路、新方案。

然而，随着时代的发展和变化，我国的粮食安全还在不断面临着新的挑战和风险。除了气候变化这一因素本身之外，近年来在气候变化背景下所发生的能源枯竭、土地沙漠化、农村人口流动等问题也都对我国粮食安全产生了深刻影响，而且这些新的影响因素与气候变化问题相互融合交织，对农业发展造成重重阻碍。尤其是当前国际环境错综复杂，新的问题逐渐浮出水面。本章将对前述内容进行拓展，从气候变化背景下所出现的其他影响因素的角度对粮食安全问题进行探讨，主要包括农业劳动力弱化、农民收入非农化、生物燃料乙醇的发展以及国际农业垄断资本等。

11.1 农业劳动力弱化

11.1.1 农业劳动力弱化的现状

保障国家粮食安全的基础是促进粮食生产的持续增长，而促进粮食生产的关键在于增加物质要素投入和劳动要素投入。其中，劳动要素投入既体现在劳动数量上也体现在劳动质量上。改革开放40多年来，中国农业劳动力对于促进农业生产发挥了重要作用。但是，近年来农业劳动力不仅在数量上呈现减少的趋势，而且在质量上也存在下降的特点，两者共同构成了中国农业劳动力弱化的基本内涵。必须强调的是，在气候变化对中国粮食生产以及粮食安全造成不利影响的背景下，农业劳动力弱化将使得国家粮食安全面临新的威胁和挑战（贾利军和杨静，2015）。因此，这应该引起学术界和政策制定者的注意。

一般来讲，工业化和城镇化的发展会引发农村劳动力的转移。李嘉图较早指出在农业停滞不前的情况下，推动工业化会遇到粮食问题。拉尼斯和费（1961）认为，农业部门存在零值劳动力时，农业劳动力转移不会造成农业总产出减少或粮食短缺。舒尔茨认为，发展中国家对现有资源的配置是有效率的，不存在零值劳动力，但从农业退出会导致农业（粮食）生产的下降。到了拉尼斯－费景汉模型的第三阶段，农业部门存在隐性失业，如果不提高农业边际劳动生产率，随着劳动力的转移农业产出水平将下降，必然会导致粮食安全问题（西奥多·舒尔茨，2011）。中国农村劳动力的大量转移始于20世纪80年代，是农村家庭劳动力资源重新配置的过程。由于农村青壮年劳动力不断转移和外流，不仅导致农村劳动力人口的减少，而且导致农村劳动力结构性缺失，造成农村劳动力弱化。总体而言，我们认为农业劳动力弱化主要体现为数量减少、老龄化、女性化和受教育程度下降四个维度。

11.1.1.1 农业劳动力数量减少

中国长期处于农业劳动力过剩的状态，改革开放以来40多年农村剩余劳动力持续地向城市转移。随着时间推移，农村农业劳动力逐渐减少，已经逐渐接近刘易斯拐点，农村剩余劳动力下降已接近"瓶颈"状态。因此，研究农业劳动力数量与粮食的关系，应对农业劳动力数量持续下降是粮食安全战略必不可少的一环。

1980年以来，中国农业劳动力数量经历了多次波动（见图11.1）。1980～1991年，中国第一产业劳动力数量从2.91亿人一直增长到3.91亿人。1992～2002年，中国第一产业就业人员经历了一个比较明显的"U"型变化趋势。其中，1996年和1997年中国第一产业就业人员达到了这一阶段的最低值。

在此之后，中国第一产业就业人员持续快速下降，到2018年中国第一产业就业人员数量下降到了仅2.03亿人。总体而言，40年间第一产业就业人员累计减少了近1亿人，而相比1991年的最高值累计下降了将近2亿人。中国第一产业就业人数在全国就业人数中占比不断降低，这是由大量青壮年农业劳动力向城市转移造成的。

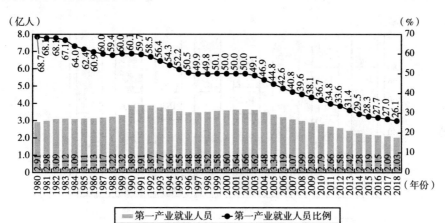

图11.1　1980～2018年中国第一产业就业人员的变化

资料来源：国家统计局，https://data.stats.gov.cn/。

11.1.1.2　农业劳动力老龄化

农村劳动力内部结构失衡的一个主要表现就是年龄结构失衡。根据孟令国和刘薇薇（2013）的计算，若将留守在农村的劳动力按年龄划分，中国农村51岁以上的劳动力从2003年的19.7%增至2010年的48.4%（见图11.2），逐渐成为农村劳动力占比最大的年龄层，也就是说大部分留在农村从事农业生产的劳动力是51岁以上的老年人。由此可见，中国农业劳动力老龄化问题日趋明显，现阶段农村劳动力的主体基本上都是来自近年来已无法外出务工的中老年劳动力，这更加重了劳动力进一步弱化的趋势。

11.1.1.3　农业劳动力女性化

农村劳动力的转移不仅使农村劳动力主体的数量不断下降，也造成了农村劳动力的性别比例失调。在农村，劳动力应以男性劳动力为主，但目前农村男女劳动力比例严重失调。根据郭金兴和王庆芳（2014）的测算，2003～

2010 年，中国农村男性劳动力从 6.5 万人下降至 2.4 万人，性别比例从 47.8% 下降至 43.0%，女性劳动力的数量虽然从 7.1 万人下降至 3.2 万人，但所占比例呈上升趋势，从 52.2% 增至 57.0%（见图 11.3）。相对而言，留在农村的劳动力主体以女性为主，这种男女比例失调反映了农村劳动主体结构性失调。

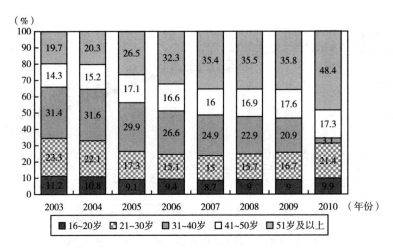

图 11.2 2003～2010 年中国农村劳动力年龄结构

资料来源：孟令国，刘薇薇．中国农村剩余劳动力的数量和年龄结构研究［J］．经济学家，2013（4）：37－42.

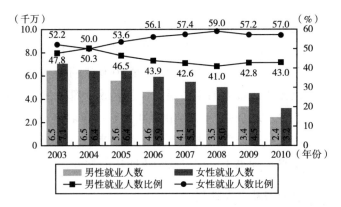

图 11.3 2003～2010 年中国农村劳动力性别结构

资料来源：郭金兴，王庆芳．2002－2010 年中国农村剩余劳动结构的估算［J］．经济理论与经济管理，2014（4）：23－33.

11. 1. 1. 4　农业劳动力受教育程度下降

农村劳动力的知识水平结构也随着青壮年劳动力的大量外流发生了变化，受教育程度低的老人为主要农村劳动力，而高中及以上学历者在农村劳动力中越来越少，占比不断下降（见图11.4），致使农村劳动力的知识水平不断下降，留守农村务农的中老年劳动力的文化程度基本上只有小学或初中水平。农村劳动力知识水平的下降直接影响着农业机械化发展，从而也阻碍了农村现代化建设。

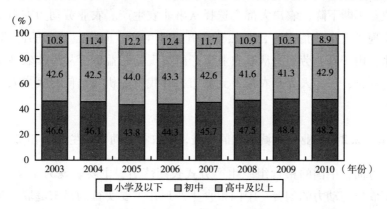

图 11. 4　2003～2010 年中国农村劳动力不同教育程度人数比例

资料来源：郭金兴，王庆芳. 2002－2010 年中国农村剩余劳动结构的估算［J］. 经济理论与经济管理，2014（4）：23－33.

农村青壮年劳动力的大量外流，是当前"三农"问题的突出表现。农村大批青壮年劳动力人口外流在促进经济增长与发展的同时，也造成了农业农村的发展缺乏务农劳力的"农民荒"以及相应的一系列问题，使中国农村劳动力队伍进一步弱化，给中国的农业生产和口粮自给自足带来了巨大的挑战，直接威胁到农业基础的稳固和国家的粮食安全。

11. 1. 2　农业劳动力弱化的原因

中国农村劳动力弱化的局面是多种因素共同作用的结果，究其原因主要有以下四个方面。

11. 1. 2. 1　农业属于弱质产业，比较收益低，导致大量农村劳动力流失

从自然风险看，粮食生产受自然条件的影响较大，自然灾害常常会危害

到粮食安全。再加上中国农田水利设施少，年久失修，农业的机械化水平较低，抗自然灾害能力差，这都严重影响着农业技术进步，从而制约了农户收入的增加。另外，就粮食生产的自然特性来看，由于粮食生产中的劳动时间短，生产时间长，增加了实现专业化分工的难度，降低了粮食的生产效率。

从经济效益看，中国人均耕地资源匮乏，不到世界人均水平的1/3，再加上自然侵蚀现象严重，提高单产水平难度大，扩大粮食播种面积的余地小。随着农业生产成本的逐渐增加，种粮效益低，导致农民种粮积极性随之减弱，经济收益不断下降，农户大都会选择从事非农生产。农业劳动力在自身利益无法实现最大化的情况下，必然要离开农业生产，向收益较高的部门流动。近年来，由于农业劳动力从事农业生产所实现的利益低于从事非农业生产所实现的利益，许多人离开农村，到城市去寻找就业机会，使得大量农村劳动力流失。

11.1.2.2 工业化、城镇化的推进，对农村劳动力产生"挤出效应"

一方面，中国的粮食组织生产方式长期落后，主要表现为小规模经营，造成了农村劳动力的闲置。中国粮食生产现在主要实行的是家庭联产承包责任制，以家庭为单位进行小规模经营。小规模的家庭经营方式，使得中国农村经济带有浓厚的小农经济色彩，农业生产仍然长期滞留在半自给自足的自然经济阶段，农产品生产成本高，市场竞争力低，效率低下。由于每户耕地面积狭小，因此农民基本还在沿用传统劳动工具进行生产，生产效率与经济效益都比较低下，每户家庭经营的土地有限，地少人多，容易造成农业劳动力闲置。

另一方面，工业化、城镇化的快速推进吸纳了大量农村闲置劳动力，对农村劳动力产生"挤出效应"。随着中国工业化进程的加快，快速的工业化对劳动力产生了巨大需求，由于第二产业的比较利益高于第一产业，工业企业的劳动报酬会高于生产周期较长、盈利能力相对较弱的农业产业。因此农业劳动力偏向于转移到第二产业，从事非农业生产，以获得更高的收入。随着城镇化的推进，同时由于农村经济发展受限，农村总体发展水平低于城镇。再加上中国农村基础设施建设与城市相比整体水平较低，城乡居民在医疗、教育、就业等方面仍存在较大差距，缩短城乡差距还需要相当长的时间，因此农民更倾向于选择发展水平更高的城镇。

11. 1. 2. 3　农民收入结构不合理，工资性收入增幅高于家庭经营收入增幅

由于农业生产具有经济性、自然性的特点，通常被认为是集经济再生产、自然再生产为一体的人类活动，具有较为明显的季节性特征。在农业生产过程中，不仅有资金、技术、人工等投入，还有自然再生产中的人工闲置问题。

劳动力作为一种资源，其稀缺性将伴随着经济的不断发展而日益显现，其机会成本在农民生产决策中的作用也会越来越大。农村劳动力务农机会成本指农民选择进城务工所获得的工资收入。长期以来，中国农产品收购价格始终较低，化肥、种子、农药等农资价格却节节攀升，即使粮食大丰收，农民依然会陷入增产不增收的怪圈，降低了农民的种粮积极性。在经济相对发达地区，粮食生产规模锐减，非农收入成为农民收入的主要来源。在经济欠发达地区，家庭收入结构的非农化倾向也较为明显，也在一定程度上削弱了农民从事粮食生产的积极性。1989 ~ 2013 年，中国农村居民人均工资性收入呈现逐年递增的趋势，其中工资性收入增幅明显大于家庭经营收入。2012年，中国农村居民人均工资性收入增幅高达 16. 3%，家庭经营收入增幅仅为9. 7%。农村劳动力特别是青壮年劳动力，从农村大量转移到城市，不可避免地会对农业生产发展及粮食安全产生较大影响。

11. 1. 2. 4　城市偏向型的制度设计加大城乡收入差距，促使劳动力向城市流动

回顾中国农村改革的历程，改革中偏重于城市发展的制度设计，加大了城乡收入差距。在改革开放前期，为了实现工业化赶超而推行重工业优先发展战略，实行对农业征税为工业化提供财政支持的政策措施。在这一阶段，资本过度集中于城市产业，农业和农村的发展让步于工业化，城市职工收入远远超过农村劳动力收入，为城乡居民收入差距的扩大埋下了隐患。改革开放以后，尽管家庭联产承包责任制的实施和一系列助农扶农政策措施的推出，在一定程度上促进了农业和农村经济的发展，使得城乡收入差距的扩大幅度有所下降，但是随着工业化和城市化的快速推进，政府的政策导向和投资又再次使资源配置集中向城市转移，城乡收入差距继续扩大。

正是由于长期对农业发展的忽视，"三农"问题尤为突出。近些年，虽然政府实施了各种政策措施，进行了一系列改革，并取得一定成效，但城乡

收入差距持续扩大，农民收入中来自务农的比重持续下降，导致农村劳动力不断向城市外流。

11.1.3 农业劳动力弱化对粮食安全的影响

实现粮食自给，确保粮食安全，是保障国家独立发展、实现国民经济又好又快发展的基础。这其中最关键的是要稳定农业生产的主体，然而近年来农村劳动力的弱化已直接影响到中国的粮食安全。

11.1.3.1 农村劳动力弱化制约着粮食产出效率的提升

受农村劳动力性别结构和年龄结构失衡的影响，农村土地撂荒现象越来越严重，复种指数下降，严重影响了粮食的产出效率。近30年来，中国农业劳动力出现了大规模的转移，农村新一代青壮年劳动力大量外流进入城市务工，老人留守农村种粮的现象进一步加剧，形成一种常态的趋势。这种劳动力的过度转移导致中国耕地利用率下降、农村"空心化"、农业生产"妇女化""老年化"等问题严重，这对中国粮食生产产生了非常不利的影响，直接影响了粮食的产出效率。中国粮食生产劳动强度大，劳动条件较差，具有很强的季节刚性，需要多个劳动者相互协作。务农劳动力妇女化和老龄化现象的存在，导致长时段、高强度的播种收割等农作任务无法完成，留守妇女和老人只能选择播种相对省力、相对省心的主粮作物，如水稻、小麦、玉米等，而大豆、薯类等辅粮作物由于自身的生产特点，更需要精细化的种植管理，需要投入大量的劳动时间和劳动强度，而以留守妇女和老人为主体的、性别结构和年龄结构失衡的农村劳动力现状与此类作物的种植需求产生矛盾。

11.1.3.2 农村劳动力弱化制约着粮食生产的规模化、集约化

受到农村劳动力年龄结构和知识结构失衡的影响，粮食生产难以实现规模化与集约化。粮食生产的规模化和集约化需要劳动力要素、技术要素和土地要素的适度集聚才能实现。目前中国农村专业人才极度匮乏，呈现老龄化趋势的农村劳动力的知识素养和技术水平普遍偏低，学习新知识和运用新技能的能力也较弱，使农业机械化和农业现代化不能在农村地区普及，也阻碍了现代农业科学技术及科学管理方法在粮食生产过程中的高效运用，直接制约着粮食的规模化、集约化生产的实现。由于技术手段的退步和技术使用效

率的下降，中国欠发达地区的农业生产率在 1978～2008 年中，全部农业要素的生产量下降了 5.5%。

农村劳动力的劳动生产率降低使农业生产的协作性减弱，不能达到现代农业生产的内部分工要求，无法打造实现粮食集约化生产的劳动力要素基础。加之留守在农村的老龄人口存在"恋土情节"，农民对于土地流转意愿低，限制了土地流转和土地集中，使得他们只能在现有土地上进行小农经济式的农业生产。农村土地使用形式为一家一户分散生产，经营规模小，并逐渐趋于粗放化耕作，甚至还出现土地被撂荒的局面，使农业新技术和农业大机械无法应用，导致农业生产难以采用规模化的现代耕作手段，严重影响了农业规模化生产和土地使用效率。农村劳动力弱化现象的加重，进一步导致中国农村土地资源无法集中利用，农业技术不能普及，直接影响到土地产出率和劳动生产率，使中国的农业发展方式难以向规模化、集约化的现代农业转变。

11.1.3.3 农村劳动力弱化制约着农民应对粮食市场变化的能力

受农村劳动力知识水平下降的影响，面对越来越复杂的粮食市场变动，知识水平较低的农业劳动力获取市场信息的难度加大，应对市场复杂变化的能力降低，也影响着粮食安全。在市场经济条件下，市场主体必须对市场供求形势作出准确预测，以便更好地根据市场情况指导生产。从市场调节看，由于粮食的生产周期长，产量对价格的反应滞后，粮食供给调整滞后于市场需求变化，短期内难以达到均衡状态，而农户往往根据当前的市场行情来决定未来的粮食生产，致使粮食生产的调整远远落后于市场价格变化，市场信号放大作用更加显著。

长期来看，市场价格变动对供给量的影响较大，价格与产量的波动越来越偏离均衡水平，加剧了市场的复杂性。而以初中以下文化程度为主的务农劳动力对粮食的市场价格进行理性预期的能力有限，也缺乏足够的能力去获得并传播与粮食生产的相关信息，增加了掌握粮食市场信息难度，进一步加剧了参与市场竞争的风险。

缺少组织化合作的小农生产，再加上受文化教育程度偏低从而缺乏对现代市场经济运行的了解，造成务农劳动力无组织地分散进入市场，不仅阻碍了资源在粮食生产者之间的流动和有效配置，无法实现最优化生产，而且导致在农业市场化的进程中，农民由于处于绝对劣势的地位，不具备市场谈判优势，也就无法掌握市场主导权。一方面，农业生产资料的价格往往由处于强势地位的市场主体，如生产商、零售商来决定，价格居高不下，农民只能被动地接受。另一方面，进入市场的大部分农产品的价格也主要由强势的市场主体，如中间商、零售商来制定，使得农产品利润大量外流，农民获益有限，进一步削弱了农民对粮食市场复杂变化的应对能力。

11.2　农民收入非农化

11.2.1　农民收入非农化概念和形成机理

随着中国工业化和城镇化进程的加快以及改革开放带来的一系列政策制度上的改变，农村经济非农化发展的大门被打开，农民在经济运行中的自主性和积极性明显提高，农民出于增收的渴望和比较利益的驱动，逐渐开始将劳动力向非农产业转移，农业劳动力和收入非农化趋势明显。改革开放以来，农民家庭经营性收入占比从 1978 年的 84.9% 下降到了 2016 年的 38.35%，而农民工资性收入占比则从 1978 年的 7.03% 上升到了 2016 年的 40.62%。①家庭经营性收入对农民纯收入的增长的贡献逐渐降低，而相对较高收益率的非农业部门对农村劳动力更具吸引力，会导致农民务农意愿下降。农民获得更多的非农收入，一方面可能会增加农民在农业生产中的资本投入，另一方面也可能将更多的劳动力转移到非农业部门以追求更大的利益。

非农化是中国社会经济发展的必然趋势（孟灿文，1997；伽红凯和王树进，2016）。农民要想提高收入水平，仅仅依靠结构调整是不现实的，其根本途径在于劳动力非农化比重的提高，减少农民才能真正富裕农民（唐浩，2014）。农民依靠传统农业增加收入的空间是极其有限的，农业创造就业的能力较弱，农产品价格难以得到提升，农业生态属性存在客观制约，这些因素以及现行土地政策等都造成了农民难以通过传统农业增收的局面（刘志军，2004）。相比而言，非农化则可以大大增加农民的收入，农村工业化的推进可以为农民提供更强大的工业支持；农村服务业的展开可以为农民创造增加非农收入的新渠道；而农村劳动力的非农化转移则能够直接增加农民的工资性收入。林善浪等（2016）认为中国当前正处于快速工业化和城镇化阶

---

① 历年《中国统计年鉴》。

段，农村资源和劳动力非农化在一定程度上是必然趋势。

农民收入按来源可划分为工资性收入、家庭经营收入、财产性收入和转移性收入，其中工资性收入是指受雇于单位或个人，靠出卖劳动而获得的收入；家庭经营收入是指以家庭为生产经营单位进行生产筹划和管理而获得的收入；财产性收入是指金融资产或有形非生产性资产的所有者向其他机构单位提供资金或将有形非生产性资产供其支配，作为回报而从中获得的收入；转移性收入指农村住户在二次分配中的所有收入，农村居民家庭平均每人转移性纯收入不包括农村内部亲友赠送收入。

不同文献对于收入非农化的定义随着经济发展和时代变化而改变。例如，孔泾源（1992）认为现在的非农化已经不再像欧美早期工业化国家一样模式单一。鲁明泓（1994）认为，非农化已经不再局限于工业化，还包括第三产业等其他产业的发展，同时非农化也不再等同于城市化。金一虹（1998）较早指出，非农化是农村劳动力、产业和土地等持续由农业转向非农业的一种正常的历史演变，不仅包括农村本地资源的非农化，也包括农村资源向城市的转移。王金玲（1995）认为，非农化是指在社会总产值中非农产业产值的贡献率越来越大。需要特别说明的是，本书所指的"收入非农化"主要是指中国农民的收入结构发生转变，由以农业收入为主要来源转变为以非农业收入为主要来源。

对于非农化的成因，不同学者从不同的角度进行了分析。艾伦（1986）指出，农民会从自身利益最大化的角度出发而理性选择兼业经营，这是农民家庭选择从事农业的同时从事非农产业的原因之一。蔡昉（2007）指出，改革开放以来，通过改革户籍制度取消了乡村人口流动限制，促进农村劳动力向城市流动，进而推动了劳动力的非农化。基利奇等（2009）认为，农民从事非农业经营的动力在于"推拉原理"，推力是从事农业生产的低收入回报率和农民需要承担较大的风险，拉力则是从事非农业生产带来的高收入回报率以及较小的风险。

我们将从不同角度简要分析中国农民收入非农化的形成机理。

11.2.1.1　理性农户追求生产利润最大化

理性农户按照"成本—收益"来安排生产，其生产经营方式符合市场规律且与其他经济主体并无二致，都遵循"利润最大化"原则。2011年，西奥多·舒尔茨在其著作《改造传统农业》中把农户看作农业企业，认为其同样视利润为收入的唯一函数，而且会对市场价格做出积极反应，当农产品价格发生变化时，农户的投入、产出和收入也会发生改变，从而确立了"传统农业依然遵循市场经济规律，传统农户是追逐利润最大化的经济人"的观点。受到舒尔茨的影响，波普金（1979）也认为传统农户在市场经济运行过程中会按照利益最大化来进行生产要素的配置，即在现有条件下农户会合理配置自己所掌握的劳动力和资金，以求在经营生产中用尽量少的成本获得尽量多的利润。不论是过去还是现在，农民作为理性人会追求利润最大化的满足仍未改变。在当下中国城镇化和工业化进程不断推进的背景下，农民出于获得最大利润的考虑，会在农业部门和非农部门之间合理分配自己所持有的资产及劳动力，通过获得收益更高的非农收入来实现利润的最大化。

11.2.1.2　农户寻求劳动辛苦和消费满足的基本均衡

1996 年，恰亚诺夫在其著作《农民经济组织》中指出，农户能够充分利用所有可能带来高收益的机会，他们会"仔细估量实有的生产资料和其他一切能够成为劳动对象的东西，然后以不放过所有能带来高收益的机会为原则分配自己的劳动，只要别的形式的劳动可以提供更有利的机会，它就通常会视手中的土地和生产资料如敝履而弃之不用"。劳动消费均衡理论认为，农户利用一切资本和生产资料是为了减少农户参加劳动的辛苦程度，而参加各种生产性活动是为了获得家庭消费的最大满足。如果农户主观上感觉获得收入后的满足感大于付出的代价时，就会不断投入更多劳动力。农户也会投入资本，但由于资本，尤其是土地资本的缺乏，农户会将一部分劳动力投向非农生产活动，有利的市场条件使得农户可以通过付出较低的劳动强度来获取较高的比较收益。

11.2.1.3　工业化过程推进农村劳动力转移

1954 年，美国经济学家阿瑟·刘易斯在《劳动力无限供给条件下的经济发展》一书中把经济部门分为现代城市工业部门和传统农村农业部门，其中，城市工业部门为"资本主义部门"，经济发展主要依赖于城市工业部门的扩张；农村农业部门为"非资本主义部门"，主要负责为城市部门提供源源不断的廉价劳动力。所以只要城市工业部门提供一份略高于农村农业部门的劳动力报酬，农村农业部门的剩余劳动力就会被源源不断地从农村农业部门转移到城市工业部门，只要农村仍存在着剩余劳动力，这种劳动力转移就不会停止（阿瑟·刘易斯，1954）。刘易斯二元结构对理论界做出了巨大的贡献。但是，他忽视了农业的重要性，没有意识到农业劳动效率提升是农村剩余劳动力转移的前提条件（特瑞多，1969）。拉尼斯和费景汉将农业发展纳入分析范围之内，将刘易斯模型划分为三个阶段（瑞尼斯等，1961）：第一阶段，农民收入仅局限于土地经营收入，农业部门中存在着大量的显性失业，劳动力的边际生产率为零，为追求自身利润最大化，这些剩余劳动力会转移到非农业部门；第二阶段，农业劳动力边际生产率大于零，但仍低于不变制度工资，农村存在着隐性失业，劳动力仍然向非农部门转移，使得农业生产受到消极影响，同时，农民工资性收入快速增长并开始超过家庭经营收入，农民受到相对较高工资水平的吸引不断向非农部门转移，直至这部分农业劳动力被全部吸收完毕；第三阶段，农业部门的剩余劳动力已经被工业部门吸收完毕，农业劳动力的工资开始由市场力量决定，工人和农民可以在劳动力市场公平竞争，促使农民向非农转移的力量消失，经济转变为一元结构。

11.2.1.4　劳动力转移到非农部门以实现家庭收入最大化

新劳动力流动经济学以家庭经营单位作为分析对象，认为农户可以通过将一个或多个家庭劳动力转移到与农业部门负相关、相互独立或较低相关度的其他部门，抵消家庭经营中的劣势，获得家庭收入的最大化（斯达克，1991）。新劳动力流动经济学认为，留守在农业部门的家庭成员和外出务工的家庭成员之间存在一种契约关系，前者为后者提供转移成本和失业保障，后者则通过将部分收入寄回家中来改善前者福利，双方共同为彼此提供担保，使得家庭整体通过劳动力转移获得效用的最大化（斯达克，1991）。中国当下农村劳动力的现状是青壮年外出务工获得更高的家庭非农收入，而老弱劳动力留在农村维持农业生产使得农业产出效率降低，这样的劳动力分配是农民家庭内部共同决策的结果，使得中国农民的收入结构发生了转变，并且这种转变仍在进一步加剧，随着未来中国农民在非农业部门获得的收入越来越多，在农业部门获得的收入越来越少，家庭内部将进一步分配更多的劳动力到非农业部门，使得农业部门劳动力以及其他资产要素缺失，将威胁中国粮食生产和粮食安全。

11.2.2　农民收入非农化的趋势和现状

改革开放以来，中国农民收入水平稳定提高，收入结构也随之发生较

大的改变。总体而言，中国农民收入的非农化趋势主要具有以下两个方面
特征。

11.2.2.1 农民收入结构发生改变

随着农村经济体制改革的推进，农民收入水平整体提高，农民生产积极
性和自主选择能力得到激发和提高。为了改善生活环境，提高收入水平，农
民选择进入非农部门，打开多元化的收入渠道，打破了以往以家庭经营收入
为主、其他收入为辅的收入结构。同时，随着城镇化和工业化进程的不断推
进，中国社会经济结构由刘易斯的城乡二元结构逐步向一元经济结构转变，
农村剩余劳动力逐渐转移到第二产业和第三产业，并获得更多的工资性收入，
农村居民的收入结构发生转变，变为以工资性收入为主、其他收入为辅的结
构。1978~2016 年，中国农村居民家庭经营性收入的比重从84.9%下降到
38.35%，工资性收入的比重从7.03%上升到40.62%。从2013年开始，工
资性收入在农民人均纯收入中所占的比重开始超过家庭经营性收入，正式成
为农民收入的主要来源（见表11.1）。

表 11. 1	1978 ~ 2016 年中国农民人均可支配收入结构变化		单位:%
年份	家庭经营性收入	工资性收入	财产性收入	转移性收入
1978	84. 90	7. 03	—	—
1980	78. 21	8. 77	—	—
1985	74. 45	9. 32	—	—
1990	75. 56	20. 22	—	—
1995	71. 36	22. 42	2. 60	3. 63
2000	63. 34	31. 17	2. 00	3. 50
2005	56. 67	36. 08	2. 72	4. 53
2010	47. 86	41. 07	3. 42	7. 65
2011	46. 18	42. 47	3. 28	8. 07
2012	44. 63	43. 55	3. 15	8. 67
2013	42. 64	45. 23	3. 29	8. 81
2014	36. 60	41. 83	2. 27	17. 35
2015	35. 85	42. 55	2. 33	17. 46
2016	38. 35	40. 62	2. 20	18. 83

资料来源：1979~2017 年的《中国统计年鉴》。

从表 11 - 1 可以看出，1995 ~ 2016 年中国农村居民家庭经营性收入占人均纯收入的比重，从将近 3/4 的水平下降到 1/3 左右，而工资性收入占人均纯收入的比重则从 1/5 左右上升到 2/5 左右，扩大了将近两倍。农村居民的收入结构发生了巨大的改变。

11.2.2.2 非农收入占比处于上升趋势

改革开放 40 多年来，中国农民收入的增长方式已经发生了根本性转变，非农收入已经成为农民收入增长的主要来源。本书所指的非农收入指工资性收入和经营性收入中的非农业部分，不包括财产性收入和转移性收入。在改革初期，中国实施"以粮为纲"战略，农村经济结构较为单一，农民的主要收入来源于种植业。改革开放后乡镇企业迅速崛起，农村市场体系逐渐完善，农业产业化战略初显成效，农民不再只局限于种粮产粮。农村第二产业和第三产业的产值逐渐开始超过第一产业，从事非农经营性活动的农村劳动力在不断增长，非农收入占人均纯收入的比重也快速上升。1995 年，家庭非农收入为 523.10 元，占人均纯收入的 33.16%；而到了 2016 年，家庭非农收入达到 6493.50 元，占人均纯收入的 52.52%。家庭经营农业收入对人均纯收入的贡献率逐年降低，1995 年家庭农业收入占农民人均纯收入的比重为 60.63%，而 2016 年这一比重下降为 26.66%（见表 11.2）。

表 11.2　　　　　　　　**1995 ~ 2016 年农业收入与非农收入的比例变化**

年份	可支配收入（元/人）	农业收入		非农收入	
		水平（元/人）	比例（%）	水平（元/人）	比例（%）
1995	1577.70	956.50	60.63	523.10	33.16
1996	1926.07	1192.61	61.92	1071.52	55.63
1997	2090.13	1267.69	60.65	1234.12	59.05
1998	2161.98	1237.44	57.24	1375.72	63.63
1999	2210.34	1180.02	53.39	1528.86	69.17
2000	2253.40	1090.70	48.40	1038.90	46.10
2001	2366.50	1126.55	47.61	771.90	32.62
2002	2475.63	1134.99	45.85	1191.76	48.14
2003	2622.24	1195.58	45.59	1264.06	48.21

续表

年份	可支配收入（元/人）	农业收入		非农收入	
		水平（元/人）	比例（%）	水平（元/人）	比例（%）
2004	2936.40	1398.05	47.61	1346.20	45.85
2005	3254.93	1469.60	45.15	1549.46	47.60
2006	3587.04	1521.30	42.41	1784.46	49.75
2007	4140.40	1745.10	42.15	2044.80	49.39
2008	4760.60	1945.90	40.88	2343.40	49.22
2009	5153.20	1988.20	38.58	2599.90	50.45
2010	5919.00	2231.00	37.69	3032.90	51.24
2011	6977.30	2519.90	36.12	3665.40	52.53
2012	7916.60	2722.20	34.39	4258.60	53.79
2013	9429.60	2839.80	30.12	4747.50	50.35
2014	10488.90	2998.60	28.59	5390.90	51.40
2015	11427.10	3153.80	27.60	5950.10	52.07
2016	12363.40	3269.60	26.66	6493.50	52.52

资料来源：1996~2017年的《中国农村统计年鉴》。

11.2.3 中国农民收入非农化对粮食生产的影响

11.2.3.1 不同阶段非农收入与粮食产量变化

改革开放以来，中国农业发展取得明显成就，粮食产量连续稳定增长，对农民收入水平提高起到了极大促进作用。随着经济改革的推进，农民非农收入增长迅猛，粮食产量也随着非农收入的变化而发生着改变。

第一阶段：1978~1990年。粮食产量迅速增加，非农收入增长缓慢。改革开放初期，中国家庭联产承包责任制的推行有效刺激了农村经济的发展。同时，政府提高了粮食收购价格，充分调动了农民的生产积极性。这一时期，中国粮食连年丰收，粮食产量从3.05亿吨增长到4.46亿吨，增幅达46.4%，年均增长率为3.57%。这一阶段，农民收入的主要来源是家庭经营收入，其中种植业收入在家庭经营收入中的比重较大，而中国农民人均非农收入从

90.3 元增长到 201.4 元，平均增速为 9.46%，农民非农收入水平整体偏低。[①]

第二阶段：1991～1997 年。农民非农收入高速增长，粮食产量在波动中保持增长。非农产业的兴起和发展提高了农民的非农收入，但在一定程度上影响了农民进行粮食生产的积极性。这一时期，农民非农收入呈现增长的态势，从 214.9 元增长到 767.2 元，增长了 2 倍多，年均增长率达 36.7%；而粮食产量从 4.35 亿吨增长到 4.94 亿吨，增幅达 13.5%，年均增长率为 1.93%，远低于第一阶段。虽然粮食产量和农民非农收入在这一时期整体上都是增长的，但是粮食产量有较为明显的波动。[②]

第三阶段：1998～2003 年。粮食产量连续出现负增长，农民非农收入增速加快。这一时期，由于中国工业化和城镇化进程加快，许多农民放弃了农业劳动，转向非农产业，农民非农收入增速加快。"九五"期间，政府采取多种措施消除通货膨胀促进国民经济平稳发展，但是粮食生产受到经济大环境的影响，出现"五年三减产"的现象，粮食产量显示出严重波动。中国粮食产量在这一时期，从 5.12 亿吨减产到 4.31 亿吨，减幅达 15.9%。农民非农收入从 847.2 元增长到 1264.1 元，涨幅达 49.2%，年均增长率为 8.2%。[③]

第四阶段：2004 年至今。中国粮食产量及农民收入都实现了持续性增长。在此期间，中央出台了两大农业政策，即国家粮食补贴政策和全面取消农业税。2004～2016 年，粮食产量从 4.69 亿吨增加到 6.16 亿吨，增幅达 31.3%。同时，农民非农收入也一直在增长，且增速明显高于第三阶段，从 2004 年的 1346.2 元增加到 2016 年的 6493.5 元，增长近 5 倍，年均增长率近 48.02%。尽管粮食产量和农民非农收入协同增长，但是农民非农收入的增速明显高于粮食产量。[④]

11.2.3.2 收入非农化对粮食生产的积极影响

第一，促进农业规模化经营。土地市场化流转可以促使土地由边际产出较小的农户转移到边际产出较大的农户，优化农村土地资源配置，提高农地利用效率。一般来说，农民非农收入水平越高，可能越倾向于将人力投入非农产业中，以获得更多的收益。相对来说，家庭小规模土地的农业经营收益

---

①②③④ 国家统计局发布的 1978～1984 年《全国年度统计公报》，详见 http://www.stats.gov.cn/tjsj/tjgb/ndtjgb/index.html；国家统计局农村社会经济调查司编著的 1985～2020 年《中国农村统计年鉴》，详见 https://data.cnki.net/area/Yearbook/Single/N2020120306? z = D20。

对农民的吸引力降低。对于那些劳动力欠缺、非农收入充足的农户来说，倾向于将部分或全部土地流转出去；而对于劳动力充足、非农就业机会不足的农户来说，则倾向于流入更多土地，扩大生产经营规模。非农收入对土地流出和土地流入都有明显的影响。非农收入的水平越高，农户流转出土地的意愿越强；非农收入的水平越低，农户流转入土地的意愿也更强。收入非农化能有效促进农村土地流转，落实党和国家的政策和方针，促进农民走规模经营道路，为保障中国粮食生产打好基础。

第二，促进农业现代化发展。非农收入对农业机械服务支出有显著正效应，即非农收入增加，农业机械服务支出也随之增加。首先，非农收入增加意味着农民家庭整体收入水平提高，能够为购买农业机械设备或服务提供保障。其次，非农收入增加会提高全社会整体劳动力价格水平，使农村劳动力市场的劳动力成本相应提高，这将推动农户增加农机支出，理性使用人力。最后，非农收入占比越高的农户，农业机械服务支出也越高，家庭农业机械化水平也越高。

第三，促进开发农业多功能。农业多功能是指将农业生产的自然方面与社会方面结合起来，以农业生产空间为核心，通过与农业生产相关的资源、环境、景观、民俗、乡味和事件等因素相联系，突出农业生产的参与性、学习性、体验性和愉悦性等多重功能。近年来在市场供求作用下发展迅速的休闲农业，就是全面发挥现代农业生产和体验两大功能的有效形式，以农业的多功能性为基础，以实现农业一二三产业融合和休闲化为导向，推进农业和旅游业要素资源的优化组合。近年来，随着农民非农就业的普遍化和广泛化，农民在城镇务工、就业，不仅增加了非农收入，提高了收入水平和生活质量，也在第二产业和第三产业学习和积累了丰富的技术和经验。在国家对农业扶持力度加强和城镇就业困难加剧下，一些农民工踏上了"回乡创业"的热潮。同时，伴随着国家对大学生回乡支农政策的推广，众多优秀高校毕业生也投身农村，共同为发展和建设新农村贡献力量，为推动农村产业多元化起到了关键的作用。非农收入的增长和劳动力回流为开发农业多功能提供了资金和人才保障。

11.2.3.3　收入非农化对粮食生产的消极影响

第一，加剧农村内部收入差距。长期以来，除城乡收入差距较大之外，农村内部收入差距已经达到较高水平，甚至还在不断扩大。农民非农收入的增长是造成农村内部收入差距的主要因素之一。非农收入的增长进一步加剧农村内部收入差距，主要体现在农民的经营方式和劳动力分配上。一方面，在农村内部，土地二轮承包后，政府鼓励农村土地流转和土地经营的规模化，农村中相对较富足的农户可以形成一定的集聚效应，这虽然在一定程度上提高了农村的资源配置效率，但同时也扩大了农村内部收入差距；另一方面，工业化和城镇化的不断推进以及劳动力市场的改革，为农村劳动力向城市流动创造了条件，而城乡户籍制度的改革和对人口流动管制的放松更是推进了农村劳动力转移，外出务工的农民相较于留守农民能够获得更高的工资性收入，其非农收入的整体水平得以拉高，农村内部的收入差距也会进一步扩大。

第二，加剧农村劳动力"弱质化"。收入非农化使得家庭开始重新配置家庭劳动力资源，加剧农村劳动力"弱质化"。一方面，从数量上来看，中国第一产业就业人员数量下降严重，从 2000 年的 3.60 亿人下降到了 2016 年的 2.15 亿人。农村年轻劳动力为了追求更高收入逐渐转移到非农业部门，而这部分劳动力获得更多的非农收入，会进一步加剧农村劳动力外流，进一步弱化农村劳动力。另一方面，从质量上来说，随着劳动力转移的程度逐渐加深，年轻力壮的男性劳动力转移到非农业部门从事体力劳动，留下生产效率较低的妇女、孩子及老人留守继续经营土地。而留守的这部分劳动力普遍受教育程度较低，劳动力知识水平的欠缺直接影响到他们学习和使用新型农业生产技术的能力，家庭也减少了对农业生产的劳动力投入，对提升农业生产效率有一定的阻碍作用，进一步影响农业部门收入，弱化农村劳动力。

第三，不利于种植结构多元化。随着非农收入对家庭总收入增长的贡献率逐渐增大，农村剩余劳动力不断向外转移，使得留守劳动力所获得的种植业收入在家庭总收入中所占的比重越来越低。此时，留守劳动力为了实现增收，就迫切需要根据自身的禀赋特征来调整和优化种植业结构。而由于劳动力生产要素欠缺且粮食作物的边际收益较低，种植业结构只能向劳动力密集程度较低而经济收益较好的方向转变，种植业结构变化成为必然，经济作物则成为农业生产的新趋势，使得种植结构更趋向单一化，这将对传统粮食生产造成消极影响。

11.3   生物燃料乙醇的发展

工业革命以来，全球经济高速发展，各国对能源的需求持续增长，随之而来的是严峻的能源短缺问题和全球气候变暖问题。在此背景下，许多国家调整能源政策，寻找化石能源的替代品，生物燃料乙醇应运而生（贾利军等，2015；贾利军，2015；贾利军和仝晓婷，2014）。中国于20世纪初开始推动生物燃料乙醇的生产。至今，中国仍主要生产以玉米为生产原料的一代生物燃料乙醇。作为三大主粮之一，玉米在能源生产环节中投入量的增加是否影响中国粮食生产与安全，是值得深入思考的问题。

11.3.1   生物燃料乙醇发展的背景

能源是经济发展的基础物质条件。伴随着全球经济快速发展，世界各国对能源需求量持续增长，化石燃料需求量也持续增加。作为不可再生能源，化石燃料供给量十分有限，能源短缺问题已对居民的正常生活以及人类社会的发展产生影响，并已经成为一大全球性问题。《BP世界能源统计2016》指出，2015年全球的石油探明储量约为1.68万亿桶，而全球石油日均消费量约9500万桶，虽然全球石油产量增速连续两年超过全球石油消费增速，但以目前的开采和消费情况仅够开采48年左右。由此可见，伴随着石油总需求量的不断增长，全球能源供应压力将不断增加，还将会引起国际油价的持续上涨。对中国而言，2015年全国石油产量为430.9万桶/日，消费量为1196.8万桶/日，石油资源严重依赖进口。2015年的能源消费增长率为1.5%，虽然创近20年来最低增幅，但中国已连续15年成为全球最大的能源增长市场，由此可见中国面临着更为严峻的能源安全问题。

11.3.1.1   传统能源使用加剧气候变化以及生物燃料的使用

气候变化问题日益严重，全球75%的二氧化碳由燃烧石油、煤炭等化石燃料产生。在全球能源问题凸显、气候变化日益严重的背景下，生物质能源的发展有效缓解了全球能源供给的矛盾，生物燃料乙醇作为生物质能源的一种，近几十年发展日益迅速。

中国于 20 世纪 90 年代提出发展生物燃料乙醇的构想。21 世纪初开始，生物燃料乙醇产业步入快速发展阶段。国家出台了一系列制度、规划和方案助力生物燃料乙醇产业的发展，为中国生物燃料乙醇发展提供新的发展机遇。自 2006 年起，中国已成为世界第三大生物燃料乙醇生产国和应用国，仅次于巴西和美国。

11.3.1.2　保证国家粮食安全的重要性

粮食作为人类赖以生存的物质基础，是各国实现稳定和发展的前提，中国是人口大国和粮食消费大国，粮食安全问题更具全局性和紧迫性。生物燃料乙醇的生产需要粮食作为原材料，其中需要大量的玉米，玉米作为中国三大主粮之一，研究其需求量的变化对于国家粮食安全的影响十分必要。

11.3.2　生物燃料乙醇的发展趋势和现状

生物燃料乙醇是一种生物质能源，以淀粉等糖类作为原料，经过发酵、蒸馏制成燃料酒精，脱水之后添加变性的无水乙醇而制成的。生物燃料乙醇既可以直接代替化石燃料，又可以与汽油按照比例混合制成乙醇汽油作为汽车的燃料使用。与普通汽油相比，乙醇汽油燃烧产生的污染物和温室气体含量较低，可以减轻对环境的污染。

当前，按照生产原料可以将生物燃料乙醇分为三类：第一类是以玉米、小麦等主粮为原料制成的生物燃料乙醇，也被称作一代生物燃料乙醇；第二类是以甘蔗、甜高粱等作物为原料制成的生物燃料乙醇，也被称作 1.5 代生物燃料乙醇；第三类是以农作物茎、秸秆等纤维素为原料制成的生物燃料乙醇，被称作二代生物燃料乙醇。二代生物燃料乙醇的原料来源广泛，原料供给较为充足，而且不存在"与人争粮"或"与粮争地"等问题，因此成为各国技术开发和推广重点。

11.3.2.1　美国生物燃料乙醇的发展

美国是当前世界上最大的生物燃料生产国和使用国，分析和研究美国生物燃料乙醇的发展历程、技术和相关政策，对于中国燃料乙醇产业的发展意义重大。美国生物燃料乙醇发展开始于 20 世纪 80 年代。为解决原油紧缺的问题，美国联邦政府于 1979 年正式出台乙醇发展计划。21 世纪初，美国国家能源部将生物燃料乙醇作为推动可再生能源战略的重要科研项目，特别是在 2005 年以后，美国的生物燃料乙醇产业迅速扩张。截至 2006 年，美国生物燃料年产量达 48.84 亿加仑，成为世界上生物燃料乙醇第一生产大国。根据美国可再生燃料协会提供的数据，2016 年美国生物燃料乙醇年产量达 153.3 亿加仑，与 2006 年相比增长了约 214%（见图 11.5）。产量不断增加的同时，美国生物燃料乙醇的消费量也在持续增长，2000 年美国生物燃料日消费量为 10.76 万桶/日，2014 年增长至 95.5 万桶/日，增长了近 9 倍（见图 11.6）。美国农业部于 2010 年 6 月提出了美国 2022 年可再生生物燃料目标发展路线图，详细说明了美国可再生燃料的运输及区域开发计划，并指出 2022 年美国以玉米为原料生产的生物燃料乙醇的消费量将达 150 亿加仑。

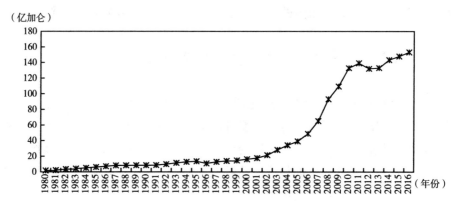

图 11.5 1980～2016 年美国生物燃料乙醇产量

资料来源：American Council on Renewable Energy，https：www.acore.org/.

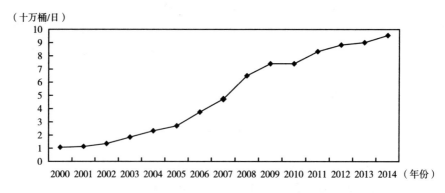

图 11.6 2000～2014 年美国生物燃料乙醇日消费量

资料来源：U. S. Energy Information Administration，https：//www.eia.gov/.

美国生物燃料乙醇发展具有两个方面的特征：第一，政策支持。为保证国内生物质能源的发展，美国联邦政府和州政府联合制定和出台了一系列措施，例如对生产生物燃料乙醇的企业提供补贴；对生产生物燃料乙醇的小型企业采取税收减免政策；对进口的生物燃料乙醇征收较高关税，有效防止进口生物燃料乙醇对国内市场造成的冲击等。第二，发展重点的转移。与中国类似，玉米是美国第一代生物燃料乙醇的主要原材料。美国是世界第一大玉米生产国，结合机械化生产和先进技术的运用，美国以玉米为原料的燃料乙醇的生产兼具效率和规模优势。伴随着生物燃料乙醇需求量的不断提高，美国逐步将发展的重点转向第二代生物燃料乙醇的研发和推广上。2009 ~ 2012年，美国联邦政府对于植物纤维素乙醇的政策优惠幅度远大于第一代生物燃料乙醇。

11. 3. 2. 2　中国生物燃料乙醇的发展

中国生物燃料乙醇研究开始于 20 世纪 80 年代，而发展生物燃料乙醇是在 1999 年。整体来看，中国生物燃料乙醇的发展主要经历以主粮（玉米）为原料生产乙醇和以非主粮为原料生产乙醇两个阶段。

第一阶段，即以主粮（玉米）为原料的生产阶段。中国发展生物燃料乙醇的一个主要目的是有效利用国家储存的陈化粮。第二阶段，即以非主粮为原料的生产阶段。伴随着陈化粮消耗殆尽，各企业转而利用新粮作为原料生产燃料乙醇。导致粮食价格一路走高，对居民的基本生活产生严重影响，国家开始推动实现生物燃料乙醇生产"非主粮化"。2007 年底，中国第一个以木薯作为原材料的生物燃料乙醇生产项目在广西正式成立，这是中国生物燃料乙醇生产"非主粮化"的重要标志。与此同时，以纤维素为原料的生物燃料乙醇生产也在不断推进，中国成为世界第三大生物燃料乙醇的生产国。

中国生物燃料乙醇发展存在几个方面的问题：第一，生产原料单一，影响粮食生产和储备。中国发展生物燃料乙醇的最初动因之一是有效利用和消化储备的陈化粮，伴随生物燃料产业的不断发展，中国存储的陈化粮已于2006 年左右消耗殆尽。生物燃料乙醇生产企业为了保证生产的顺利开展，开始选用当年生产的新粮（玉米）作为燃料乙醇生产的主要原料。新粮在生物质燃料方面的大量使用直接影响着中国的粮食储备量。尽管后期国家采取一系列的措施推动生物燃料乙醇非粮化，但仍无法有效控制新粮在生物燃料乙醇生产中的使用。中石油经济技术研究院发布的《2013 年国内外油气行业发展报告》指出中国部分企业的新粮使用比例仍高达 80%。玉米是中国一代生物燃料乙醇的主要生产原料。当前，受技术和成本等因素的制约，中国一代生物燃料乙醇的生产仍占据较大比重，单一的生产原料不仅制约着中国生物燃料乙醇产业的发展，更对中国的粮食储备和生产产生不利影响。第二，原材料分散且获取困难。原材料获取问题是制约 1.5 代和二代生物燃料乙醇生产的主要原因。1.5 代和二代生物燃料乙醇的主要生产原料有木薯、甜高粱和以农作物秸秆为代表的纤维素等，这些原料分布较为分散，如农作物秸秆分散在各农业生产家庭中，甜高粱的种植地域较为分散，木薯不仅种植分散，且无法多年连续耕作。不仅如此，这些原料在收割、运输、储存等环节也会消耗大量的时间和人力，进一步增加了获取难度。尽管中国多数企业已建立了主要的生物燃料乙醇原材料生产区，但制造成本依旧很高，一方面降低了企业的盈利能力，另一方面也不利于实现规模化生产。第三，生产技术落后，技术体系不完善。中国生物燃料乙醇生产技术落后主要体现转化效率和技术含量两方面。转化效率方面，目前中国在以主粮为原材料的生物燃料乙醇生产技术方面已较为成熟，但与美国和巴西等发展程度较高的国家相比，转化效率仍较低。技术含量方面，不同于美国，中国生产酒精燃料的主要原材料仍为玉米，木薯、甜高粱和纤维素的使用规模仍旧较低。技术体系不完善也是中国生物燃料乙醇产业发展面临的重要问题之一。中国现在大力推动 1.5 代和二代生物燃料乙醇的生产，生产方式的多样化使不同企业生产生物燃料乙醇的工艺存在差异，而技术体系的不完备致使各生产企业缺乏统一的技术指标规定，生物燃料乙醇的生产缺乏有效的管控和统一的流程设计。

11.3.3 生物燃料乙醇的发展对粮食安全的影响

在气候变化加速、能源危机凸显等因素的影响下，发展生物燃料乙醇成为越来越多国家的选择。伴随着生物燃料乙醇普及度的提高，其与国家粮食安全之间的关系也受到各国学者的关注。由于生物燃料发展时间相对较短，所以相关研究还处于起步阶段，中国于 21 世纪初才开始发展生物燃料，国内相关研究的数量相较于国外更少，而且研究范围较窄。当前，国内学者主要对生物燃料乙醇发展现状、意义及存在的问题和挑战等内容展开研究，国外学者对于生物燃料乙醇的研究内容相对较广泛，部分学者对生物燃料乙醇燃料发展对全球或本国的粮食安全的影响进行研究。

11.3.3.1 生物燃料发展威胁粮食安全

部分学者认为，生物燃料发展会对粮食安全造成威胁。首先，生物燃料发展影响粮食种植结构。例如，比鲁尔等（2008）通过研究发现，若大力发展生物燃料，将直接导致生物燃料的生产原料，如甘蔗等作物的需求量大幅度增加，进而改变农产品的种植结构，生物燃料原材料作物的种植面积会不断增加。班斯等（2008）研究发现，美国、日本和欧盟采取强制性化石燃料混合政策，最终将会引起种植甘蔗和粗粮的农田面积大幅上升，相应地，其他粮食作物的播种面积会减少，影响农产品的生产结构。吴方卫等（2009）的研究结果显示，油价上涨速度越快，生物燃料乙醇的产量增加越快，进而作为生产原料的玉米的种植面积会增加，玉米对耕地的挤占致使水稻和小麦因播种面积减少而减产。付叶青和谢继蕴（2011）利用农户粮食种植决策模型分析了生物燃料乙醇发展对中国粮食种植结构和收益的影响，指出燃料乙醇发展会引起玉米播种比例的上升，通过提高玉米的生产收益，改变粮食种植结构的持续动力，进一步加剧粮食种植结构的改变。

其次，生物燃料发展影响粮食价格。其中，李超民和刘芳（2008）重点研究美国生物燃料乙醇产业的发展，研究结果指出美国大规模发展生物燃料乙醇产业，建设生物燃料乙醇生产企业，使得国内的消费结构出现明显变化，也对世界市场的粮食供应产生影响，导致粮食价格和进出口地区发生变化。杜婧等（2016）对美国 38 个季度的数据分析指出，玉米价格和燃料乙醇价格间存在正向的相互影响，并且燃料乙醇价格对玉米价格的竞争推动作用更明显，大于玉米价格对燃料乙醇价格的成本推动。高德健等（2015）通过定量分析显示，短期内当年世界生物燃料乙醇产量上涨 1%，会引起下一年中国玉米价格上涨 0.47%；从长期来看，世界生物燃料乙醇产量每上涨 1%，会使中国玉米价格上涨 0.30%。因此，生物燃料产量的扩大在成为影响粮食价格上涨主要原因的同时，也对世界粮食形势的变化产生深远影响。

最后，生物燃料发展影响发展中国家的发展。薛狄和那力（2010）在研究中指出，生物燃料产业的发展可以降低发展中国家的石油进口依存度，满足国内需求，在一定程度上还可实现出口创汇，增加国家收入。付青叶和谢继蕴（2011）指出，生物燃料生产的扩张会直接或者间接影响国际粮价，对于发展中国家尤其是低收入缺粮国家，粮食自给率低，会受到国际粮食市场价格影响，粮食价格一直处于高水平的压力。部分学者对此持不同观点，认为生物燃料产业发展对于发展中国家是机遇。刘贺青（2012）指出，关税税率不统一使得发展中国家比较优势丧失，同时发展中国家在生物燃料可持续认证标准制定中缺少话语权。

11.3.3.2 生物燃料与粮食安全不存在明显的相关关系

部分学者研究表明，生物燃料与粮食安全之间不存在明显的相关关系。波勒和隆多（2008）指出，当前生物燃料发展对全球粮食价格的影响相对较小。王霞等（2014）研究 1.5 代非粮作物燃料乙醇原料，发现利用"非耕地"种植、"非食用"的高生物量能源作物，可以充分利用土地资源，缓解中国能源不足现状，也避免"与人争粮"和"与粮争地"的弊端。乌加特等（2007）认为，美国、巴西和欧盟大规模发展生物燃料会对全球的粮食贸易产生一定影响，但从长期来看生物燃料技术的升级和改进将会解决粮食短缺和粮食价格上涨等问题。

总结当前研究成果，生物燃料发展对中国粮食安全的影响，不同的学者间存在着分歧。一部分学者认为生物燃料的发展会影响农业生产结构进而影响粮食价格，会出现生物燃料"与人争粮"和"与粮争地"的问题；而另一部分学者认为，生物燃料的发展对粮食价格的影响相对较小，而且伴随着技术的进步，粮食产量将会不断提高，粮食价格也会趋于平稳。

11.3.3.3 封闭与开放经济情形下生物燃料乙醇发展对粮食安全的影响机制

生产生物燃料乙醇的主要原料包括玉米、甘蔗、木薯等，运用纤维素生产生物燃料乙醇（即二代生物燃料乙醇）已成为各国研究和推广的重点。不同的生产方式将会在不同程度上对国家的粮食安全产生影响。

在封闭经济情形下，分析生物燃料乙醇发展对粮食安全的影响机制仅需考虑国内粮食的供给和需求情况。一国的粮食供需平衡受国内粮食供给和粮食需求的共同影响。国内粮食供给由原有粮食库存和当年粮食生产情况共同决定。一般地，粮食需求则由食物用粮和非食物用粮的总量决定，其中食物用粮包括口粮和饲料用粮，非食物用粮包括工业用粮和种子用粮。

以主粮作为原料的生物燃料乙醇产业的发展，会直接引起乙醇用粮的需求量持续增加，相应的工业用粮量增加。而在较短时期内粮食供给量是一定的，生物燃料乙醇发展致使工业用粮量增加，这一变化一方面会降低口粮供给量，出现"与人争粮"的现象；另一方面，需求量的增长会打破原有供需平衡的状态，引起该主粮价格的上涨。从长期来看，受价格因素的影响，以主粮为原料的生物燃料乙醇产业的发展会导致"与粮争地"的问题，农户偏好种植价格更高的农作物，这直接致使乙醇用粮的播种面积增加，而其他主粮的播种面积减少，在生产技术未实现重大突破的前提下，主粮产量的波动将直接威胁中国的粮食安全。

在开放经济的情形下，国家的经济运行不再是独立的。国家要确保粮食安全，必须考虑同其他国家的联系，即在分析影响机制时必须考虑贸易因素。作为燃料乙醇的原材料，玉米在不同国家间的贸易也会对国家的粮食安全产生影响。

一国发展生物燃料乙醇将增加燃料乙醇产量，进而推动全球玉米需求量增加，刺激国际贸易量增长；而国际贸易量的增加则会带动全球玉米价格的上涨。对于出口国而言，玉米价格的变化将会对玉米出口国的土地利用结构产生影响，即玉米播种面积增加，相应的其他主粮的播种面积则会减少，影响出口国的粮食安全。对于进口国而言，需求量的增加带动玉米进口价格上涨，进口价格的提高会提升该国的玉米进口依存度，威胁进口国的粮食安全。

11.4　国际农业垄断资本

11.4.1　国际农业垄断资本的扩张

粮食对于一个国家的重要性不言而喻。对发达资本主义国家而言，尤其是 20 世纪 70 年代以来，新自由主义思想及其政策主张逐步成为西方国家主流，然而，主要发达资本主义国家一方面提出反对政府干预市场的主张，以激励农业生产者追求利润最大化；另一方面又纷纷通过扶持政策促进本国农业资本扩张与发展推动本国农业生产现代化与资源控制全球化。在此过程中，科技的进步成为农业垄断集团积累垄断资本、攫取全球巨额利润的助推力。

与此同时，为了使农业垄断资本集聚更多的财富，在世界银行和国际货币基金组织等国际组织的直接推动下，发达资本主义国家以推动经济全球化为名号，向发展中国家输出新自由主义思想导向下的农业政策，在发展中国家积极推行新自由主义农业政策的同时，在发达国家内部采取明显的保护主义政策，从而无节制地向发展中国家输出农业垄断资本，引发发展中国家既有自给自足农业生产体系的破坏，造成大量的中小农业生产者因无利可图而放弃农业生产，从而带来发展中国家粮食危机和生态环境问题的恶化。与此同时，发达资本主义国家通过在国内推行农业保护主义，采取农业保护和支持政策、农业保险计划等手段，加速了农业生产的集中与资本积累，促进了本国农业垄断资本的发展。由于长期巨额补贴压低了主要农产品价格，一方面，带来传统农业的消失，促进了规模化现代农业的形成；另一方面，农业垄断资本极力推进农产品贸易自由化，以便于资本输出，从而迅速占领发展中国家粮食市场，抢占发展中国家农业资源，完成对发展中国家农业生产体系的控制。

11.4.1.1　农业垄断资本在国家农业保护主义的庇护下快速壮大

经过工业革命后二百年的发展，发达资本主义国家的农业资本通过工业化程度的提高和对小农生产者的剥削，已具备了农业规模化经营的条件。第二次世界大战结束后，世界进入相对和平的发展时期，国家垄断资本主义逐渐成为资本主义扩张的主要形式。为了促使垄断资本能够更好地控制农业领域，各发达资本主义国家政府均施行干预和调控农业资本配置的政策和法律法规，促使工业垄断资本中过剩的部分进入农业领域，进一步加速了本国农业各产业价值链的垄断进程，促成了农业垄断集团的出现。此时这些国家的农业生产如马克思指出的，"资本主义农业生产指望获得眼前的货币利益的全部精神，都和供给人类世世代代不断需要的全部生活条件的农业有矛盾"[①]。

随着各发达资本主义国家农业现代化的实现，各国农业垄断资本的形成和发展有着高度相似性。在英国，政府以《农业法》等法律为依据对生产量小、生产效率低的小农场进行整合。同时将政府财政向农业科技改进补助和农产品价格补贴等项目大量倾斜，而是否能够领取补贴的门槛则取决于农场

---

① 马克思恩格斯全集（第二十五卷）［M］. 北京：人民出版社，1974：697.

的生产规模和销售量。这些措施明显将中小农场置于竞争的被动地位，导致中小农场的破产和整合加速以及土地日益集中。西德政府通过建立联邦农林部等相关政府机构以制定农业政策及农业法律法规并监督实行，颁布《个别企业促进法》等法律法规，推动中小农户零散化的土地逐渐整合至"有发展能力"的大农场。西德政府的财政信贷政策使国有资本直接进入农业产业链中，也加速了农业资本的集中，国家将大量的低息或无息贷款发放给大型农业企业，用于农业现代化生产和兼并土地。

美国拥有当今世界上四大农业跨国垄断集团中的三家，其农业垄断资本主义的发展壮大更是离不开政府的扶植。美国因其地理位置的独特性，其美洲大陆本土在第二次世界大战中未受到任何破坏，在战争中美国是最主要的粮食出口国，罗斯福政府为鼓励生产以满足农产品消费需求，出台《1942 农业稳定法》等法案，设置粮食最低收购价格，刺激大农场生产，促使美国的农业现代化进程能够持续发展，农业垄断资本的集聚过程不断推进，国家垄断资本主义则为农业现代化提供了所需的资金和市场。第二次世界大战后，杜鲁门延续了前任政府的政策主张，继续增加政府财政对农产品支持力度，在 1948 年的经济咨文中，杜鲁门称当时的农业问题不是因为过剩农产品的销售，而是需要更多的农产品抑制价格上涨。此后，美国政府先后出台 8 部农业法，通过提供农业信贷、制定农产品价格等方式增加农业投资，在提高农业现代化程度的同时，也加速了农业生产的两极分化，使农业生产更加集中，农业资本垄断程度更高。

11.4.1.2　以新自由主义农业理论为利器叩开发展中国家粮食市场的大门

在发达资本主义国家政府的助推下，农业垄断资本迅速壮大，形成了从农产品生产到最终食品销售的全产业链垄断。然而，随着国内消费市场的饱和，以及 20 世纪 70 年代经济危机的爆发，各国政府无力继续支持原有政策，农业垄断资本需要寻求新的路径将大量过剩农产品及食品销售出去。各发达资本主义国家开始利用其在国际货币基金组织和世界银行等国际金融组织的影响力，大肆宣扬新自由主义农业理论。新自由主义农业理论的基础是理想化的农业家庭生产模型，将市场想象为完全竞争市场，且市场中的农业生产者都是理性人，以追求利润最大化为目的，那么只有政府放弃粮食定价权，让粮价由市场供需关系决定，才能激发农业产能，从而促进农业发展。以世界银行发布的"伯格报告"为代表的关于新自由主义农业发展思想的表述成为农业垄断资本的救命稻草，发达资本主义国家的农业垄断资本开始走出国门。

为了能够继续获得世界银行和国际货币基金组织对本国农业发展的支持贷款，各发展中国家特别是拉美和非洲国家政府，纷纷实施改革措施：取消本国政府对农业基础设施建设的投资、取消农业生产补贴、取消补贴性的农业贷款、取消农产品最低收购价，政府退出农业产业链的各个环节，资本和技术均由私人部门提供等。以拉丁美洲地区为例，政府农业支出由 20 世纪 80 年代的 305 亿美元骤降至 20 世纪 90 年代的 115 亿美元，农业支出占政府总支出比重也由 8% 降至 2%。然而，由于发展中国家的社会经济发展情况、农业结构和技术水平远远落后于发达资本主义国家，本国私人部门不能填补政府退出后农业投资市场和农业生产要素供给的空白，过度的市场化使得发展中国家的农业生产者无力承担开放条件下国际市场农业生产要素的价格，使得中小农业生产者面临破产的后果。墨西哥在签订《北美自由贸易协定》后，美国垄断资本快速占领墨西哥粮食产业链，小规模生产者的利润持续下降至 2004 年的 0.24%，而农业垄断企业的利润却增长了 86%，导致 200 万墨西哥农民失业。更为严重的是，新自由主义农业理论还鼓励以市场为导向的土地制度，拉美等国的政府取消了土地买卖的管制政策，使破产的农民只有一条出路，即出售其所有的土地，这直接导致了土地的集中和垄断。失去土地的农民只能出卖自身的劳动力为农业垄断集团所雇佣。

但与此同时，发达资本主义国家对本国的农业保护从未停止，以农业名义支持系数为例，1986~2009 年欧洲及北美发达国家的农业名义支持系数始终在 1.1%~1.8% 波动；而拉丁美洲和亚洲地区农业名义支持系数从 20 世纪 90 年代开始才逐渐从负值变为正值，但在 2002 年后，由于部分国家的政策调整使该值持续走低，重新变为负值；而非洲国家直至 2009 年该系数仍为负值。

11.4.1.3 破坏自给自足的粮食供求平衡体系，控制发展中国家的粮食产业

在占领发展中国家的粮食市场后，发达资本主义国家的农业垄断资本并未满足，一方面通过不断压低的粮价，迫使发展中国家的农户放弃粮食的生产转而种植其他经济作物，从而造成发展中国家粮食自给能力的严重下降，并越来越依赖于粮食的大量进口，自给自足的粮食供求平衡体系被破坏；另

一方面开始通过改变发展中国家的农业生产方式、产品结构而促使发展中国家粮食生产体系发生变化，逐渐在发展中国家形成有利于国际农业垄断资本的粮食体系，以更加便利发达资本主义国家粮食的出口，达到对发展中国家粮食产业控制的目的。

在发展中国家自给自足的粮食供求体系被破坏，粮食产业不断被国际农业垄断资本所控制的同时，本应保护本国粮食安全的政府，却因推行了新自由主义的粮食政策，而促使本国逐步丧失了对粮食生产和贸易的主导权。可以说，国际农业垄断资本从粮食贸易到粮食生产的逐步渗透和控制，对发展中国家粮食生产的可持续发展带来了破坏性影响，甚至对一些发展中国家的粮食生产体系造成了毁灭性打击，引发了粮食生产的危机。

发展中国家对于本国粮食安全的掌控逐渐转移到国际农业跨国垄断集团手中。对此，联合国粮农组织在 2014 年的《粮食不安全状况》报告中明确指出，农业跨国公司密切参与和制定支配当今世界粮食体系的贸易规则，以此牢牢把控住全球粮食市场和贸易，制造粮食匮乏的假象，抬高粮食价格，从中获得巨大的利润。1991～2013 年小麦、大米、玉米和大豆四种主粮作物的价格走势基本呈现出前十年持续走低后，开始不断上涨的趋势，正是国际农业垄断资本操纵全球粮食体系的印证。

但农业垄断资本主义的生产方式不具备可持续性，在其生产过程中会对自然和人类社会产生严重的负外部性。对此，马克思曾极富远见地指出："资本主义农业的任何进步，都不仅是掠夺劳动者技巧的进步，而且是掠夺土地技巧的进步，在一定时期内提高土地肥力的任何进步，同时也是破坏土地肥力持久源泉的进步"[①]。国际农业垄断资本主导的农业生产方式对农业生产基础的破坏、对石油等石化能源的重度依赖以及对农产品高度商业化和金融化直接导致了 2008 年全球粮食危机的爆发。

11.4.2　国际农业垄断资本对中国农民农业收入的影响

11.4.2.1　国际垄断资本与我国小农经济的不对等竞争

目前，中国的农业生产处于小农经济生产阶段，而西方发达国家农业生

---

① 马克思恩格斯全集（第二十三卷）[M]. 北京：人民出版社，1972：552－553.

产日益向着高度集中化、规模化、资本化、商业化、专业化、工厂化、知识化和国际化方向发展，使发达国家的粮食巨头在国际贸易中处于绝对优势地位。

发达国家农业是高度集中化和规模化的农业。随着"资本主义生产形式的发展，割断了农业小生产的命脉。这种小生产正在无法挽救地走向灭亡和衰落"①。"资本主义的大生产将把那无力的过时的小生产压碎，正如火车把独轮车压碎一样是毫无问题的"②。马克思关于平均利润的理论论述了资本主义生产演进的过程。马克思认为，在平均利润规律的作用下使工业生产的效率和农业生产的效率等同起来。由此，必然导致农业生产的集中。

欧美等发达资本主义国家的农业生产验证了马克思等经典作家的理论，越来越走向集中化和规模化。欧美等发达国家的农业政策也促使其农业更加集中化和规模化。美国的巨额农业补贴也大部分流向大农场，而小农场得到的补贴却很少。

随着中国经济发展，粮食生产水平也在不断提高，国际粮食市场带来的低价质优的商品无疑会对中国粮食生产和居民生活有积极的影响，但其对中国粮食安全的冲击、对中国农民粮食生产的消极影响也不容忽视。首先，粮食生产的规模收益规律决定了中国与发达国家农业之间不对等的竞争。粮食生产说到底是规模经济，规模越大，剩余就越多，也更容易推广农业科技，进一步增加产量。因此，让中国小农户分散生产的农业经济与发达国家发达的大农业自由竞争，实属不平等竞争。其次，中国粮食生产成本较高、劳动生产率低的现实决定了中国粮食生产是弱势产业。最后，中国相当一些粮食品种在价格和质量上都不具有竞争力。在这种情况下，如果国外的粮食产品价低质优，国家如果不补贴农民的粮食生产，中国粮食供给就很难稳定。

11.4.2.2 国际垄断资本控制粮食定价权

国际市场农产品价格扭曲是中国农民农业收入低的重要外部原因。发达资本主义国家通过各种方式垄断、控制国际农产品市场，长期压低国际农产品市场价格，导致发展中国家的农产品难以实现其内在劳动价值，使中国农产品价格长期高于国际市场价格，从而限制、阻碍或延缓了中国农产品价格

---

① 马克思恩格斯选集（第四卷）［M］. 北京：人民出版社，2012：296.

② 马克思恩格斯选集（第四卷）［M］. 北京：人民出版社，2012：372.

的上扬，也难以实现其在中国国内所具有的内在价值，导致中国农民农业收入难以提高，农村经济不能实现可持续发展。中国农村的家庭农业生产方式能够在粮食生产上得到的剩余本来就微乎其微，很难与美国平均数百公顷的大规模农场竞争。国内外各种因素综合致使中国农民农业收入低，城乡收入差距扩大。

11.4.2.3 国际垄断资本造成粮食种植收入分配严重不公平

发展中国家逐步丧失对本国粮食产业控制的同时，也失去了在世界粮食贸易体系中的话语权，粮食定价权被国际农业跨国垄断集团牢牢掌握在手里，一方面这些垄断集团压低粮食收购价，另一方面则不断提高粮食销售价，从中赚取巨大的差额利润。

对此，联合国粮农组织在 2014 年的《粮食不安全状况》报告中明确指出，农业跨国公司密切参与和制定支配当今世界粮食体系的贸易规则，通过控制世界粮食市场的供求关系进而影响粮食价格，最终起到打击发展中国家的粮食生产的作用，以此牢牢把控住全球粮食市场和贸易，从中获得巨大的利润。自 2008 年全球爆发粮食危机至 2015 年，小麦、大米、玉米和大豆四种主粮作物的价格走势基本呈现出持续走低的态势。全球粮食价格已连续六年下跌。联合国粮农组织发布的 2015 年包括大米在内的谷物价格指数较 2014 年下跌了 15.4%。而中国国内粮食价格受到国际粮价的影响，以玉米为主的三大主粮价格也延续下跌之势，粮食收储及市售价格承受了巨大的压力，进而影响中国的粮食生产。

第12章　结论和政策建议

　　气候变化及其对经济社会发展的影响成为普遍关注的全球性问题。农业对自然环境变化具有高度的敏感性。因此，气候变化对农业生产的影响是国内外学者和政策制定者十分关注的重要研究领域。粮食是人类赖以生存的重要物质基础，对于各国经济发展、社会稳定和国家安全均具有极其重要的作用。正因如此，世界各国都对粮食安全问题给予了足够的重视。中国的人口规模位居世界第一，长期把保障国家粮食安全作为国家治理的重中之重。在气候变化给经济社会发展带来非确定性影响的背景下，本书系统深入地分析气候变化对中国粮食安全的影响具有重要的学术、政策和实践意义。同时，改革开放以来中国农业的持续快速发展促使农民农业收入水平不断提高，但是非农经济的迅速扩张也导致农业收入对农民增收的贡献不断下降。近年来，农民农业收入变化与气候变化相互交织，共同影响了农民的粮食生产决策。因此，本书从理论和实证角度考察气候变化以及气候变化背景下中国农民的农业收入对粮食安全的影响，对于正确应对气候变化、减弱气候变化对粮食安全的不利影响以及保障国家粮食安全具有重要政策价值。

　　本书在对国内外相关文献进行归纳和总结的基础上，借鉴自然科学和经济学基本理论，系统分析气候变化以及气候变化背景下农民农业收入对粮食安全的影响路径和机理，在收集中国省级面板数据的基础上采用计量经济学方法开展气候变化、农民农业收入对粮食生产和价格的实证研究，并据此揭示气候变化和农业收入对中国粮食安全的影响。为了解决计量经济模型估计中可能存在的各种问题，本书分别采用了全面可行广义最小二乘法、似不相关回归、三阶段最小二乘法以及中介效应检验等方法对相关问题开展了实证研究。同时，本书不仅立足于分析气候变化以及气候变化背景下农民的农业收入对粮食安全的影响，而且还着重阐述了气候变化背景下中国粮食安全可能面临的新挑战，最后结合主要研究结论有针对性地提出应对气候变化背景下保障国家粮食安全的政策建议。

12.1 主要结论

本书主要得到了以下研究结论：

第一，气候变化和农业收入对粮食安全的影响主要通过两条路径实现：一方面，气候变化可能影响全要素生产率和要素投入从而对粮食单位面积产量以及总产量造成直接影响，而气候变化背景下粮食总产量的变化也可能通过影响农业收入再次间接地影响粮食播种面积；另一方面，气候变化对粮食安全的另一条重要影响路径可能通过影响粮食价格来实现。

第二，气候变化显著影响粮食单位面积产量和总产量。其中，气温上升总体上有利于粮食总产量增长，而降水量以及日照和粮食总产量之间存在显著的倒"U"型关系。总体上，平均累计降水量尚未超过倒"U"型曲线拐点，而平均累计日照时长已经跨越倒"U"型曲线拐点。从三大主粮单位面积产量的角度看，气温、降水量和日照对粮食单位面积产量的影响存在较大差异。其中，平均气温上升有利于水稻单位面积产量增长，但是会导致玉米和小麦单位面积产量下降；降水量增加则不利于三大主粮单位面积产量的增长；日照时长增加总体上有利于水稻和玉米单位面积产量增长，不过对小麦单位面积产量没有造成显著影响。进一步分析发现，气候变化对粮食单位面积产量的影响可能主要是通过影响粮食全要素生产率实现的。气温、降水量和日照对粮食全要素生产率的影响与其对粮食单位面积产量影响总体上是一致的。不过，生长期气温上升不利于水稻全要素生产率增长，而生长期日照增加时长不利于玉米全要素生产率增长。同时，气候变化对粮食生产要素投入的影响也是其影响粮食生产的重要途径。总体上，气温上升、降水量增加和日照时长增加会导致三大主粮的化肥投入减少，而降水量增加和日照时长增加还会导致三大主粮的农药投入减少。同时，气温上升总体上会导致水稻和小麦农药投入增加。

第三，气候变化背景下，上一年粮食总产量会显著提高上一年农民的农业收入，并进而扩大当年的粮食播种面积，从而验证了气候变化对粮食总产量的间接影响路径。换言之，气候变化对粮食生产不仅包括对粮食总产量的直接影响，也包括通过粮食播种面积的影响对粮食总产量造成的间接影响。

第四，气候变化会显著影响粮食价格，但是不同气候因素的影响不尽相同。总体而言，平均气温变化对粮食价格不存在显著影响，而累计降水量和日照时长增加将分别导致粮食价格下降和上涨。同时，气候变化对粮食价格的影响可以分解为直接效应和间接效应，而粮食产量和生产成本在气候变化对粮食价格的影响过程中发挥了重要的中介或遮掩效应。

第五，除了气候变化以外，近年来中国的粮食安全问题也面临着农业劳动力弱化、农民收入非农化、生物燃料乙醇发展以及国际农业垄断资本等方面的新挑战。这四个方面的挑战对粮食安全都具有不同程度、不同侧面的消极影响。更为重要的是，气候变化和上述四个方面的挑战相互交织和融合，使得气候变化对粮食安全影响变得更加复杂化。

12.2　政　策　建　议

基于以上研究结论，本书最后提出气候变化背景下保障国家粮食安全的政策建议：

第一，拓展和深化气候变化对粮食安全影响的科学研究。本书发现气候变化对粮食安全的影响具有高度的复杂性。一方面，不同类型气候因素对粮食安全的影响存在较大差异，例如气温、降水量和日照的变化对粮食安全的影响不尽相同；另一方面，气候变化对不同类型粮食作物的生产影响也存在较大差异。此外，生长期和非生长期气候变化对粮食安全的影响也不相同。这些研究发现均有力地证明气候变化对粮食安全的影响本身是一个复杂的科学问题。为了科学和精准地应对气候变化给农业尤其是粮食安全带来的不利影响，必须拓展和深化气候变化对粮食安全影响的科学研究，尤其是把该问题放入复杂经济系统中开展更加全面系统的研究。客观来说，这方面的研究工作还存在不少短板和不足。

第二，加强气候变化预测预报体系建设。本书发现，气候变化对粮食安全的影响因时因地因粮食作物而异。同时，气候变化对粮食生产乃至粮食安全的影响很难因人为因素而减弱。在这种条件下，可以有效应对的措施是拓宽加强农民的气候变化信息获取渠道，根本在于加强气候变化预测预报，避免农民陷入气候变化的信息洼地，并减少农民对于气候变化的信息误判。

第三，加大力度促进气候适应性技术措施的推广和采用。尽管气候变化对粮食安全的影响有利有弊，但是为了促进粮食生产和流通、保障国家粮食安全，推动和促进气候变化适应性技术措施的推广和采用至关重要。一方面，政府、社会和农民应该在明确分工的基础上，加强气候变化适应性技术的研究和开发，借助政府农业技术推广体系和农业社会化服务体系加强技术推广和采用；另一方面，加大力度研发气候变化适应性机械设备，在推动粮食生产规模化经营的同时，推动规模化生产设备和气候变化适应性生产设备的融合发展。

第四，加强适应气候变化的粮食作物种质资源开发和利用。粮食作物自身对于气候变化的适应性以及对不利影响的抵抗性是粮食生产应对气候变化不利影的重要基础。事实上，目前国内外已经就部分农作物抗性问题开展了成果丰硕的生物技术研发，并取得了一批具有突破性的研发成果。例如，近年来抗倒伏、抗高温转基因水稻品种的研发对于增强水稻在高温环境下的适应性和生长能力具有重要作用。因此，将来农业生物技术研发的一个重要方向就是研发适应气候变化的粮食种质资源。

第五，大力发展气候变化农业保险开发和推广。本书的一个重要发现是气候变化背景下粮食产量波动会通过影响农民农业收入最终影响农民的粮食播种面积。这个研究发现的微观机制就是农民对粮食生产的经济利益感知对其粮食生产积极性的影响。具体而言，当农民感知粮食生产是可以有效提高农业收入时，则更愿意扩大粮食生产规模；反之，当农民意识到粮食生产无法获得预期农业收入时，农民会倾向于减少粮食生产规模。但是，气候变化本身的不确定性将给粮食生产带来不确定影响。在这种条件下，大力发展气候变化农业保险的开发和推广可能是稳定农民农业收入和粮食生产经济效益预期的重要途径。

参考文献

[1]《第三次气候变化国家评估报告》编写委员会. 第三次气候变化国家评估报告［M］. 北京：科学出版社，2015.

[2] 艾治勇，郭夏宇，刘文祥，马国辉，青先国. 农业气候资源变化对双季稻生产的可能影响分析［J］. 自然资源学报，2014（12）：2089 - 2102.

[3] 白梦娇，贾利军. 跨国垄断下我国粮食安全的威胁与保障［J］. 农业经济，2017（3）：120 - 122.

[4] 白梦娇，贾利军. 我国粮食结构波动的分解与预测——基于 EMD 模型的分析［J］. 管理学刊，2016，29（5）：22 - 28.

[5] 财政部. 中国财政年鉴［J］. 中国财政杂志社，2017，2018.

[6] 蔡昉. 中国劳动力市场发育与就业变化［J］. 经济研究，2007（6）：4 - 14.

[7] 曹大宇，朱红根. 气候变化对我国种植业化肥投入的影响［J］. 西部论坛，2017，27（1）：107 - 114.

[8] 陈冰，颜松毅，江满桃，陈蔚烨，陈观浩，梁盛铭. 气象因素对南方水稻黑条矮缩病的影响及预测模型的创建［J］. 中国农学通报，2015，31（17）：246 - 250.

[9] 陈海新，张国林，徐金妹. 气候变暖对农作物病虫害发生的影响与对策［J］. 广东农业科学，2009（1）：67 - 67.

[10] 陈俊聪，王怀明，汤颖梅. 气候变化、农业保险与中国粮食安全［J］. 农村经济，2016（12）：9 - 15.

[11] 陈强. 高级计量经济学及 Stata 应用［M］. 北京：高等教育出版社，2014.

[12] 陈帅，徐晋涛，张海鹏. 气候变化对中国粮食生产的影响——基于县级面板数据的实证分析［J］. 中国农村经济，2016（5）：2 - 15.

[13] 陈苏，张利国．要素投入、制度变迁与中国粮食增长——基于省级面板数据的实证分析 [J]．江西财经大学学报，2019 (6)：87 – 98.

[14] 陈卫平．我国玉米全要素生产率增长及其对产出的贡献 [J]．经济问题，2006 (2)：40 – 42.

[15] 陈锡文．农民增收需打破制度障碍 [J]．经济前沿，2002 (5)：4 – 6.

[16] 陈锡文．试析新阶段的农业、农村和农民问题 [J]．宏观经济研究，2001 (11)：12 – 19.

[17] 陈亚宁，李稚，范煜婷，王怀军，方功焕．西北干旱区气候变化对水文水资源影响研究进展 [J]．地理学报，2014，69 (9)：1295 – 1304.

[18] 陈彧．中国大豆自给率与大豆供给率研究 [J]．统计与决策，2020 (6)：63 – 67.

[19] 陈在余．农村居民收入及收入差距对农民健康的影响——基于地区比较的角度分析 [J]．南开经济研究，2010 (5)：71 – 83.

[20] 陈志福．中国农民收入增长的长效机制 [M]．北京：中国农业出版社，2008.

[21] 池巧珠，廖添土．福建农村税费改革对农民增收的影响分析——基于双重差分模型的估计 [J]．价格理论与实践，2012 (3)：59 – 60.

[22] 仇焕广，栾昊，李瑾，汪阳洁．风险规避对农户化肥过量施用行为的影响 [J]．中国农村经济，2014 (3)：85 – 96.

[23] 崔宝玉，谢煜，徐英婷．土地征用的农户收入效应——基于倾向得分匹配 (PSM) 的反事实估计 [J]．中国人口·资源与环境，2016，26 (2)：111 – 118.

[24] 崔静，王秀清，辛贤，吴文斌．生长期气候变化对中国主要粮食作物单产的影响 [J]．中国农村经济，2011 (9)：13 – 22.

[25] 邓振镛，张强，徐金芳，黄蕾诺，文小航，王润元，王小燕，奚立宗．全球气候增暖对甘肃农作物生长影响的研究进展 [J]．地球科学进展，2008 (10)：1070 – 1078.

[26] 丁守海．国际粮价波动对我国粮价的影响分析 [J]．经济科学，2009 (2)：60 – 71.

[27] 丁一汇，任国玉，石广玉，宫鹏，郑循华，翟盘茂，张德二，赵宗慈，王绍武，王会军，罗勇，陈德亮，高学杰，戴晓苏．气候变化国家评

估报告（I）：中国气候变化的历史和未来趋势 [J]. 气候变化研究进展，2006（1）：3－8.

[28] 丁一汇，王会军. 近百年中国气候变化科学问题的新认识 [J]. 科学通报，2016，61（10）：1029－1041.

[29] 董旭光，顾伟宗，孟祥新，刘焕彬. 山东省近50年来降水事件变化特征 [J]. 地理学报，2014，69（5）：661－671.

[30] 杜婧，王磊，顾蕾，张立中. 美国生物燃料价格与农作物价格内生性及其互动影响 [J]. 浙江农林大学学报，2016，33（6）：1073－1077.

[31] 杜志雄，韩磊. 供给侧生产端变化对中国粮食安全的影响研究 [J]. 中国农村经济，2020（4）：2－14.

[32] 段文斌，尹向飞. 中国全要素生产率研究评述 [J]. 南开经济研究，2009（2）：130－140.

[33] 范丽霞. 中国粮食全要素生产率的分布动态与趋势演进——基于1978～2012年省级面板数据的实证 [J]. 农村经济，2017（3）：49－54.

[34] 方福前，张艳丽. 中国农业全要素生产率的变化及其影响因素分析——基于1991—2008年Malmquist指数方法 [J]. 经济理论与经济管理，2010（9）：5－12.

[35] 房丽萍，孟军. 化肥施用对中国粮食产量的贡献率分析——基于主成分回归C－D生产函数模型的实证研究 [J]. 中国农学通报，2013，29（17）：156－160.

[36] 冯晓龙，刘明月，霍学喜. 气候变化适应性行为及空间溢出效应对农户收入的影响——来自4省苹果种植户的经验证据 [J]. 农林经济管理学报，2016，15（5）：570－578.

[37] 付青叶，谢继蕴. 基于生物燃料发展的中国粮食安全风险与对策 [J]. 财贸研究，2011，22（5）：41－47.

[38] 傅晓霞，吴利学. 前沿分析方法在中国经济增长核算中的适用性 [J]. 世界经济，2007，30（7）：56－66.

[39] 伽红凯，王树进. 我国农民集中居住的阶段转变与策略引导 [J]. 南京社会科学，2016（10）：83－87.

[40] 高德健，张兰，张彩虹. 世界生物燃料乙醇的发展对中国玉米价格的影响分析 [J]. 林业经济，2015，37（4）：98－101.

[41] 高帆，龚芳. 国际粮食价格的波动趋势及内在机理：1961—2010

年 [J]. 经济科学, 2011 (5): 5-17.

[42] 高帆, 龚芳. 中国粮食储备的运行效力: 基于国别比较的分析 [J]. 学习与探索, 2012 (10): 83-87.

[43] 高帆. 中国经济发展中的粮食增产与农民增收: 一致抑或冲突 [J]. 经济科学, 2005 (2): 5-17.

[44] 高鸣. 脱钩收入补贴对小麦生产率有影响吗? ——基于农户的微观证据 [J]. 中国农村经济, 2017 (11): 47-61.

[45] 高庆华, 刘惠敏, 聂高正, 张业成. 中国21世纪初期自然灾害态势分析 [M]. 北京: 气象出版社, 2004.

[46] 高雪, 李谷成, 范丽霞, 尹朝静. 雨涝灾害对农户生产要素投入行为的影响——基于湖北农村固定观察点数据的分析 [J]. 资源科学, 2017, 39 (9): 1765-1776.

[47] 葛结根. 粮食安全: 一个基于持续、稳定发展的经济学分析框架 [J]. 农业经济问题, 2004 (4): 21-25.

[48] 公茂刚, 王学真. 国际粮价波动规律及对我国粮食安全的影响与对策 [J]. 经济纵横, 2016 (3): 111-118.

[49] 巩前文, 穆向丽, 田志宏. 农户过量施肥风险认知及规避能力的影响因素分析——基于江汉平原284个农户的问卷调查 [J]. 中国农村经济, 2010 (10): 66-76.

[50] 顾天竹, 纪月清, 钟甫宁. 中国农业生产的地块规模经济及其来源分析 [J]. 中国农村经济, 2017 (2): 30-43.

[51] 关付新. 科学发展观视角下的农民收入问题研究——基于对中国农村改革30年农民收入变化的分析 [J]. 中州学刊, 2008 (6): 67-70.

[52] 郭金兴, 王庆芳. 2002—2010年中国农村剩余劳动结构的估算 [J]. 经济理论与经济管理, 2014 (4): 23-33.

[53] 郭燕枝, 郭静利, 王秀东. 中国粮食综合生产能力影响因素分析 [J]. 农业经济问题, 2007 (S1): 22-25.

[54] 郭燕枝, 刘旭. 基于格兰杰因果检验和典型相关的农民收入影响因素研究 [J]. 农业技术经济, 2011 (10): 92-97.

[55] 国家发展和改革委员会. 全国农产品成本收益资料汇编 [M]. 北京: 中国统计出版社, 1981—2019.

[56] 国家统计局. 中国统计年鉴 [M]. 北京: 中国统计出版社,

1981—2019.

　　[57] 国家统计局. 中华人民共和国 2019 年国民经济和社会发展统计公报 [EB/OL]. http：//www. stats. gov. cn/tjsj/zxfb/202002/t20200228 _1728913. html.

　　[58] 国家统计局. 新中国六十年统计资料汇编 [M]. 北京：中国统计出版社，2010.

　　[59] 国家统计局. 中国价格及城镇居民家庭收支调查统计年鉴 [M]. 北京：中国统计出版社，2000—2005.

　　[60] 国家统计局. 中国农产品价格调查年鉴 [M]. 北京：中国统计出版社，2004.

　　[61] 国家统计局. 中国农村统计年鉴 [M]. 北京：中国统计出版社，1985—2019.

　　[62] 国家统计局. 中国物价及城镇居民家庭收支调查统计年鉴 [M]. 北京：中国统计出版社，1996—1999.

　　[63] 国务院新闻办公室. 中国的粮食安全 [M]. 北京：人民出版社，2019.

　　[64] 国务院新闻办公室. 中国应对气候变化的政策与行动 [EB/OL]. http：//www. gov. cn/zhengce/2008/10/29/content_2615768. htm.

　　[65] 韩洪云，杨增旭. 农户测土配方施肥技术采纳行为研究——基于山东省枣庄市薛城区农户调研数据 [J]. 中国农业科学，2011，44（23）：4962 - 4970.

　　[66] 韩啸，张安录，朱巧娴，万珂. 土地流转与农民收入增长、农户最优经营规模研究——以湖北、江西山地丘陵区为例 [J]. 农业现代化研究，2015，36（3）：368 - 373.

　　[67] 何蒲明，黎东升，王雅鹏. 粮食产量与价格波动的相互关系研究 [J]. 经济经纬，2010（1）：115 - 118.

　　[68] 何蒲明，黎东升. 基于粮食安全的粮食产量和价格波动实证研究 [J]. 农业技术经济，2009（2）：85 - 92.

　　[69] 何蒲明. 农民收入结构变化对农民种粮积极性的影响——基于粮食生产区与主销区的对比分析 [J]. 农业技术经济，2020（1）：130 - 142.

　　[70] 何为，刘昌义，刘杰，陈梦玫. 气候变化和适应对中国粮食产量的影响——基于省级面板模型的实证研究 [J]. 中国·人口资源与环境，

2015（S2）：248﹣253.

[71] 何秀荣. 国家粮食安全治理体系和治理能力现代化 [J]. 中国农村经济，2020（6）：12﹣15.

[72] 贺伟，布仁仓，熊在平，胡远满. 1961—2005 年东北地区气温和降水变化趋势 [J]. 生态学报，2013，33（2）：519﹣531.

[73] 黑龙江省统计局. 黑龙江省统计年鉴 [M]. 北京：中国统计出版社，2006—2015.

[74] 侯建昀，刘军弟，霍学喜. 区域异质性视角下农户农药施用行为研究——基于非线性面板数据的实证分析 [J]. 华中农业大学学报：社会科学版，2014（4）：1﹣9.

[75] 侯玲玲，王金霞，黄季焜. 不同收入水平的农民对极端干旱事件的感知及其对适应措施采用的影响——基于全国9省农户大规模调查的实证分析 [J]. 农业技术经济，2016（11）：24﹣33.

[76] 胡博亭，柳江，王文玲，冯彦. 基于洪旱灾害的雅鲁藏布江流域水资源脆弱性时空差异分析 [J]. 长江流域资源与环境，2019（5）：1092﹣1101.

[77] 胡宏祥，洪天求，马友华. 农业非点源污染及其防治策略研究 [J]. 中国农学通报，2005，21（4）：315﹣317.

[78] 胡荣才. 城乡居民收入差距的影响因素——基于省级面板数据的实证研究 [J]. 中国软科学，2011（2）：69﹣79.

[79] 胡雪枝，钟甫宁. 农村人口老龄化对粮食生产的影响——基于农村固定观察点数据的分析 [J]. 中国农村经济，2012（7）：29﹣39.

[80] 黄慈渊. 农药使用的负外部性问题及经济学分析 [J]. 安徽农业科学，2005（1）：151﹣153.

[81] 黄国勤，王兴祥，钱海燕，张桃林，赵其国. 施用化肥对农业生态环境的负面影响及对策 [J]. 生态环境，2004，13（4）：656﹣660.

[82] 黄季焜，陈庆根，王巧君. 探讨我国化肥合理施用结构及对策 [J]. 农业技术经济，1994（5）：36﹣40.

[83] 黄季焜，靳少泽. 未来谁来种地：基于我国农户劳动力就业代际差异视角 [J]. 农业技术经济，2015（1）：4﹣10.

[84] 黄季焜，齐亮，陈瑞剑. 技术信息知识、风险偏好与农民施用农药 [J]. 管理世界，2008（5）：71﹣76.

[85] 黄季焜, 斯·罗泽尔. 迈向 21 世纪的中国粮食经济 [M]. 北京: 中国农业出版社, 1998.

[86] 黄季焜, 杨军, 仇焕广. 新时期国家粮食安全战略和政策的思考 [J]. 农业经济问题, 2012 (3): 4-8.

[87] 黄季焜. 六十年中国农业的发展和三十年改革奇迹——制度创新、技术进步和市场改革 [J]. 农业技术经济, 2010 (1): 4-18.

[88] 黄季焜. 四十年中国农业发展改革和未来政策选择 [J]. 农业技术经济, 2018 (3): 4-15.

[89] 黄季焜. 中国的食物安全问题 [J]. 中国农村经济, 2004 (10): 4-10.

[90] 黄祖辉, 王敏. 农民收入问题: 基于结构和制度层面的探析 [J]. 中国人口科学, 2002 (4): 18-24.

[91] 黄祖辉, 俞宁. 新型农业经营主体: 现状、约束与发展思路——以浙江省为例的分析 [J]. 中国农村经济, 2010 (10): 16-26.

[92] 霍治国, 李茂松, 王丽, 肖晶晶, 黄大鹏, 王春艳. 降水变化对中国农作物病虫害的影响 [J]. 中国农业科学, 2012, 45 (10): 1935-1945.

[93] 纪月清, 张惠, 陆五一, 刘华. 差异化、信息不完全与农户化肥过量施用 [J]. 农业技术经济, 2016 (2): 14-22.

[94] 贾娟琪, 孙致陆, 李先德. 粮食价格支持政策提高了我国粮食全要素生产率吗? ——以小麦最低收购价政策为例 [J]. 农村经济, 2019 (1): 67-72.

[95] 贾利军, 陈一琳, 葛继元, 葛宇航. 极端气候对西部生态脆弱区农民农业收入的影响 [J]. 世界农业, 2019 (8): 96-103.

[96] 贾利军, 马潇然. 收入非农化下的我国粮食生产与安全——机理、趋势与策略 [J]. 西部论坛, 2019 (1): 1-10.

[97] 贾利军, 杨静. 农村劳动力弱化背景下我国粮食安全保障研究 [J]. 中州学刊, 2015 (2): 37-44.

[98] 贾利军, 仝晓婷. 碳关税的演化博弈分析 [J]. 学术交流, 2014 (11): 101-105.

[99] 贾利军, 杨静, 马雪剑. 美国碳排放政策变化对中国玉米贸易的影响 [J]. 当代经济研究, 2018 (1): 67-76.

[100] 贾利军. 气候博弈背后的经济转型与增长 [N]. 光明日报, 2015 - 04 - 22 (015).

[101] 江松颖, 刘颖, 王嫚嫚. 我国谷物全要素生产率的动态演进及区域差异研究 [J]. 农业技术经济, 2016 (6): 13 - 20.

[102] 姜长云, 王一杰. 新中国成立 70 年来我国推进粮食安全的成就、经验与思考 [J]. 农业经济问题, 2019 (10): 10 - 23.

[103] 金晶, 许恒周. 失地农民的社会保障与权益保护探析——基于江苏省 16 县 (市、区) 320 户失地农民的调查数据分析 [J]. 调研世界, 2010 (7): 15 - 16.

[104] 金铃, 王建英, 刘西川. 劳动力成本上升与农机社会化服务需求——以低劳动强度、低技术含量的稻谷晾晒环节为例 [J]. 农林经济管理学报, 2020, 19 (2): 171 - 180.

[105] 金一虹. 非农化过程中的农村妇女 [J]. 社会学研究, 1998 (5): 108 - 116.

[106] 卡尔·马克思. 资本论 (第 1 卷) [M]. 北京: 人民出版社, 2004.

[107] 柯善咨, 张晏玲. 农村税费改革转移支付的增收增产效应 [J]. 农业技术经济, 2012 (6): 109 - 117.

[108] 孔泾源. 农耕社会工业化、城镇化的中国式道路——评《非农化与城镇化研究》[J]. 管理世界, 1992 (6): 214 - 215.

[109] 孔祥智, 楼栋, 何安华. 建立新型农业社会化服务体系: 必要性、模式选择和对策建议 [J]. 教学与研究, 2012 (1): 39 - 46.

[110] 孔祥智, 徐珍源, 史冰清. 当前我国农业社会化服务体系的现状、问题和对策研究 [J]. 江汉论坛, 2009 (5): 13 - 18.

[111] 雷平, 詹慧龙. 新形势下农民收入增长影响因素研究——基于国家农业示范区面板数据 [J]. 农林经济管理学报, 2016, 15 (6): 641 - 647.

[112] 李超民, 刘芳. 美国燃料乙醇产业: 支持政策、粮食消费结构变化及其影响 [J]. 农业展望, 2008 (1): 32 - 35.

[113] 李朝林. 注重人力资本投资是新时期反贫困的关键 [J]. 技术经济, 2005 (9): 50 - 52.

[114] 李谷成, 冯中朝. 中国农业全要素生产率增长: 技术推进抑或效率驱动——一项基于随机前沿生产函数的行业比较研究 [J]. 农业技术经济, 2010 (5): 4 - 14.

[115] 李谷成，郭伦，高雪. 劳动力成本上升对我国农产品国际竞争力的影响 [J]. 湖南农业大学学报：社会科学版，2018，19（5）：1-10.

[116] 李虎，邱建军，王立刚，高春雨，高懋芳. 适应气候变化：中国农业面临的新挑战 [J]. 中国农业资源与区划，2012，33（6）：23-28.

[117] 李华，郭丽娜，张卫国. 新型城镇化背景下的农村人力资源开发评价指标体系研究 [J]. 生态经济，2016，32（1）：131-134.

[118] 李俊鹏，冯中朝，吴清华. 农业劳动力老龄化与中国粮食生产——基于劳动增强型生产函数分析 [J]. 农业技术经济，2018（8）：26-34.

[119] 李澜，李阳. 我国农业劳动力老龄化问题研究——基于全国第二次农业普查数据的分析 [J]. 农业经济问题，2009（6）：61-66.

[120] 李利英，肖开红. 我国粮食补贴政策的目标取向及改革思路 [J]. 中州学刊，2015（8）：39-44.

[121] 李旻，赵连阁. 农村劳动力流动对农业劳动力老龄化形成的影响——基于辽宁省的实证分析 [J]. 中国农村经济，2010（9）：68-75.

[122] 李旻，赵连阁. 农业劳动力"老龄化"现象及其对农业生产的影响——基于辽宁省的实证分析 [J]. 农业经济问题，2009（10）：12-18.

[123] 李铜山，周腾飞. 小农户经营困境：表象、成因及破解 [J]. 中州学刊，2015（4）：34-39.

[124] 李晓龙，郑威. 农民收入影响因素的理论、实证与对策 [J]. 中国农业资源与区划，2016，37（5）：90-95.

[125] 李燕凌，欧阳万福. 县乡政府财政支农支出效率的实证分析 [J]. 经济研究，2011（10）：110-149.

[126] 李祎君，王春乙，赵蓓，刘文军. 气候变化对中国农业气象灾害与病虫害的影响 [J]. 农业工程学报，2010（S1）：263-271.

[127] 李中. 农村土地流转与农民收入——基于湖南邵阳市跟踪调研数据的研究 [J]. 经济地理，2013，33（5）：144-149.

[128] 连煜阳，刘静，金书秦. 农业面源污染治理探析——从新型肥料生产环节视角 [J]. 中国环境管理，2019，11（2）：18-22.

[129] 梁荣，陈秉正. 气候变化背景下全球极端天气事件GDP损失率评估 [J]. 系统工程理论与实践，2019，39（3）：557-568.

[130] 林伯强，蒋竺均. 中国二氧化碳的环境库兹涅茨曲线预测及影响

因素分析 [J]. 管理世界，2009（4）：27-36.

［131］林光华，陆盈盈. 气候变化对农业全要素生产率的影响及对策 [J]. 农村经济，2019（6）：114-120.

［132］林善浪，郭建锋，陶小马，施建刚. 优化非农建设用地空间配置——基于地方政府自发改革试验的机制重构 [J]. 中国软科学，2016（4）：58-70.

［133］林毅夫. 再论制度、技术与中国农业发展 [M]. 北京：北京大学出版社，2000.

［134］刘昌，张红日，赵相伟，李明杰. 山东省气候变化及其对冬小麦-夏玉米产量的影响 [J]. 水土保持研究，2020，27（3）：379-384.

［135］刘纯彬，陈冲. 中国省际间农民收入差距的地区分解与结构分解：1996—2008 [J]. 中央财经大学学报，2010（12）：67-72.

［136］刘贺青. 生物燃料贸易成因、困境及出路 [J]. 经济问题探索，2012（9）：97-102.

［137］刘鸿渊. 中国农民收入来源构成的实证分析——兼论增加农民收入的对策 [J]. 中南财经政法大学学报，2006（4）：74-78，129.

［138］刘俊杰，张龙耀，王梦珺，许玉韫. 农村土地产权制度改革对农民收入的影响——来自山东枣庄的初步证据 [J]. 农业经济问题，2015（6）：51-58，111.

［139］刘天军，蔡起华. 不同经营规模农户的生产技术效率分析——基于陕西省猕猴桃生产基地县210户农户的数据 [J]. 中国农村经济，2013（3）：37-46.

［140］刘新社. 发展生态农业、遏止农村环境污染 [J]. 环境保护，2010（15）：39-40.

［141］刘彦随，吴传钧. 中国水土资源态势与可持续食物安全 [J]. 自然资源学报，2002，17（3）：270-275.

［142］刘屹岷，钱正安. 海—陆热力差异对我国气候变化的影响 [M]. 北京：气象出版社，2005.

［143］刘兆征. 正视农民收入现状，探索农民增收路径 [J]. 经济问题探索，2008（10）：31-36.

［144］刘志军. 论城市化定义的嬗变与分歧 [J]. 中国农村经济，2004（7）：58-65.

[145] 鲁成军，蔡敏，孙稳存. 中国粮食产量和价格的波动与总需求冲击 [J]. 安徽师范大学学报：人文社会科学版，2008 (2)：202-206.

[146] 鲁明泓. 发展经济学的新趋势：农村非农化理论研究 [J]. 经济学动态，1994 (6)：50-53.

[147] 吕捷，林宇洁. 国际玉米价格波动特性及其对中国粮食安全影响 [J]. 管理世界，2013 (5)：76-87.

[148] 罗锋，牛宝俊. 我国粮食价格波动的主要影响因素与影响程度 [J]. 华南农业大学学报：社会科学版，2010，9 (2)：51-58.

[149] 麻吉亮，陈永福，钱小平. 气候因素、中间投入与玉米单产增长——基于河北农户层面多水平模型的实证分析 [J]. 中国农村经济，2012 (11)：11-20.

[150] 马克思恩格斯全集（第二十二卷）[M]. 北京：人民出版社，1965.

[151] 马克思恩格斯全集（第二十五卷）[M]. 北京：人民出版社，1974.

[152] 马林林，金彦平，张安良. 我国粮食价格波动影响因素探析 [J]. 价格理论与实践，2011 (10)：23-24.

[153] 马宇. 国际冲击、供需缺口与粮价波动 [J]. 云南财经大学学报，2012 (5)：70-77.

[154] 苪晓颖，成涛林. 财政支农支出结构与农民收入的实证分析——基于全口径财政支农支出2010—2012年江苏省13个市面板数据 [J]. 财政研究，2014 (12)：68-71.

[155] 冒佩华，徐骥. 农地制度、土地经营权流转与农民收入增长 [J]. 管理世界，2015 (5)：63-74，88.

[156] 孟灿文. 对农村劳动力非农化程度的判断与思考 [J]. 市场与人口分析，1997 (2)：4-9.

[157] 孟令国，刘薇薇. 中国农村剩余劳动力的数量和年龄结构研究 [J]. 经济学家，2013 (4)：37-42.

[158] 米建伟，黄季焜，陈瑞剑，Elaine M. Liu. 风险规避与中国棉农的农药施用行为 [J]. 中国农村经济，2012 (7)：60-71.

[159] 闵锐，李谷成. 环境约束条件下的中国粮食全要素生产率增长与分解——基于省域面板数据与序列 Malmquist-Luenberger 指数的观察 [J]. 经济评论，2012 (5)：34-42.

[160] 闵锐. 粮食全要素生产率：基于序列 DEA 与湖北主产区县域面板

数据的实证分析［J］. 农业技术经济，2012（1）：47 – 55.

［161］聂娟，王琴英. 国际市场因素对我国大豆价格的传导效应分析
［J］. 价格理论与实践，2017（2）：112 – 115.

［162］牛明杨，梁文悦，王风平. 海洋环境中甲烷的生物转化及其对气
候变化的影响［J］. 中国科学：地球科学，2018（12），1568 – 1588.

［163］中国农业年鉴［M］. 北京：中国农业出版社，2017.

［164］欧阳仁根. 试论农资市场的监督与调控［J］. 山西财经学院学报，
1996（2）：24 – 27.

［165］潘岩. 关于确保国家粮食安全的政策思考［J］. 农业经济问题，
2009（1）：25 – 28.

［166］彭代彦，罗丽丽. 农村青壮年劳动力转移与我国粮食安全［J］.
中州学刊，2015（9）：45 – 50.

［167］彭军，乔慧，郑风田. 羊群行为视角下农户生产的"一家两制"
分析——基于山东784份农户调查数据［J］. 湖南农业大学学报（社会科学
版），2017，18（2）：1 – 9.

［168］彭小辉，史清华，朱喜. 中国粮食产量连续增长的源泉［J］. 农
业经济问题，2018（1）：97 – 109.

［169］齐蘅，吴玲. 我国粮食主产区粮食生产与收入水平的协调度分析
［J］. 经济地理，2017，37（6）：156 – 163.

［170］A. 恰亚诺夫. 农民经济组织［M］. 萧正洪，译. 北京：中央编
译出版社，1996.

［171］秦大河，丁一汇，苏纪兰，任贾文，王绍武，伍荣生，杨修群，
王苏民，刘时银，董光荣，卢琦，黄镇国，杜碧兰，罗勇. 中国气候与环境
演变评估（I）：中国气候与环境变化及未来趋势［J］. 气候变化研究进展，
2005（1）：4 – 9.

［172］秦大河. 气候变化科学与人类可持续发展［J］. 地理科学进展，
2014（7）：874 – 883.

［173］全炯振. 中国农业全要素生产率增长的实证分析：1978—
2007年——基于随机前沿分析（SFA）方法［J］. 中国农村经济，2009（9）：
36 – 47.

［174］全为民，严力蛟. 农业面源污染对水体富营养化的影响及其防治
措施［J］. 生态学报，2002，22（3）：291 – 299.

[175] 任国玉, 封国林, 严中伟. 中国极端气候变化观测研究回顾与展望 [J]. 气候与环境研究, 2010, 15 (4): 337-353.

[176] 任国玉, 郭军, 徐铭志, 初子莹, 张莉, 邹旭凯, 李庆祥, 刘小宁. 近50年中国地面气候变化基本特征 [J]. 气象学报, 2005, 63 (6): 942-956.

[177] 任国玉. 太阳辐射与气候变化 [J]. 地球科学进展, 1991 (6): 37-41.

[178] 萨缪尔森. 经济学 [M]. 北京: 华夏出版社, 1999.

[179] 申彦波, 王标. 近50年中国东南地区地面太阳辐射变化对气温变化的影响 [J]. 地球物理学报, 2011 (6): 1457-1465.

[180] 石敏俊, 王妍, 朱杏珍. 能源价格波动与粮食价格波动对城乡经济关系的影响——基于城乡投入产出模型 [J]. 中国农村经济, 2009 (5): 4-13.

[181] 史常亮, 郭焱, 朱俊峰. 中国粮食生产中化肥过量施用评价及影响因素研究 [J]. 农业现代化研究, 2016, 37 (4): 671-679.

[182] 史清华, 晋洪涛, 卓建伟. 征地一定降低农民收入吗: 上海7村调查——兼论现行征地制度的缺陷与改革 [J]. 管理世界, 2011 (3): 77-82, 91.

[183] 史文娇, 陶福禄, 张朝. 基于统计模型识别气候变化对农业产量贡献的研究进展 [J]. 地理学报, 2012, 67 (9): 1213-1222.

[184] 宋春晓, 马恒运, 黄季焜, 王金霞. 气候变化和农户适应性对小麦灌溉效率影响——基于中东部5省小麦主产区的实证研究 [J]. 农业技术经济, 2014 (2): 4-16.

[185] 宋莉莉. 中国区域间农民收入差异及成因分析 [J]. 中国农业科技导报, 2016, 18 (5): 200-206.

[186] 孙奎立, 王国友, 曾敏睿. 气候变化减缓政策对农村家庭收入影响研究——以新疆吐鲁番市为例 [J]. 地域研究与开发, 2018, 37 (6): 150-154.

[187] 孙智辉, 王春乙. 气候变化对中国农业的影响 [J]. 科技导报, 2010 (4): 110-117.

[188] 汤绪, 杨续超, 田展, Fischer, G., 潘婕. 气候变化对中国农业气候资源的影响 [J]. 资源科学, 2011, 33 (10): 1962-1968.

［189］唐国平，李秀彬，Fischer，G. ，Prieler，S. 气候变化对中国农业生产的影响［J］. 地理学报，2000，55（2）：129 - 138.

［190］唐浩. 中国特色新型工业化的新认识［J］. 中国工业经济，2014（6）：5 - 17.

［191］唐华俊，周清波. 资源遥感与数字农业：3S 技术与农业应用［M］. 北京：中国农业科技出版社，2009.

［192］唐轲，王建英，陈志钢. 农户耕地经营规模对粮食单产和生产成本的影响——基于跨时期和地区的实证研究［J］. 管理世界，2017（5）：79 - 91.

［193］田甜，李隆玲，黄东，武拉平. 未来中国粮食增产将主要依靠什么？——基于粮食生产"十连增"的分析［J］. 中国农村经济，2015（6）：13 - 22.

［194］童绍玉，周振宇，彭海英. 中国水资源短缺的空间格局及缺水类型［J］. 生态经济，2016（7）：168 - 173.

［195］万年庆，李红忠，史本林. 基于偏离份额法的中国农民收入结构演进的省际比较［J］. 地理研究，2012（4）：672 - 686.

［196］汪海洋，孟全省，亓红帅，唐柯. 财政农业支出与农民收入增长关系研究［J］. 西北农林科技大学学报：社会科学版，2014（1）：72 - 79.

［197］汪阳洁，仇焕广，陈晓红. 气候变化对农业影响的经济学方法研究进展［J］. 中国农村经济，2015（9）：4 - 16.

［198］王常伟，顾海英. 市场 VS 政府，什么力量影响了我国菜农农药用量的选择？［J］. 管理世界，2013（11）：50 - 66.

［199］王春超. 农村土地流转、劳动力资源配置与农民收入增长：基于中国 17 省份农户调查的实证研究［J］. 农业技术经济，2011（1）：93 - 101.

［200］王大为，蒋和平. 我国稻谷价格变动特征及影响因素研究［J］. 中国物价，2016（12）：53 - 55.

［201］王德文，黄季焜. 双轨制度对中国粮食市场稳定性的影响［J］. 管理世界，2001（3）：127 - 134.

［202］王恩胡. 二元经济结构影响农民收入增长的理论与实证分析［J］. 统计与信息论坛，2010（8）：70 - 76.

［203］王红梅. 供给侧改革与中国农业绿色转型［J］. 宏观经济管理，2016（9）：50 - 54.

[204] 王建明. 农业财政投资对经济增长作用的研究：兼论农业科研投资的作用与效果 [J]. 农业技术经济, 2010 (2)：40 - 45.

[205] 王金玲. 新时期的非农化与农村家庭变迁——浙江省芝村乡农户调查 [J]. 社会科学战线, 1995 (3)：236 - 243.

[206] 王静, 杜为公, 李晓涛, 张葵. 土地对农民不同类型收入的影响——基于长江干流 10 省 (市) 的面板数据 [J]. 江苏农业科学, 2017, 45 (15)：298 - 301.

[207] 王珏, 宋文飞, 韩先锋. 中国地区农业全要素生产率及其影响因素的空间计量分析——基于 1992—2007 年省域空间面板数据 [J]. 中国农村经济, 2010 (8)：24 - 35.

[208] 王军, 李萍, 詹韵秋, 田世野. 中国耕地质量保护与提升问题研究 [J]. 中国人口·资源与环境, 2019 (4)：87 - 93.

[209] 王丽, 霍治国, 张蕾, 姜玉英, 肖晶晶, 卢小凤. 气候变化对中国农作物病害发生的影响 [J]. 生态学杂志, 2012 (7)：1673 - 1684.

[210] 王若梅, 马海良, 王锦. 基于水—土要素匹配视角的农业碳排放时空分异及影响因素——以长江经济带为例 [J]. 资源科学, 2019, 41 (8)：1450 - 1461.

[211] 王伟光, 郑国光. 应对气候变化报告 (2009) [M]. 北京：社会科学文献出版社, 2009.

[212] 王霞, 陈迪嘉, 叶广英, 谢君. 中国非粮作物燃料乙醇技术与产业发展现状 [J]. 新能源进展, 2014, 2 (2)：89 - 93.

[213] 王学真, 公茂刚, 吴石磊. 国际粮食价格波动影响因素分析 [J]. 中国农村经济, 2015 (11)：77 - 84.

[214] 王雅鹏. 中国粮食安全的潜在性危机分析 [J]. 农业现代化研究, 2008 (5)：537 - 541.

[215] 王祖力, 肖海峰. 化肥施用对粮食产量增长的作用分析 [J]. 农业经济问题, 2008 (8)：65 - 68.

[216] 魏丹, 闵锐, 王雅鹏. 粮食生产率增长、技术进步、技术效率——基于中国分省数据的经验分析 [J]. 中国科技论坛, 2010 (8)：140 - 145.

[217] 魏丹, 王雅鹏. 技术进步对三种主要粮食作物增长的贡献率研究 [J]. 农业技术经济, 2010 (12)：94 - 99.

[218] 魏君英, 何蒲明. 基于粮食安全的粮食生产与农民收入关系的实

证研究 [J]. 统计与决策, 2009 (6): 100-101.

[219] 魏君英, 夏旺. 农村人口老龄化对我国粮食产量变化的影响——基于粮食主产区面板数据的实证分析 [J]. 农业技术经济, 2018 (12): 41-52.

[220] 温涛, 何茜, 王煜宇. 改革开放40年中国农民收入增长的总体格局与未来展望 [J]. 西南大学学报: 社会科学版, 2018, 44 (4): 43-55.

[221] 温涛, 王汉杰, 王小华. 发达国家农民增收经济政策的经验比较及启示 [J]. 江西财经大学学报, 2015 (6): 84-94.

[222] 温涛, 王小华. 财政金融支农政策对粮食价格波动的影响——基于中国 1952—2009 年的经验验证 [J]. 东南大学学报: 哲学社会科学版, 2012, 14 (3): 43-49.

[223] 温铁军. 缓解"三农问题"的五项政策 [J]. 中共石家庄市委党校学报, 2004 (5): 4-5.

[224] 温忠麟, 叶宝娟. 中介效应分析: 方法和模型发展 [J]. 心理科学进展, 2014, 22 (5): 731-745.

[225] 温忠麟, 张雷, 侯杰泰, 刘红云. 中介效应检验程序及其应用 [J]. 心理学报, 2004, 36 (5): 614-620.

[226] 问泽霞, 张晓辛. 中美农业支持水平对比实证分析 [J]. 技术经济与管理研究, 2011 (1): 116-120.

[227] 吴迪, 刘文明, 舒坤良. 吉林省自然灾害对种植业及农民收入的影响研究 [J]. 东北农业科学, 2016, 41 (3): 104-108.

[228] 吴方卫, 沈亚芳, 张锦华, 许庆. 生物燃料乙醇发展对中国粮食安全的影响分析 [J]. 农业技术经济, 2009 (1): 21-29.

[229] 吴晓燕, 赵普兵. 城镇化: 比较中的路径探索 [J]. 吉首大学学报: 社会科学版, 2013, 34 (5): 30-39.

[230] 吴秀明, 董丰收, 吴小虎, 刘新刚, 徐军, 郑永权. 气候变化对农药应用风险的影响 [J]. 植物保护, 2019 (2): 25-29.

[231] 伍骏骞, 方师乐, 李谷成, 徐广彤. 中国农业机械化发展水平对粮食产量的空间溢出效应分析——基于跨区作业的视角 [J]. 中国农村经济, 2017 (6): 44-57.

[232] 武舜臣, 于海龙, 储怡菲. 农业规模经营下耕地"非粮化"研究的局限与突破 [J]. 西北农林科技大学学报: 社会科学版, 2019 (3): 142-151.

[233] 武宵旭, 葛鹏飞, 徐璋勇. 城镇化与农业全要素生产率提升: 异质性与空间效应 [J]. 中国人口·资源与环境, 2019, 29 (5): 149-156.

[234] [美] 西奥多·W. 舒尔茨. 改造传统农业 [M]. 梁小民, 译. 北京: 商务印书馆, 2011.

[235] 解伟, 魏玮, 崔琦. 气候变化对中国主要粮食作物单产影响的文献计量 Meta 分析 [J]. 中国人口·资源与环境, 2019, 29 (1): 79-85.

[236] 郄瑞卿, 孙彦君, 王继红. 自然降雨对黑土地表氮素养分流失的影响 [J]. 水土保持学报, 2005, 19 (5): 69-72.

[237] 夏春玉, 徐健, 薛建强. 农产品流通市场结构、市场行为与农民收入——基于 SCP 框架的案例研究 [J]. 经济管理, 2009, 31 (9): 25-29.

[238] 肖卫, 肖琳子. 二元经济中的农业技术进步、粮食增产与农民增收——来自 2001—2010 年中国省级面板数据的经验证据 [J]. 中国农村经济, 2013 (6): 4-13.

[239] 谢立勇, 李悦, 徐玉秀, 赵迅, 宋艳玲, 姜彤, 林而达. 气候变化对农业生产与粮食安全影响的新认知 [J]. 气候变化研究进展, 2014, 10 (4): 235-239.

[240] 谢永刚, 袁丽丽, 孙亚男. 自然灾害对农户经济的影响及农户承灾力分析 [J]. 自然灾害学报, 2007 (6): 171-179.

[241] 辛立秋, 朱晨曦, 谢禹, 苑莹. 金融包容对农民增收的影响研究——以黑龙江省为例 [J]. 财政研究, 2017 (12): 45-59.

[242] 辛岭, 蒋和平. 产粮大县粮食生产与农民收入协调性研究——以河南省固始县为例 [J]. 农业技术经济, 2016 (2): 45-51.

[243] 星焱, 胡小平. 中国新一轮粮食增产的影响因素分析: 2004—2011 年 [J]. 中国农村经济, 2013 (6): 14-26.

[244] 星焱, 李雪. 粮食生产价格的决定因素: 市场粮价还是种粮成本利润 [J]. 当代经济科学, 2013, 35 (4): 112-123.

[245] 熊健. 我国耕地水灌溉与粮食产量的灰色关联分析 [J]. 数量经济技术经济研究, 1997 (3): 78-80.

[246] 徐琰超, 尹恒. 村民自愿与财政补助: 中国村庄公共物品配置的新模式 [J]. 经济学动态, 2017 (11): 74-87.

[247] 许秀川, 温涛. 经济增长、产业贡献与农民收入增长波动——基于宏观收入分配计量模型与谱分析的实证 [J]. 中国农业大学学报, 2015,

20 (3)：251 - 257.

[248] 薛狄，那力. 生物燃料贸易与相关的国际规则：发展中国家的挑战和机遇 [J]. 社会科学战线，2010 (1)：257 - 259.

[249] 薛晓萍，张承旺，张丽娟，张璇，周治国. 区域农业生产脆弱性及干旱诊断分析 [J]. 自然灾害学报，2006，15 (5)：107 - 114.

[250] 严文高，李鹏. 农村税费改革视角下的中部地区农民收入增长趋势分析——基于 Mann-Kendall 非参数检验模型 [J]. 华中农业大学学报（社会科学版），2013 (4)：62 - 69.

[251] 杨建利，岳正华. 我国财政支农资金对农民收入影响的实证分析——基于 1991—2010 年数据的检验 [J]. 软科学，2013，27 (1)：42 - 46.

[252] 杨锦英，韩晓娜，方行明. 中国粮食生产效率实证研究 [J]. 经济学动态，2013 (6)：47 - 53.

[253] 杨进，吴比，金松青，陈志钢. 中国农业机械化发展对粮食播种面积的影响 [J]. 中国农村经济，2018 (3)：89 - 104.

[254] 杨林娟，戴亨钊. 甘肃省财政支农支出与农民收入增长关系研究 [J]. 农业经济问题，2008 (3)：99 - 102.

[255] 杨晓光，刘志娟，陈阜. 全球气候变暖对中国种植制度可能影响 I. 气候变暖对中国种植制度北界和粮食产量可能影响的分析 [J]. 中国农业科学，2010，43 (2)：329 - 336.

[256] 杨宇，王金霞，侯玲玲，黄季焜. 华北平原的极端干旱事件与农村贫困：不同收入群体在适应措施采用及成效方面的差异 [J]. 中国人口·资源与环境，2018，28 (1)：124 - 133.

[257] 姚俊强，刘志辉，杨青，刘洋，李诚志，胡文峰. 近130 年来中亚干旱区典型流域气温变化及其影响因子 [J]. 地理学报，2014，69 (3)：291 - 302.

[258] 姚勇. 先玉 335 在中国大面积成功推广的启示 [J]. 种子世界，2014 (4)：11 - 12.

[259] 叶盛，谢家智，涂先进. 粮食金融化能够解释粮食价格波动之谜吗？[J]. 农村经济，2018 (5)：52 - 56.

[260] 易小兰，颜琰. 劳动力价格对粮食生产的影响及区域差异 [J]. 华南农业大学学报（社会科学版），2019，18 (6)：70 - 83.

[261] 易小燕，陈印军．农户转入耕地及其"非粮化"种植行为与规模的影响因素分析——基于浙江、河北两省的农户调查数据 [J]．中国农村观察，2010 (6)：2 - 10.

[262] 尹朝静，李谷成，高雪．气候变化对中国粮食产量的影响——基于省级面板数据的实证 [J]．干旱区资源与环境，2016 (6)：89 - 94.

[263] 尹朝静，李谷城，范丽霞，高雪．气候变化、科技存量与农业生产率增长 [J]．中国农村经济，2016 (5)：16 - 28.

[264] 尹成杰．关于提高粮食综合生产能力的思考 [J]．农业经济问题，2005 (1)：5 - 10.

[265] 尹靖华．国际能源对粮食价格传导的生产成本渠道研究 [J]．华南农业大学学报（社会科学版），2016，15 (6)：70 - 82.

[266] 于革，刘健．全球12000aBP以来火山爆发记录及对气候变化影响的评估 [J]．湖泊科学，2003 (1)：11 - 20.

[267] 余家凤，孔令成，龚五堂．粮食产量与粮价波动关系的再研究 [J]．经济问题，2013 (1)：108 - 111.

[268] 余蔚平．政府、市场与增加农民收入 [M]．北京：中国财政经济出版社，2006.

[269] 余贤．中国粮食供给、需求政策及发展转机 [J]．改革，1991 (3)：159 - 165.

[270] 曾雅婷，吕亚荣，蔡键．农地流转是农业生产"非粮化"的诱因吗？[J]．西北农林科技大学学报（社会科学版），2018，18 (3)：123 - 130.

[271] 曾珍香，闫永平，苑敬云，王天伟．市场经济条件下粮价保护政策执行效果实证研究 [J]．中国人口·资源与环境，2017，27 (S2)：235 - 238.

[272] 张贝倍，王善高，周应恒．新形势下水稻价格下降对农户生产决策的影响——基于种植结构、品质调整、要素投入的视角 [J]．世界农业，2020 (3)：72 - 81.

[273] 张超，胡瑞法．中国农民的农药施用：行为特点、健康影响与驱动因素 [M]．北京：北京理工大学出版社，2019.

[274] 张车伟，王德文．农民收入问题性质的根本转变——分地区对农民收入结构和增长变化的考察 [J]．中国农村观察，2004 (1)：2 - 13.

[275] 张德元，官天辰，崔宝玉．小农户家庭禀赋对农业经营技术效率的

影响 [J]. 西北农林科技大学学报（社会科学版），2015，15（5）：41 – 47.

[276] 张凤荣，张晋科，张迪，吴初国，徐艳. 1996—2004 年中国耕地的粮食生产能力变化研究 [J]. 中国土地科学，2006（2）：8 – 14.

[277] 中国应对气候变化国家方案 [EB/OL]. http：//www. gov. cn/zhengce/content/2008 – 03/28/content_5743. htm.

[278] 张建平，李永华，高阳华，陈艳英，梅勇，唐云辉，何勇. 未来气候变化对重庆地区冬小麦产量的影响 [J]. 中国农业气象，2007，28（3）：268 – 270.

[279] 张乐，曹静. 中国农业全要素生产率增长：配置效率变化的引入——基于随机前沿生产函数法的实证分析 [J]. 中国农村经济，2013（3）：4 – 15.

[280] 张蕾，霍治国，王丽，姜玉英. 气候变化对中国农作物虫害发生的影响 [J]. 生态学杂志，2012，31（6）：1499 – 1507.

[281] 张丽，李容. 农机服务发展与粮食生产效率研究：2004—2016——基于变系数随机前沿分析 [J]. 华中农业大学学报（社会科学版），2020（2）：67 – 77.

[282] 张利国，鲍丙飞. 我国粮食主产区粮食全要素生产率时空演变及驱动因素 [J]. 经济地理，2016（3）：147 – 152.

[283] 张林秀，徐晓明. 农户生产在不同政策环境下行为研究：农户系统模型的应用 [J]. 农业技术经济，1996（4）：27 – 32.

[284] 张明伟，邓辉，李贵才，范锦龙，任建强. 模型模拟华北地区气候变化对冬小麦产量的影响 [J]. 中国农业资源与区划，2011，32（4）：45 – 49.

[285] 张强，张映芹. 财政支农对农民人均纯收入影响效应分析：1981 – 2013——基于陕西省县际多维要素面板数据的实证 [J]. 西安交通大学学报（社会科学版），2015（5）：93 – 98.

[286] 张庆江，李学玲. 当前农药市场存在的问题及管理对策 [J]. 农村科技开发，2002（6）：27 – 28.

[287] 张淑萍. 我国粮食价格变动的经济效应分析 [J]. 财经科学，2011（8）：93 – 102.

[288] 张维理，武淑霞，冀宏杰，Kolbe，H. 中国农业面源污染形势估计及控制对策 I. 21 世纪初期中国农业面源污染的形势估计 [J]. 中国农业

科学，2004，37（7）：1008 - 1017.

[289] 张卫建，陈长青，江瑜，张俊，钱浩宇．气候变暖对我国水稻生产的综合影响及其应对策略 [J]．农业环境科学学报，2020，39（4）：805 - 811.

[290] 张晓涛，于法稳．黄河流域经济发展与水资源匹配状况分析 [J]．中国·人口资源与环境，2012，22（10）：1 - 6.

[291] 张笑寒，金少涵．财政农业支出的农民收入增长效应——基于收入来源的角度 [J]．南京审计大学学报，2018，15（1）：46 - 55.

[292] 张秀生，张树淼．关于中国粮食安全的几点认识 [J]．宏观经济管理，2015（2）：63 - 64.

[293] 张依茹，熊启跃．农村税费改革对农民收入影响的实证分析 [J]．湖北社会科学，2009（6）：99 - 101.

[294] 张照新，赵海．新型农业经营主体的困境摆脱及其体制机制创新 [J]．改革，2013（2）：78 - 87.

[295] 张宗毅，杜志雄．土地流转一定会导致"非粮化"吗？——基于全国1740个种植业家庭农场监测数据的实证分析 [J]．经济学动态，2015（9）：63 - 69.

[296] 赵菲菲，何斌，李小涵，王前锋．区域农业干旱脆弱性评价及影响因素识别——以河南、河北省为例 [J]．北京师范大学学报（自然科学版），2012，48（3）：282 - 286.

[297] 赵贵玉，王军，张越杰．基于参数和非参数方法的玉米生产效率研究——以吉林省为例 [J]．农业经济问题，2009（2）：15 - 21.

[298] 赵亮，余康．要素投入结构与主产区粮食全要素生产率的增长——基于1978—2017年粮食主产区的投入产出面板数据 [J]．湖南农业大学学报（社会科学版），2019，20（5）：8 - 13.

[299] 赵淼，赵闯，孙振中，宋宏权．近20年来我国农作物病虫害时空变化特征 [J]．北京大学学报（自然科学版），2015（5）：965 - 975.

[300] 赵其国，黄季焜．农业科技发展态势与面向2020年的战略选择 [J]．生态环境学报，2012，21（3）：397 - 403.

[301] 赵昕．粮食直补政策与农民增收问题研究 [J]．财政研究，2013（5）：51 - 54.

[302] 郑建华，罗从清．农村土地使用权流转与农民增收 [J]．农村经

济，2004（5）：15 – 17.

[303] 支彦玲，陈军飞，王慧敏，刘钢，朱外明. 共生视角下中国区域 "水 – 能源 – 粮食" 复合系统适配性评估 [J]. 中国·人口资源与环境，2020，30（1）：129 – 139.

[304] 周洁红，刘青，王煜. 气候变化对水稻质量安全的影响——基于水稻主产区 1063 个农户的调查 [J]. 浙江大学学报（人文社会科学版），2017，47（2）：148 – 160.

[305] 周黎安，陈烨. 中国农村税费改革的政策效果：基于双重差分模型的估计 [J]. 经济研究，2005（8）：44 – 53.

[306] 周立，潘素梅，董小瑜. 从"谁来养活中国"到"怎样养活中国"——粮食属性、AB 模式与发展主义时代的食物主权 [J]. 中国农业大学学报（社会科学版），2012，29（2）：20 – 33.

[307] 周其仁. 增加农民收入不能回避产权界定 [J]. 发展，2002（3）：44.

[308] 周曙东，朱红根. 气候变化对中国南方水稻产量的经济影响及其适应策略 [J]. 中国人口·资源与环境，2010，20（10）：152 – 157.

[309] 周振，孔祥智. 农业机械化对我国粮食产出的效果评价与政策方向 [J]. 中国软科学，2019（4）：20 – 32.

[310] 周洲，石奇. 托市政策下我国粮食价格波动成因分析 [J]. 华南农业大学学报（社会科学版），2018，17（1）：27 – 36.

[311] 朱红恒. 农业生产、非农就业对农村居民收入影响的实证分析 [J]. 农业技术经济，2008（5）：18 – 22.

[312] 朱建军，胡继连. 农地流转对中国农民收入分配的影响研究——基于中国健康与养老追踪调查数据 [J]. 南京农业大学学报（社会科学版），2015，15（3）：75 – 83，124.

[313] 卓乐，曾福生. 农村基础设施对粮食全要素生产率的影响 [J]. 农业技术经济，2018（11）：92 – 101.

[314] Banker, R. D. Estimating most productive scale size using data envelopment analysis [J]. European Journal of Operational Research, 1984, 17 (1): 35 – 44.

[315] Banker, R. D., Charnes, A., Cooper, W. W. Some models for estimating technical and scale inefficiencies in data envelopment analysis [J]. Man-

agement Science, 1984, 50 (9): 1078 – 1092.

[316] Banse, M., van Meijl, H., Woltjer, G. The Impact of First and Second Generatio Biofuels on Global Agricultural Production, Trade and Land Use [R]. The 11th Annual GTAP Conference, 2008.

[317] Baron, R. M., Kenny, D. A. The moderator-mediator variable distinction in social psychological research: conceptual, strategic, and statistical considerations [J]. Journal of Personality and Social Psychology, 1986, 51 (6): 1173 – 1182.

[318] Birur, D., Hertel, T., Tyner, W. Impact of Biofuel Production on World Agricultural Markets: A Computable General Equilibrium Analysis [R]. GTAP Working Papers 2413, Center for Global Trade Analysis, Purdue University, 2008.

[319] Bole, T., Londo, M. The Changing Dynamics between Biofuel and Commodity Markets Energy [R]. Research Centre of the Netherlands, 2008.

[320] Breusch, T., Pagan, A. The LM test and its applications to model specification in econometrics [J]. Review of Economic Studies, 1980, 47: 239 – 254.

[321] Brown, L. R. Who Will Feed China? [M]. London: W. W. Norton & Company, 1995.

[322] Caves, D. W., Christensen, L. R., Diewert, W. E. Multilateral comparison of output, input, and productivity using superlative index numbers [J]. Economic Journal, 1982, 92 (365): 73 – 86.

[323] Caves, D. W., Christensen, L. R., Diewert, W. E. The economic theory of index numbers and the measurement of input, output, and productivity [J]. Econometrica, 1982, 50 (6): 1391 – 1414.

[324] Chen, H., Wang, J., Huang, J. Policy support, social capital, and farmers' adaptation to drought in China [J]. Global Environmental Change, 2014, 24: 193 – 202.

[325] Chen, R., Huang, J., Qiao, F. Farmers' knowledge on pest management and pesticide use in Bt cotton production in China [J]. China Economic Review, 2013, 27: 15 – 24.

[326] Darwin, Roy. The impact of global warming on agriculture: a ricar-

dian analysis [J]. American Economic Review, 1999, 89 (4): 1049 – 1052.

[327] Färe, R. Fundamentals of Production Theory. Lecture Notes in Economics and Mathematical Systems [M]. Heidelberg: Springer-Verlag, 1988.

[328] Färe, R., Grosskopf, S., Norris, M., Zhang, Z. Productivity growth, technical progress, and efficiency change in industrialized countries [J]. American Economic Review, 1994, 8 (1): 66 – 83.

[329] Food and Agriculture Organization of the United Nations. Rome Declaration on World Food Security and World Food Summit Plan of Action [R]. Rome: World Food Summit, 1996.

[330] Food and Agriculture Organization of the United Nations. The State of Food Insecurity in the World 2001 [R]. Rome, 2002.

[331] Food and Agriculture Organization of the United Nations. World Food Security: A Reappraisal of the Concepts and Approaches [R]. Director General's Report. Rome: Food and Agriculture Organization of the United Nations, 1983.

[332] Gong, Y., Baylis, K., Kozak, R., Bull, G. Farmers' risk preferences and pesticide use decisions: evidence from field experiments in China [J]. Agricultural Economics, 2016, 47: 411 – 421.

[333] Greene, W. H. Econometric Anaysis (4th edition) [M]. New Jersey: Prentice Hall, 2000.

[334] Huang, J., Wang, Y., Wang, J. Farmers' adaptation to extreme weather events through farm management and its impacts on the mean and risk of rice yield in China [J]. American Journal of Agricultural Economics, 2015, 97 (2): 602 – 617.

[335] Huang, J., Wei, W., Cui, Q., Xie, W. The prospects for China's food security and imports: will China starve the world via imports? [J]. Journal of Integrative Agriculture, 2017, 6 (12): 2933 – 2944.

[336] Iizumi, T., Yokozawa, M., Nishimori, M. Parameter estimation and uncertainty analysis of a large-scale crop model for paddy rice: application of a Bayesian approach [J]. Agricultural and Forest Meteorology, 2009, 149 (2): 333 – 348.

[337] Intergovernmental Panel on Climate Change (IPCC). Climate Change 2007: The Physical Science Basis. Contribution of Working Group I to the Fourth

Assessment Report of the Intergovernmental Panel on Climate Change [M]. New York: Cambridge University Press, 2007.

[338] Intergovernmental Panel on Climate Change (IPCC). Climate Change 2014: The Physical Science Basis. Contribution of Working Group I to the Fourth Assessment Report of the Intergovernmental Panel on Climate Change [M]. New York: Cambridge University Press, 2014.

[339] Intergovernmental Panel on Climate Change (IPCC). Climate Change and Land: An IPCC Special Report on Climate Change, desertification, land degradation, sustainable management, food security, and greenhouse gas fluxes in terrestrial ecosystems [EB/OL]. http: //www. ipcc. ch/srccl/.

[340] Jeyanthi, H. , Kombairaju, S. Pesticide use in vegetable crops: frequency, intensity and determinant factors [J]. Agricultural Economics Research Review, 2005, 18: 209 – 221.

[341] Kilic, T. , Careletto, C. , Miluka, J. , Savastano, S. Rural non-farm income and its impact on agriculture: evidence from Albania [J]. Agricultural Economics, 2009, 40 (2): 139 – 160.

[342] Lewis, A. Economic development with unlimited supplies of labour [J]. The Manchester School, 1954, 22 (2): 139 – 192.

[343] Li, M. , Sicular, T. Aging of the labor force and technical efficiency in crop production: Evidence from Liaoning Province, China [J]. China Agricultural Economic Review, 2013, 5 (3): 342 – 359.

[344] Li, Y. , Ye, W. , Wang, M. , Yan, X. Climate change and drought: a risk assessment of crop-yield impacts [J]. Climate Research, 2009, 39 (1): 31 – 46.

[345] Lin, J. Y. Rural reforms and agricultural growth in China [J]. American Economic Review, 1992, 82 (1): 34 – 51.

[346] Liu, E. M. , Huang, J. Risk preferences and pesticide use by cotton farmers in China [J]. Journal of Development Economics, 2013, 103: 202 – 215.

[347] Low, A. Agricultural Development in Southern Africa: Farm-household Economics and the Food Crisis [M]. London: James Currey, 1986.

[348] Mankiw, N. G. Macroeconomics (Ninth edition) [M]. New York: Worth Publishers, 2016.

[349] Maxwell, S. Food Security: A Post-modern Perspective [J]. Food Policy, 1996, 21 (2): 155 – 170.

[350] Maxwell, S. , Smith, M. Household food security: a conceptual review. In S. Maxwell, S. , Frankenberger, T. R. eds. Household Food Security: Concepts, Indicators, Measurements: A Technical Review [M]. New York and Rome: UNICEF and IFAD, 1992.

[351] Mendelsohn, R. , Basist, A. , Kurukulasuriya, P. , Dinar, A. Climate and rural income [J]. Climatic Change, 2007, 81 (1): 101 – 118.

[352] Mendelsohn, R. , Dinar, A. Climate change, agriculture, and developing countries: does adaptation matter? [J]. The World Bank Research Observer, 1999, 14 (2): 277 – 293.

[353] Mendelsohn, R. , Nordhaus, W. , Shaw, D. Climate impacts on aggregate farm value: accounting for adaptation [J]. Agricultural and Forest Meteorology, 1996, 80 (1): 55 – 66.

[354] Muller, C. J. , O'Gorman, P. A. An energetic perspective on the regional response of precipitation to climate change [J]. Nature Climate Change, 2011, 1 (5): 266 – 271.

[355] Pan, D. , Kong, F. , Zhang, N. , Ying, R. Knowledge training and the change of fertilizer use intensity: evidence from wheat farmers in China [J]. Journal of Environmental Management, 2017, 197: 130 – 139.

[356] Pesaran, M. H. General Disgnostic Tests for Cross Section Dependence in Panels [R]. Cambridge Papers in Economics 0435, University of Cambridge, 2004.

[357] Qian, J. , Ito, S. , Zhao, Z. , Mu, Y. , Hou, L. Impact of agricultural subsidy policies on grain prices in China [J]. Journal of the Faculty of Agriculture Kyushu University, 2015, 60 (1): 273 – 279.

[358] Rahman, S. Farm-level pesticide use in Bangladesh: determinants and awareness [J]. Agriculture, Ecosystems and Environment, 2003, 95 (1): 241 – 252.

[359] Ranis, G. , Fei, J. C. H. A theory of economic development [J]. American Economic Review, 1961, 51 (4): 533 – 565.

[360] Ray, S. C. , Desli, E. Productivity growth, technical progress, and efficiency change in industrialized countries: comment [J]. American Economic

Review, 1997, 87 (5): 1033 – 1039.

[361] Ruane, A. C. , Major, D. C. , Yu, W. H. , Alam, M. , Hussain, S. G. , Khan, A. S. , Hassan, A. , Hossain, B. M. T. A. , Goldberg, R. , Horton, R. M. , Rosenzweig, C. Multi-factor impact analysis of agricultural production in Bangladesh with climate change [J]. Global Environmental Change, 2013, 23 (1): 338 – 350.

[362] Shephard, R. W. Theory of Cost and Production Functions [M]. Princeton, NJ: Princeton University Press, 1970.

[363] Sobel, M. E. Asymptotic confidence intervals for indirect effects in structural equation models. In: Leinhardt, S. (Ed.). Sociological methodology 1982 [M]. Washington DC: American Sociological Association, 1982.

[364] Stark, O. Migration in less development countries: Risk, remittance and family [J]. Finance and Development, 1991, 28 (4), 431 – 452.

[365] Stockle, C. O. , Martin, S. A. , Campbell, G. S. CropSyst, a cropping systems simulation model: water/nitrogen budgets and crop yield [J]. Agricultural Systems, 1994, 46 (3): 335 – 359.

[366] Sun, Y. , Hu, R. , Zhang, C. Does the adoption of complex fertilizers contribute to fertilizer overuse? Evidence from rice production in China [J]. Journal of Cleaner Production, 2019, 219: 677 – 685.

[367] Torado, M. P. A model of labor migration and urban unemployment in less developed countries [J]. American Economic Review, 1969, 59 (1): 138 – 148.

[368] Ugarte, D. D. L. T. , He, L. Aggregate agricultural supply response in developing countries: a survey of selected issues [J]. Economic Development and Culture Change, 2007, 6 (4): 51 – 53.

[369] United Nations. Report of the World Food Conference, Rome 5 – 16 November 1974 [R]. New York: United Nations, 1975.

[370] Walls, H. , Baker, P. , Chirwa, E. , Hawkins, B. Food security, food safety and healthy nutrition: are they compatible? [J]. Global Food Security, 2019, 21: 69 – 71.

[371] Wang, J. , Mendelsohn, R. , Dinar, A. , Huang, J. , Rozelle, S. , Zhang, L. The impact of climate change on China's agriculture [J]. Agricul-

tural Economics, 2009, 40: 323 – 337.

[372] Wang, X. , Yamauchi, F. , Huang, J. Rising wages, mechanization, and the substitution between capital and labor: evidence from small scale farm system in China [J]. Agricultural Economics, 2016, 47: 309 – 317.

[373] Wooldridge, J. Econometric Analysis of Cross Section and Panel Data (2nd edition) [M]. Cambridge, MA: MIT Press, 2010.

[374] World Bank. Accelerated Development in Sub-Saharan Africa: An Agenda for Action [R]. Washington DC: World Bank, 1981.

[375] World Bank. Poverty and Hunger: Issues and Options for Food Security in Developing Countries [R]. Washington DC: World Bank, 1986.

[376] Wright, B. D. The Economics of Food Price Volatility [M]. Chicago, IL: University of Chicago Press, 2014.

[377] Xing, W. The impact of China's fiscal expenditure in agriculture on farmer's income [J]. Asian Agricultural Research, 2010, 2 (5): 1 – 4.

[378] Yang, D. , Liu, Z. Does farmer economic organization and agricultural specialization improve rural income? Evidence from China [J]. Economic Modelling, 2012, 29: 990 – 993.

[379] Zhang, C. , Shi, G. , Shen, J. , Hu, R. Productivity effect and overuse of pesticide in crop production in China [J]. Journal of Integrative Agriculture, 2015, 14 (9): 1903 – 1910.

[380] Zivin, J. G. , Neidell, M. Temperature and the allocation of time: implications for climate change [J]. Journal of Labor Economics, 2014, 32 (1): 1 – 26.